总主编　王小叶

七年级

王小叶　周智宁　主编

初中《道德与法治》
教学核心主题的建构与实施

主要编写人员

王小叶　周智宁　蔡风立　刘玉芸
杨春林　万丽萍　衡其林　黄萌萌
许贵珍　陈钰蓉　王谨业　林世龙

南京师范大学出版社
NANJING NORMAL UNIVERSITY PRESS

图书在版编目(CIP)数据

初中《道德与法治》教学核心主题的建构与实施. 七年级/王小叶,周智宁主编. —南京:南京师范大学出版社,2020.8
ISBN 978-7-5651-4444-8

Ⅰ.①初… Ⅱ.①王… ②周… Ⅲ.①政治课-初中-教学参考资料 Ⅳ.①G634.203

中国版本图书馆 CIP 数据核字(2019)第 288872 号

书　名	初中《道德与法治》教学核心主题的建构与实施(七年级)
主　编	王小叶　周智宁
责任编辑	王迎春　翟桂叶
出版发行	南京师范大学出版社
地　址	江苏省南京市玄武区后宰门西村9号(邮编:210016)
电　话	(025)83598919(总编办)　83598412(营销部)　83598009(邮购部)
网　址	http://press.njnu.edu.cn
电子信箱	nspzbb@njnu.edu.cn
照　排	南京开卷文化传媒有限公司
印　刷	启东市人民印刷有限公司
开　本	787毫米×1092毫米　1/16
印　张	13
字　数	261千
版　次	2020年8月第1版　2020年8月第1次印刷
书　号	ISBN 978-7-5651-4444-8
定　价	35.00元
出 版 人	张志刚

南京师大版图书若有印装问题请与销售商调换

版权所有　侵犯必究

走向话题式活动学习(代序)

南京市教学研究室　王小叶

《普通高中思想政治课程标准(2017年版)》提出,要"重视以学科大概念为核心,使课程内容结构化,以主题为引领,使课程内容情境化,促进学科核心素养的落实"。甘伯格和欧雷姆等人从"整合课程"和"学生中心"的视角提出:"主题教学是一种以学生为中心的,强调通过广泛的主题探究而非拘囿于某一学科领域来运作的教学模式。"基于此,我们组织一批特级教师、骨干教师开展了初中道德与法治学科核心主题建构与实施的研究,编辑出版了"初中《道德与法治》教学核心主题的建构与实施"丛书,以飨读者,以期促进道德与法治学科教学"走向话题式活动学习"。

核心主题的建构与实施,以立德为核心,以育人为旨归,由主题"牵一发","动"教材知识、能力、情感、价值观体系的"全身",融合教材主题与成长问题,建构教育教学主题,围绕教育教学主题构建教材、教师、学生三维互动、融通的教学活动,以问题链锁引导育德学习,并据此设计相应的教学结构和序列,从而促进教材体系向教学体系、学科逻辑向学习逻辑的有效转化。核心主题的建构与实施,要从育德的高度,用动态生成的观念,重新全面认识课堂教学,整体构建课堂教学;是通过围绕某一主题,让学生借助各种探究手段和活动方式以及与主题相关的各类资源,使学生的认知发生迁移,提高解决问题的能力并培养主动探究精神的有效教学方式。据此,核心主题下话题式活动学习既是一种思想,又是一种方法;既提倡理念上的引领,又提供操作性的实践体系。

一、育德指向教学的必然选择

1. 落实立德树人关键课程的需要

《关于深化新时代学校思想政治理论课改革创新的若干意见》阐明:"思政课是落实立德树人根本任务的关键课程,发挥着不可替代的作用。"立德树人的实施是一个开放、复杂的系统,需形成一种整体联动的环节和机制。核心主题的建构与实施,是整个系统中的一个关键环节,是因落实关键课程之需而提出的一种实践范式,回答的是"如何落实"立德树人的问题,指向立德树人的机制和方法,内隐"立德之准,依德而行"的教学新主张,聚焦教育何以可能也即人何以成人的问题。

2. 育知育智育德三维联动的需要

知识是以固定在语言、符号体系中的概念、范畴形式存在的,是"人类思想或认识的成果和结果"。智力是指人认识、理解客观事物并运用知识、经验等解决问题的能力,包括记忆、观察、想象、思考、判断等,或以"知道、理解、应用、分析、综合、评价"附着在问题情境中。德行是指一种内在的、与个体的行为和活动密切联系着的道德意义和品格,如正义、友善、自律等。知识给予我们智力发展、精神成长的阶梯,智力是连接知识与德行的链条,德行是知识、智力发展的最终目的。知识在教育教学中的首要意义在于能够塑造人的德行,知识教学的重心应该放在引导学生发现、获取、选择、处理和应用知识的智力、智慧上,成为一种化知识为德行、理性、个性的教化实践。知识是教育之"形",智力是教育之"神",德行是教育之"魂"。核心主题的建构与实施,是让学习知识成为一种智慧生长、精神成长的自我实践与自我教育的过程,实现知识向智慧和德行的转化。

3. 解决德育课程教学问题的需要

当前思想政治课德育实效性不强的原因诸多,究其主要:

一是育德指向缺失。从根本上分析,是知德分离、智德分离。在这种分离状态下,德育变成被割裂的教育的一部分,不再是生命、精神等统领性的东西,而教育的方向应是向善而生、向德而行的。

二是教材把握随意。教材建设是国家事权,蕴含党和国家对立德树人的要求,教材的内容是由教材的目标与性质决定的,一些教师读不出意图与价值,拎不出主题与主线,理不清框架与逻辑,析不清概念与观点,表现为随意删减教材内容,偏离教材意旨进行解读等,阻碍了国家意志的落实,降低了教材使用的效益,制约了课程思想政治功能的发挥。

三是活动目的不明。有效的活动必须是活动目标明确的活动,课堂活动从设计、实施,再到评价,都应在活动目标的引领下完成。反思我们的课堂活动,在目标上存在很多的缺失:有的课堂活动目标单一,只侧重于知识,对如何与能力、情感、德行融合缺乏规划;有的课堂活动目标定位不准确,脱离教材,脱离学生实际,或高或低;有的课堂活动目标落实不到位,游离于活动设计、实施、评价之外,形同虚设;有的课堂活动随意性很大,单纯追求表面上的热闹,根本没有活动目标的设计,纯粹是"为了课堂有活动而搞活动"……这些林林总总的目标缺失问题,让我们的课堂活动失去了灵魂。

四是教学逻辑混乱。一些教师的环节设计缺乏整体关联性,甚至缺失环节的设计,活动与活动间的关系不清,不能以某个主题统摄教学中的问题情境。教材内容的规定往往呈现"点"状的特征,而教师往往对"点"与"点"之间如何联结成网,或者应该铺怎样的"路"才能把"点"讲清楚缺乏思考,对如何将课标要求、教材逻辑转化为教学逻辑缺乏研究,混乱的教学逻辑导致学生的认知障碍,导致育德功能难以发挥。

二、育德为体　建构主题

(一) 主题的立意——展现内容育德价值

"文以意为先","意犹帅也。无帅之兵,谓之乌合"。立意是主题的根本、灵魂和方向,统领核心主题建构的各环节、全过程。主题的立意应充分挖掘并展现教材内容的育德价值,核心主题的建构与实施,不是让学生从学理上研究道德,成为"道德博士",而是引导学生过道德的生活,实现由道德知识向道德信念再到道德行为的转化,让学生养成愿意进行道德实践、会进行道德实践的品质,使之成为知行统一的有道德的人。主题的立意应将学生的认知、情感、行为导向育德的方向,触及灵魂层面。教材处理时必须从课程性质、育德价值上去解读学科知识,找准教材知识与德育的结合点,挖掘教材内容的教育性因素,领会教学内容背后的道德意蕴,引领学生的德行生长。

(二) 主题的确立——融合核心内容与育德指向

核心主题的确立是教学的关键环节。核心主题应融合国家教育主题、教材主题、成长主题,提炼教材的核心内容,强化育德、育人导向;应落实《关于深化新时代学校思想政治理论课改革创新的若干意见》中提出的"坚持用习近平新时代中国特色社会主义思想铸魂育人,以政治认同、家国情怀、道德修养、法治意识、文化素养为重点,以爱党、爱国、爱社会主义、爱人民、爱集体为主线"的教学要求;应从教材中提炼出统整式、支架式概念,将零散的知识集成化,以核心概念主导教学内容,探寻教材背后的价值问题,通过教材内容的再组织来提炼教材内容体系中蕴含的价值主题;应测定出学生的前认知、前理解,了解学生成长中的思想困惑和价值需求,从中提炼学生关注和困惑的主要现实问题,把握成长主题。国家教育主题意在保证教学的方向准度,教材主题意在保证教学的思想深度,成长主题意在保证教学的生活厚度,三者相互协同、融通,从而拎出教学主题、教学主线。

(三) 主题的内容——构建核心主题的基本策略

1. 优化教材内容

教材内容是国家意志的传输与表达,要让这些国家要求得到学生的认同,则应将教材内容转化为教学内容。教学内容是服务于教学目的达成的动态生成的素材及信息。教学内容的确定应解决"教什么"和"学什么"的问题,应统筹兼顾;教学内容的选择应以课程标准和课程价值为原点,以促进学生成长为价值导向,揭示、挖掘教材的编写特点、逻辑架构和心理顺序,把编者阐释、解决问题的思维脉络展示出来,促使学生领悟本课程的价值和掌握阅读使用教材的方法。教师可根据学生实际情况取舍、重组、整合、拓展、活化教材,丰富、发展、创生教材,从浩如烟海的文化传统中遴选适合纳入课程的因子,从教材内容中提炼出学科教育价值,既注重与其他学科的关联,也注重与中国特色社会主义、道德教育、法治教育的串联等等,开发出比教材水平更高的"学材",与学生的生命体相互激荡,更好地为解决学生的困惑服务,构筑德行成长的基石。

2. 紧扣学生需要

《马克思恩格斯全集》指出:"任何人如果不同时为了自己的某种需要和为了这种需要的器官而做事,他就什么也不能做。"思想品德课程标准倡导:"将课程的价值引导意图转化为学生学习与发展的内在需求,创造出一个生机盎然的学习空间。""需要"是人的一切行为的原动力,影响着人对事物、行动的选择和取舍,学生悦纳、排斥什么总是和个人的某种需要联系在一起的。主题内容如果能满足学生的多层次需要,学生就会产生持续的动力,主动地认同教学内容,生成教育价值,并对这些公序良俗、价值准则加以内化,构筑自己的价值体系。核心主题教学的实施,要为学生提供易产生疑问、诘难的主题和话题,提供更多可供选择的机会,引导其学以致用,让学生在面对道德困惑时,能自主地判断和选择,并付诸行动;应关注学生所面临的社会环境、所处的社会关系及诉求,从国家意志、社会需要、学生需求三个维度寻找契合点,帮助学生构建起全面、科学、理性的认知,促进学生社会化人格的形成。

3. 依据认知规律

道德学习有着基本的规律须遵循。克拉斯沃尔和布卢姆认为,人的价值内化水平可以分为五级,依次是接受、反应、评价、组织、性格化。价值内化的过程,需要唤起学习者的道德兴趣,使其投入行动并在实践中形成新的经验,达到价值性格化水平,形成品德。可见,德育不是一蹴而就的,而是反复推进、渐次展开、螺旋上升的过程,需要经历一个外部影响不断内化和内在观念逐渐外显的复杂过程。德育不是外界的强行灌输与植入,而是主体的自觉参与与融入,它更强调"回到自身"的反思与体悟,强调学习道德的过程也是学会承担自我发展责任的过程。核心主题的建构与实施,应充分关注学生的生活经验、情感特点、人格特征,在道德认知的冲突处实现道德意志的平衡发展,在主体与客体间的融通中实现共生与和谐。

4. 形成学习逻辑

习近平总书记在学校思想政治理论课教师座谈会上的讲话中指出，要加大对学生的认知规律和接受特点的研究，发挥学生主体性作用。恩格斯指出，逻辑是"关于思维过程本身的规律的学说"，是人们认识客观事物的一般的思维方式和思维习惯，它是人们在长期认识自然的过程中经过长期尝试、选择和优化并以规律的形式固定下来的。按学生的学习逻辑来设计的教学主线应该是简洁而高效的。学习逻辑是按什么方式组织课程的问题，是将学习者作为起点、中心和目的的，其目的在于将学习者狭窄的经验提升为逻辑完备的系统经验，使其可以作为工具来引导、指导学习者经验的发展。主题内容的安排，应以逻辑形式体现人认识世界的方式和过程，使认知结构经历一系列"平衡—不平衡—再平衡"的过程。可设置道德认知的阶梯，按照知、情、意、行统一的逻辑运行，以逐步建构起关于外部世界的知识。因而，在德育过程中必须经过由外到内、由内到外，不断内化、不断外化的循环往复之后，受教育者的道德才可能形成。

三、促学为线　有效实施

1. 情境活动来推进

《普通高中思想政治课程标准（2017 年版）》指出："学科内容也只有与具体的问题情境相融合，才能体现出它的素养意义，反映学生真实的价值观念、品格和能力。"缺乏"主体在场"和"情境嵌入"的知识教学是没有生成意义和属我品性的。情境是指对人有直接影响和作用的具体环境或各种环境因素的总和。不同的情境会使人产生不同的情感、认知和评价。当前的一些课堂中出现为情境而情境、重形式轻内容、"见物不见人"、高阶功能把握不全、全程性和发展性认识不到位等问题。核心主题的实施应注重这些问题的解决，需要在设计情境活动时，尊重学生的元认知，符合学生当前阶段的原有知识、生活实际、认知能力、已有经验、情感状态等的发展顺序；揭示知识产生的背景和条件，产生具有迁移价值的一般性知识链，揭示知识的育德性；体现层次性，为学生搭建脚手架，以满足分层学习需要；具有较好的思索性，引发思维活动，指向理论运用和思维培育；弘扬学科的价值性，蕴含正确的价值指引，指向价值澄清与凝聚共识。

2. 有效对话促认同

班固的《汉书·艺文志》载，"《论语》者，孔子应答弟子、时人及弟子相与言而接闻于夫子之语也"，采用的就是对话这种有效的教育方式。对话过程本身揭示了真理，它使真理显现出来，并通过学生的理解而被接受和转化。学生在展示意义和把握意义的对话过程中获得教育意义上的成长。通过对话，自我体验着共在的他人和共在的世界，并与之建立

"我—你"的关系,在交换、接纳中扩大认知范畴,丰富自我的成长环境和空间;通过对话,各主体调用思维的高级形式,体悟反思精神和互动特质,获得理解的方法和过程,促成理解的发生和完成;通过对话,相互承认、彼此开放、真诚聆听,展现现代性的实践形态,个体充分地敞开自我、接纳异质性事物,乐于转向更高境界;通过对话,可以实现基于符号传递的主体对客体的认同,走向教育性对话的旨归,让对话变得灵动而富有生长的意义。

3. 课内课外相联通

陶行知先生提出的"教学做合一"思想,意味着道德是一种实践性的存在。英国学者麦克菲尔也认为:"任何道德教育课程如果局限于教室里,不指向社会现实,实质上不是道德教育,是非道德教育。"德育本身是基于实践的,缺少实践环节的德育绝不是完整的、有效的德育。这就需要教师走出时空的局限和禁锢,将学生引向社会这个大舞台,摆脱知行脱节、知易行难、知而不行、知行不一等困境,将学科知识和社会生活、课内学习和课外活动紧密相连、充分整合,以培养学生理解、综合运用知识解决实际问题的能力。

在课内部分,主要是结合相关教育教学内容,针对学生生活中的真实问题,及时给予行为指导,对一些特别重要的生活问题,在课堂上可采用角色扮演、讨论辨析、反思探究等方法,内化知识的生活意义,还可帮助学生制订行为养成行动方案,便于学生课后行动。在课外部分,主要是补充和延续课堂教育教学中的行为指导,督促、指导学生践行。可采用调查研究、参观访问、接受咨询等方式,让学生在真实的生活中去经历、感受、摸索;也可个别辅导,有针对性地帮助学生释疑解惑,学会健康生活;还可督促、指导学生完成行为作业,认真实施课堂教学中制订的行动方案,学会发现规律、总结经验,在真实的体验中不断完善自身道德品质的建构。

四、本丛书的基本介绍

丛书以课为基本的结构元,每一课从核心主题的依据、核心主题的育德价值、核心主题的建构与实施三个方面构筑模块。核心主题的依据分解为课程依据、教材依据、学情依据三个层面次第展开;核心主题的育德价值主要提炼、诠释核心主题蕴含的育德价值;核心主题的建构与实施以框为结构元,分解为内容建构和教学实施,内容建构包括教材内容简介、教学要点及其确定理由,教学实施则针对教学要点设计教学活动,阐释活动的步骤与设计理由。

最后,对使用本书给老师们几点建议:

第一,领悟核心主题教学的意蕴。可将核心主题作为教学的新范式,促进学生对核心主题中教育价值的认同与内化。可通过对政策文献及教材的学习重新寻找、提炼教学主题,新的教学主题一定是指向核心素养的养成的,应基于学情的再分析,充分考虑作为课堂主体的学生的基本困惑、基本需求和基本愿望,树立"为学习者开发教学主题"的原则。

第二,构建基于核心主题教学的新模型。主题之下应由教学的要点作为支架,支架之间应以某种逻辑的方式建立一种整体模型,教师应运用这种模型帮助学生理解教学内容,将其作为认识活动的中介、图式,不断通过反映抽象和平衡的双重作用得以丰富发展,从而达到更高级的认知水平。

第三,在教学实践中印证、发展、完善书中的教学活动,依照否定之否定的规律使用本书。本书中的教学主题、方案设计只是提供了一种思路、一种样例、一种参考,使用中需要去伪存真、去粗取精,尊重而不盲从,批判而不否定,大胆创新,完善发展;积累资料,提炼成果,实现新背景、新要求基础上的重构、再构,将教学引入臻美之境。

本丛书是江苏省教育科学"十二五"规划课题"初中思想品德课程内容教育价值有效实现的案例群研究"(课题编号:B-b/2015/02/090)、江苏省教育科学"十三五"规划课题"初中道德与法治课程表现性评价区域实践研究"(课题编号:C-c/2018/02/30)、南京市基础教育前瞻性教学改革实验项目"初中道德与法治模块教学的实践研究"的研究成果。本丛书主要由江苏省初中道德与法治学科发展示范中心(南京市中华中学上新河初中)、南京市初中道德与法治周智宁名师工作室、南京市初中道德与法治学科发展示范中心(南京东山外国语学校)、南京市六合区冶山初级中学等共同合作完成,陈履伟、周飞虎、任良俊、赵晓忠等专家参与审读。由于编者的经验和水平所限,本丛书的疏漏和错误在所难免,敬请广大读者批评指正。

目 录
CONTENTS

七年级上册

第一课	中学时代	3
第二课	学习新天地	12
第三课	发现自己	20
第四课	友谊与成长同行	29
第五课	交友的智慧	38
第六课	师生之间	47
第七课	亲情之爱	57
第八课	探问生命	70
第九课	珍视生命	79
第十课	绽放生命之花	88

七年级下册

第一课	青春的邀约 ……………………………………	99
第二课	青春的心弦 ……………………………………	109
第三课	青春的证明 ……………………………………	119
第四课	揭开情绪的面纱 ………………………………	129
第五课	品出情感的韵味 ………………………………	137
第六课	"我"和"我们" ………………………………	145
第七课	共奏和谐乐章 …………………………………	156
第八课	美好集体有我在 ………………………………	167
第九课	法律在我们身边 ………………………………	178
第十课	法律伴我们成长 ………………………………	187

七年级上册

第一课　中学时代

本课《中学时代》第一框"中学序曲"的核心主题是"笑迎中学生活",第二框"少年有梦"的核心主题是"努力才能让梦想成为现实"。

核心主题的依据

一、课程依据

从初中道德与法治课程设计依据来看,本课核心主题的教育教学内容有如下依据:一是依据中国共产党召开第十八次全国代表大会以来,习近平总书记所提出的重要指导思想和重要执政理念——"实现中华民族伟大复兴是近代以来中华民族最伟大的梦想"。二是依据《义务教育思想品德课程标准(2011年版)》(以下简称《课标》)中的"保持乐观、积极的心态""主动锻炼个性心理品质,磨砺意志,陶冶情操,形成良好的学习、劳动习惯和生活态度""养成自信自立的生活态度,体会自强不息的意义"。三是依据《青少年法治教育大纲》(以下简称《大纲》)中的"使青少年了解、掌握个人成长和参与社会生活必需的法律常识和制度、明晰行为规则"和"(初中阶段)初步具备运用法律知识辨别是非的能力,初步具备依法维护自身合法权益、参与社会生活的能力"等相关内容。综合以上来看,本课核心主题是道德与法治课程设计中学习的起点,体现了全套教材的青春文化底色。

二、教材依据

从新旧教材内容对比来看,原来的《思想品德》(人教版)教材(以下简称"旧教材")只在七年级上册第一课《珍惜新起点》中提到中学生活,且更多侧重于中学生生活中的友谊、朋友等。统编初中《道德与法治》教材(以下简称"新教材")在本课第一框"中学序曲"中虽然也提到新的起点,但是更多的是从生命成长的角度阐述了中学这一新的起点对一个人一生成长的重要意义,以及新的起点为成长提供的机遇与挑战。而旧教材并没有涉及这方面的内容。所以对于教师们来说是一个全新的知识,对学生而言更是重要的生命话题。进入新的人生阶段,教师需要引导学生理解成长是一场接力赛,是一个连续的过程,是环环相扣的生命链条;认识到今天的中学生活是为了明天打基础,明白人生的每个阶段既是相对独立的,也是先后相继、彼此相连的;懂得珍惜当下的生活,积极主动地把握人生机遇,迎接挑战,不断获得新的成长。

旧教材在九年级第十课《选择希望人生》第一框"正确对待理想与现实"中涉及理想。纵观整套教材均没有专门提及梦想以及中国梦。新教材本课第二框"少年有梦"中介绍了梦想的内涵、意义以及努力与实现梦想的关系。教师在教授这部分的内容时,需要了解和理解学生多彩、多变的梦想。当然,读懂学生的梦想需要从他们的心理特征,特别是心理矛盾冲突入手。在与学生讨论梦想话题的时候,教师需要始终围绕梦想与现实的关系,帮助学生建立起努力就会有改变的信念。唯有如此,才能更好地协助学生做到勇于追梦、不懈圆梦,从而完成人生中不同阶段的成长任务,登上一座又一座的人生高峰。

纵观七年级乃至整个初中阶段道德与法治课程内容设计,本课的核心主题所涉及的内容,是对初中生活开端的理性阐述,具有统领全套教材的意义。从整体上看,本课的核心主题是学生整个初中道德与法治课程的学习起点,也是全套教材的逻辑起点。这个起点蕴含了道德与法治课程的核心价值观的萌芽,之后各册各单元的内容设计,都是在此基础上展开和深化的。

三、学情依据

从社会背景来看,当前家庭、学校、社会对于初中阶段教育的关注是显而易见的,直接表现为,学生进入初中后面对着父母和老师的高期待、高要求,能够明显地感受到自己不再是小学生了,中学生需要担负更多的使命。而这些高期待转化成当今社会学生无休止的艺术考级、课外辅导……逐渐被各级各类竞赛、考级、考试填充的青春,使得学生对梦想的追求变得奢侈、甚至遥不可及。这些不仅不利于培养学生的学习兴趣,更有可能会磨灭其曾经的梦想,对整个社会的长远发展是不利的。教师应从生命成长的角度帮助学生尽快完成从小学生向中学生的角色转换,帮助学生理解和面对不断扩展的初中生活,在帮助他们解决实际问题和矛盾冲突的同时,使学生理解中学时期是人生必经的阶段,既要坦然面对,又要懂得珍惜。

从学生实际来看,初中阶段是个体生命全程中的一个极为特殊的阶段,在这一阶段,生理发育和心理发展速度并不同步,因此学生出现了成人感及幼稚性并存且身心失衡的非平衡状态。这些特点表现在生活中,就让我们看到了这样的初中学生:他们有时候像个成人,并且渴望社会、学校和家长能给予他们成人式的信任和尊重;但有时候又在认知能力、思维方式、人格特点及社会经验等方面表现得比较幼稚。表现在梦想方面,我们会发现,有时候初中生的梦想受成年人和当下社会思潮的影响很大,会比较接近现实;同时,他们的脑中也有很多异想天开的梦想,在我们看来可能不切实际,而对于人类进步和发展而言,我们恰恰需要少年这种天真无邪、美丽可爱的愿望,正如莱特兄弟的"飞天梦"、中国的"嫦娥奔月"。因此,少年的梦想是极其可贵的,需要我们的尊重、认可和鼓励。其次,在追梦、圆梦的过程中,我们同样可以看到矛盾的少年,他们热情似火、激情迸射、勇往直前,但是这种热情往往保持不了多久,特别是在遭遇挫折时,他们又很容易选择退缩,甚至逃避和放弃。因此,我们需要始终围绕梦想与现实的关系,帮助学生建立起努力就有改变的信念,让学生懂得努力是梦想与现实之间的桥梁,并和学生具体讨论努力的方式、方法。

核心主题的育德价值

通过第一框核心主题的教学,引导学生认识到中学与小学的不同以及中学时代对人生发展的重要作用,把握机会,树立新的目标,用积极的心态迎接新的挑战,学会规划自己的未来三年的生活,不断实现自我超越;在新的环境下学会与他人交往,学会合作,学会宽容,能够越来越有主见,敢于表达自己;主动提高环境适应能力,积极融入新学校、新集体,主动参与集体生活,走进社会,了解社会。

通过第二框核心主题的教学,更好地给予学生理解、关怀、引导和支持,为他们提供必要的帮助,与他们一起获得新的成长经验,共同应对成长中的关于梦想、现实、努力的疑惑与问题;引导学生根据人生目标和时代脉搏编织人生梦想,建立努力就有改变的生活信念;帮助学生从自身实际和时代、国家需要出发,早立志、立长志,编织个人的人生梦想,享有同祖国和时代一起成长与进步的机会。

核心主题的建构与实施

核心主题一 笑迎中学生活

一、内容建构

1. 教材内容简介

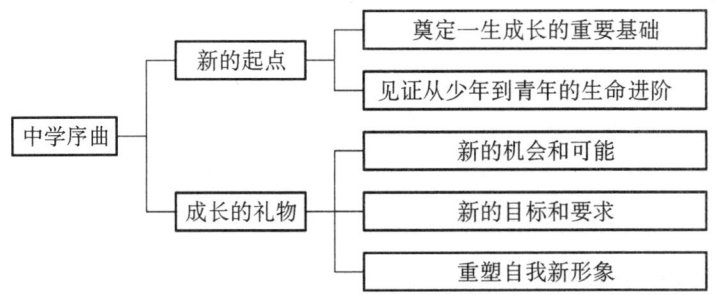

本核心主题相关的内容主要在本课第一框,围绕"笑迎中学生活"分为两大部分:一是阐述中学生活对我们成长的独特意义,其如何奠定一生成长的重要基础,如何见证从少年

到青年的生命进阶；二是阐述中学生活是生命馈赠给我们的成长礼物，引导学生积极乐观地抓住机遇和挑战，重塑一个全新的自我，成为更好的自己。要引导学生笑迎中学生活，完成这一关键点的教育教学任务，需要对文本进行教学改造，即整合相关教学内容，形成符合德育课程要求和学生认知规律的教学课程，实现文本逻辑向教学逻辑的转化。

"中学序曲"是全书的第一课时，话题跟学生的生活、所处的环境密切相关，因此本课时可以从学生的原有经验出发，引导学生用自己的感官去感知新的变化，明确中学生活的机遇和挑战，理解新的角色和责任，这也体现了初中道德与法治课程是以初中学生逐步扩展的生活为基础的基本理念。教材活动丰富，形式较新颖，能够激发学生的参与积极性，在新课讲授时，可以采取活动教学法，依托教材上的活动进行再创新，引导学生在活动中探究与分享，体会初中生活在人一生中的重要意义，理解中学生活的机遇和挑战的实质内涵，珍视当下，把握机遇，笑迎中学生活，为美好明天付出不懈的努力。

2. 教学要点及其确定理由

要点1：中学生活的独特意义

这一教学要点主要整合了本课引言和第一框第一目的内容，是本框教学的重点，也是难点。中学时代对于人的一生有着独特的价值和意义，它包括两个方面：一方面，中学时代为人的一生打下重要的基础；另一方面，中学时代见证了一个人从少年到青年的生命进阶。诚然，成长中的每个阶段都有独特的价值和意义，而中学时代是人生发展的关键阶段，为人的成长奠定重要的基础。中学时代的独特表现之一是在中学生活中蕴含着各种机遇和挑战，为发展自我提供各种机会和可能。因此，中学生活中的机遇和挑战就自然具有独特的价值和意义。教师需要引导学生对中学时期在人的一生成长历程中的意义和价值进行初步思考，促进学生在"众说纷纭"中对自己的中学生活更加期待和向往，从而开启中学时代的大门，引导学生步入人生中一段崭新的旅程。

这部分的教学应该突出中学时代在人的一生中的独特价值和意义。中学时代是人生发展的一个新阶段，这段时间并不是很长，却可以为一生奠定重要基础，引导学生要笑迎中学生活，为其人生长卷打上更加丰富而厚实的底色。

要点2：中学生活的机遇和挑战是什么？

这一要点主要整合和扩展了本课第一框第二目的内容，主要是引导学生从生命成长的角度思考生活中面临的新问题，将中学生活中蕴藏的各种机遇与挑战，视为生命成长馈赠给青少年的礼物。启发学生坦然接受，积极应对，珍惜中学生活，把握人生机遇，获得新的成长。

这部分的教学应突出以下三个方面：中学生活中自我发展的机会藏在哪里？激发潜

能的东西是什么？如何重塑一个自己？突出第一点是为了让学生明确中学生活中集体生活、新课程、各种各样的社会实践都是机会，从而引导学生积极把握这些机会，促进自我发展。突出第二点是为了让学生明白，机会的把握和潜能的激发需要有明确的计划和目标。突出第三点是为了让学生明白，新的环境里，要想成为更好的自己，就需要靠自己努力，初中生活刚开始，这是一个可以塑造更好的自己的机会。

要点3：如何把握中学生活的机遇和挑战？

这一要点主要是对本课第一框最后一段正文的扩展，主要是让学生知道，把握机会和挑战，需要从点滴做起，脚踏实地，珍视当下，把握机会，为美好的明天付出不懈的努力。当然，努力不是盲目地蛮干，而是要有目标、有规划、会合作、能包容；要能坚持、有韧性；要有主见、敢于表达自己。

本框内容主要强调的是应如何认识和对待中学生活中的机遇和挑战，落脚点自然是在"如何对待"这个层面上。努力抓住机遇和挑战，需要学生有规划，会设计，懂得厚积薄发的道理，进而感受中学生活的希望与美好，用乐观、积极的心态笑迎中学生活；感受成长的连续性，体会不同人生阶段具有的独特价值和意义；主动在新的环境中锻炼个性心理品质，形成良好的学习态度和生活态度。

二、教学实施

在具体的教学实施上，教学活动应该从人的生命成长的视角去引导学生理解中学生活的独特意义，引领学生了解初中生活的基调，踏准成长的节拍，体会角色变化。所以教育教学过程中在选材和创设情境方面，必须贴近学生生活，不仅要源于生活，更要能回归生活，指导生活。依据以上思考，可以通过以下教学活动进行这一核心主题的教学。

1. 开展"阅读感悟"的教学活动

（对应要点1：中学生活的独特意义）

教学活动	设计理由
（1）教师分享自己读《钱学森传》等书时印象深刻的故事。 故事1　教材第4页"阅读感悟"中钱学森的故事。 故事2　少年周恩来"为了中华之崛起"而读书的故事。 （2）提问：通过阅读这两则故事，你有什么发现与思考呢？	通过两则名人故事，阐述两位名人的中学时代给其带来的转折性的影响，启发学生认识到中学时代的重要意义。引导学生通过对相关问题的思考和讨论，认识到中学时代是人生发展的一个新阶段，这段时间并不长，却可以为一生奠定重要的基础。中学时代见证着一个人从少年到青年的生命进阶，为人生打上新底色。

2. 开展"寻找中学生活中的机遇与挑战"的教学活动

（对应要点2：中学生活的机遇和挑战是什么？）

教学活动	设计理由
（1）展示图片：往届学姐、学长参加校本活动时留下的照片。 如"红楼梦工厂"社团带来的话剧《话说刘姥姥》、行走南京实践活动、自主竞聘班委、足球赛场上的英姿、"以书养气、经典阅读"活动等。 （2）提问：通过这些照片，再结合自己的经验，谈一谈中学生活为我们的发展提供了哪些机会。	通过学校组织的校本活动，激发学生对中学生活的期待，并从本质上了解校本活动对学生发展的意义，感受来中学生活的多种发展机会，引导学生积极参与并主动培养自己多方面的能力。

3. 开展"内化中学生活中的机遇和挑战"的教学活动

（对应要点3：如何把握中学生活的机遇和挑战？）

教学活动	设计理由
（1）提问：小学生活有快乐，也有遗憾。进入初中，你打算如何弥补这些遗憾？ 在学习生活中，我的遗憾是_____，我的打算是_____； 在人际交往中，我的遗憾是_____，我的打算是_____； 在课余生活中，我的遗憾是_____，我的打算是_____； 在_____生活中，我的遗憾是_____，我的打算是_____。 （2）小结：凡事预则立，不预则废。只有不断制订目标，并且去完成目标，才能实现自我超越。 （3）过渡：我们每个人都有做"最好的我"的生命冲动。在新的环境中我们有机会重新塑造一个"我"。"鸟欲高飞先振翅，人求上进先读书。" （4）展示教材第6—7页"探究与分享"的阅读书单。 问题1：你阅读过这份书单中的哪些书？哪些书是你非常想读的？ 问题2：推荐你喜欢的书，并说明理由。 问题3：制订自己的阅读计划。 （5）小结：阅读是一个人最好的成长，"腹有诗书气自华"。在这个新环境中，我们可以慢慢成长，重塑自我。 在新的环境中，我们有机会发展自己、有目标激发潜能、有可能重塑自我，这些都是成长的礼物，既是机遇也是挑战。	"最是书香能致远"，通过书单对比，相互推荐、读书交流，一步步由浅入深，帮助学生相互熟悉，迈出初中生活规划实践的第一步，学会从书籍中丰富自己，实施计划，提高学生的合作、表达能力。 这一活动可以引导学生认识到在新的环境中，我们有机会发展自己、有目标激发潜能、有可能重塑自我，这些都是成长的礼物，既是机遇也是挑战。

核心主题二 努力才能让梦想成为现实

一、内容建构

1. 教材内容简介

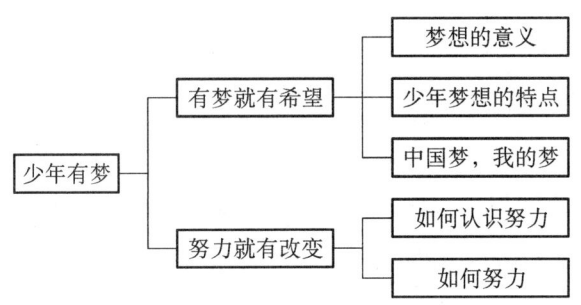

本核心主题相关的内容主要在本课第二框,主要分为两大部分:一是介绍梦想的意义和少年梦想的特点;二是介绍努力是架起梦想与现实的桥梁以及如何努力。

以上内容构成本核心主题的文本。从德育课程目标出发,具体教育教学过程中应做到引导学生认同、内化和主动践行相统一,这就需要教师在课堂教学中着力从学生实际感受出发,解决学生学习和生活中的真实困惑与误区,真正实现该教育价值入脑、入心和践行。教师在实际教学操作时,应引导学生主动提出问题,自主探究、合作交流,让学生在学习中充分表达观点,在分享中体验感悟,在观点碰撞中反思提升。

2. 教学要点及其确定理由

要点1:梦想有何用?

这一要点主要整合和扩展了本课第二框第一目的内容,主要是引导学生明确梦想对个人、国家、人类的作用。重点讨论的是"为什么人在少年时期一定要有梦想",具体内容包括:其一,编织人生梦想是青少年时期的重要生命主题。教材首先告诉学生,梦想是人们对未来生活的美好愿望,进而和学生一起讨论梦想存在的价值和意义:梦想可以让人们的生活更有色彩,梦想能够不断激发生命的热情和勇气。一个人有梦想,就有希望;有梦想,就有未来,就能够使自己的人生更加出彩。因此,少年应当有梦想。其二,人类需要少年的梦想。这层意思由一段正文和一个"探究与分享"活动组成。教材指出,少年的梦想是人类天真无邪、美丽可爱的愿望。梦想的力量是无穷的,人类文明的进步与发展尤其需要少年的梦想。以此激励少年要敢于做梦,勇于追梦。这是认同"努力才能让梦想成为现实"这一核心主题的重要思想基础。

这部分的教学应突出梦想能激发生命的热情和勇气以及人类需要少年的梦想这两点。突出第一点是为了让学生明白,认同"努力才能让梦想成为现实"的前提是理解梦想对个人成长的积极意义,激发其为梦想而奋斗的内在动力。突出第二点是为了帮助学生开阔视野,提升人生更高、更远的格局,明确自己小小的梦想与时代的关系,与社会、国家、人类的关系;理解少年的梦想与时代的发展相辅相成,一方面少年的梦想推动着时代的进步与发展,另一方面时代的发展又为少年圆梦创造了更多的机会,我们在中国梦的时代背景下,共享人生出彩的机会。

要点2:努力是架起梦想与现实的桥梁

这一要点主要整合和扩展了本课第二框第二目的内容,主要是引导学生认同和内化本框核心主题——"努力才能让梦想成为现实"。这部分内容开始引导学生破解"怎样实现梦想"这一难题。首先,要厘清梦想与现实的关系,引导学生明白对梦想的不同态度与做法造就了梦想与现实之间的不同关系;其次,要帮助学生初步感知一个道理,即只要努力就会有改变,就会离我们的梦想更近一些;最后,要引导学生进一步思考,认识到即便努力之后暂时没有结果,但是在这个过程中,我们同样积累了经验,增长了本领,正所谓少年有梦,不应止于心动,更要付诸行动。这也正是"努力才能让梦想成为现实"这一核心主题要表达的重要观点。

这部分的教学应围绕"追梦"和"圆梦"两个关键词,选择能够走进学生内心、触动学生心灵的素材,并以学生喜闻乐见的形式加以呈现,从而激发学生敢于追梦、不断圆梦的热情和勇气。同时,教师在教学中还应注意帮助学生理解两组关系,一是梦想与生命成长的关系,二是梦想与现实的关系。教师可以通过角色扮演、辩论等方式,引导学生审视自己儿时的梦想,思考那些实现和未实现的梦想对于个体成长的意义,同时展望自己的未来,开展人生规划活动,让学生在活动体验中更好地思考和解决自己的问题,提升自我管理能力。

二、教学实施

在具体教学实施上,教师需要选取贴近学生生活实际的生动有趣的情境,激发学生讨论的兴趣,同时也要设置引人入胜、激发学生深度思考的问题,由浅入深地引导学生深入理解努力和梦想的关系,并理解努力的内涵。教师可以通过讨论、模仿等方式,帮助学生利用自己的经验或者他人的经验,形象化地理解梦想、努力等抽象概念。在课堂上教师需要及时追问,对学生的梦想要不打击、不设限,但是要及时引导、纠正,这样才能更好展现学科的思维和理论的魅力,提高课程内在的吸引力。

第一课 中学时代

1. 开展"探寻梦想有何用"的教学活动

（对应要点 1：梦想有何用？）

教学活动	设计理由
（1）角色扮演。教师可以将教材第 8 页的"运用你的经验"这一活动中的图文改编成剧本，找三个学生进行角色扮演，激发学生的兴趣。 （2）交流分享。请学生谈谈自己在不同年龄阶段有过怎样的梦想，这些梦想哪些实现了，哪些没有实现，现在的梦想是什么。 （3）小组讨论。以小组为单位讨论：如果梦想不能实现，梦想还有意义吗？ （教师在活动中注意激发学生追梦的热情，因为从实际看，学生的思维一般比较受限，想法不够大胆，需要教师帮助学生打开思路。同时要在活动中注意保护学生的梦想，哪怕只是萌芽。要注意尊重每位同学的想法，适当点拨，多鼓励和支持。）	本活动向学生展示了一些人在不同时期各自的梦想，引出梦想话题，意在让学生感知人人都有梦想，梦想可大可小，梦想是会变的。同时抛出"如果梦想不能实现，梦想还有意义吗？"这样一个思辨性问题，引发学生探究兴趣，引领学生思考梦想与生命成长的关系，进而内化"梦想有何用？"这一教学要点。

2. 开展"内化和践行努力是架起梦想与现实的桥梁"的教学活动

（对应要点 2：努力是架起梦想与现实的桥梁）

教学活动	设计理由
互动探究：为人类插上翅膀的莱特兄弟圆梦的故事。 （1）请学生谈谈他们知道的有关莱特兄弟飞机梦的故事。 （2）以小组为单位，讨论"莱特兄弟的梦想和人类的梦想之间是什么样的关系？""实现梦想需要付出努力，但付出努力就一定能实现梦想吗？""从莱特兄弟圆梦的故事中，你得到怎样的启示？"这三个问题。教师可以参与学生讨论，并引导学生补充耳熟能详的例子和身边的正反两方面的故事佐证"努力是架起梦想与现实的桥梁"这一观点。	通过莱特兄弟最终获得成功的例子，启示学生努力就有改变，努力是梦想与现实之间的桥梁。在梦想实现的过程中，人人都会经历失败，即便努力之后暂时没有结果，在这个过程中，我们同样积累了经验，增长了本领。这些经验的获取对于成长中的青少年特别宝贵。

第二课　学习新天地

本课第一框"学习伴成长"的核心主题是"学习是成长的阶梯",第二框"享受学习"的核心主题是"构建快乐的学习生活"。

核心主题的依据

一、课程依据

从初中道德与法治课程设计依据来看,本课核心主题的教育教学内容有如下依据:一是依据十八大和十八届三中全会提出的关于立德树人要落到实处的具体要求。二是依据《教育部关于全面深化课程改革　落实立德树人根本任务的意见》中的相关要求。三是依据《课标》中的"正确对待学习压力,克服厌学情绪和过度的考试焦虑,培养正确的学习观念和成就动机""主动锻炼个性心理品质,磨砺意志,陶冶情操,形成良好的学习、劳动习惯和生活态度"。四是依据《大纲》,《大纲》没有直接提及"学习"相关内容,但无论是法治知识的获取、法治能力的培养还是法治信仰的树立,无一不是以学习作为前提的。越来越完善的法治体系需要作为现代小公民的学生具有合格的学习能力和坚韧的学习毅力,习得法治思维。

二、教材依据

从新旧教材内容对比来看,旧教材只是在七年级上册第二课《把握学习新节奏》第一框"学习新天地"中谈到了初中学习的特点,介绍了"做学习的管理者"和"了解自己的学习方式",第二框"享受学习"中介绍了学习的苦与乐,告诉学生"当我们从学习中逐渐了解世界奥秘的时候,当我们的好奇心在学习中得到满足的时候……学习的快乐就洋溢在我们的心中"。旧教材中没有具体阐述学习对个人成长和对国家与社会发展的意义。新教材在本课第一框"学习伴成长"中用"打开学习之窗"一目的篇幅生动有趣地阐述了学习的广义概念,并提出我们要终生学习,并且在第二目"学习点亮生命"中分不同层次阐述了学习对生命成长和对帮助他人、服务社会的积极意义,这是旧教材没有的内容。在第二框"享受学习"第一目"体味学习"中也阐述了学习的苦与乐,但这里没有涉及旧教材中所提到的享受学习的权利和机会也是一种幸福,而是强调学习中有快乐,也有辛苦,经历学习的辛苦后,收获的喜悦同样会让我们体验到学习的美好。

从七年级乃至整个初中阶段道德与法治课程内容设计来看,本课核心主题所涉及的内容,是对初中学习生活的理性阐述,引领学生踏准成长的节拍,带领学生走进学习新天地,建立学习新概念,拓展对学习的认识和理解,树立终生学习的意识,激发生命成长的原动力,学会学习。构建快乐的学习生活是学习者在学习型社会中必须具备的素质。学生只有学会构建快乐的学习生活,才能享受学习的美好,才能以积极的心态对待学习,培养正确的学习观念和成就动机,树立为他人、为社会服务的目标,故而让学生认同、内化并践行构建快乐的学习生活对青少年成长成才至关重要。

三、学情依据

从社会角度来看,随着科学技术的迅速发展,信息与知识急剧增长,知识更新的周期缩短,创新的频率加快,对人的素质要求提高,人力资源的重要性增加,学习成为个人、组织以及社会的迫切需要。当今社会学习的基本特征是需要不断学习,形成全民学习、终生学习、积极向上的社会风气,其核心内涵是全民学习、终生学习,因此当下的社会生活背景就要求我们具有自觉主动、终生学习的学习态度,并且要会学习、享受学习。

从学生实际来看,初中生所面临的学习任务与小学相比有一个较大的转变。中学阶段,学习的难度和知识的深度、广度都有大幅度提升,这对学生来说是一个不小的挑战,面对学习中出现的新问题,学生难免会产生畏难情绪,难以体会到学习的快乐,难以将"享受学习"真正落实到自己的学习实践中。从学生的认知和情感上来说,很多学生认为学习中只有辛苦,对构建快乐的学习生活缺少信心。当然,随着年龄的增长,学生也会产生"为何学习""学习有何意义"等思考。如何帮助学生明确学习意义,适应初中学习就成了本课要解决的问题。因此,让学生全面正确地认识学习,并学会构建快乐的学习生活是必要的。

核心主题的育德价值

通过第一框核心主题的教学,帮助学生认同和内化学习是成长的阶梯,对个人成长和社会发展都极具意义;通过自我在日常学习过程中的体会,能够寻找到初中阶段学习的目标和方向,掌握适合自己的学习方法,从而更好地学会学习,形成终生学习的学习观;在学习的过程中,处理好自身与同学、老师之间的关系,愿意分享自己的学习经验,获得成长的同时,补益他人;理性看待学习对于自身成长和国家、社会发展的作用,寻找其中的契合点;善于抓住和利用各种机会来学习,适应不断发展的社会,更好地服务社会。

通过第二框核心主题的教学,让学生在日常学习过程中体会学习的快乐,树立端正的学习态度,培养坚韧的学习品质,为整个初中阶段的学习构建能力和方向;处理好自身与同学、老师之间的关系,形成集体和谐向上的学习氛围;激发学习热情,学会学习,树立远大志向。

核心主题的建构与实施

核心主题一 学习是成长的阶梯

一、内容建构

1. 教材内容简介

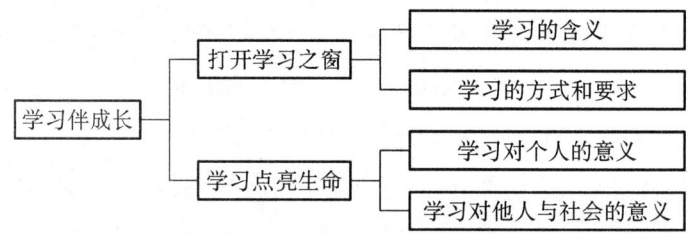

本核心主题相关的内容主要在本课第一框。从教材内容来看,主要包括"何为学习""为何而学"两部分内容。在"何为学习"部分,阐述了学习的含义、方式和要求,以及学习无处不在、无时不在,生活即学习的道理。在"为何而学"部分,首先介绍了学习对我们个体生命的意义:学习,不仅让我们能够生存,而且让我们能够拥有更充实的生活。学习点亮我们心中的明灯,激发前进的动力。接着,又从另一个视角阐述了学习对他人和社会的意义:学习可以帮助他人,服务社会,为我们的幸福生活奠定基础。

以上内容构成本核心主题的文本,从具体教学来看,这部分教育教学可结合学生的经历以及初中阶段的学习体验,帮助学生打开学习新视野,讨论学习与个体成长的关系,明白学习不仅是知识的获取,还包括能力的培养等;理解学习无处不在,学习没有终点,要树立自觉、主动的学习态度;明白学习给我们的生存、生命的成长提供持续性的动力,我们要做到终生学习。教师在教学过程中需要深化学生对学习的认识,帮助学生从更高、更深、更广的层面上理解学习,不仅需要引导学生认识到学习对于个体生命生存、生活、生长的重要意义,还需要引导学生认识到学习对于帮助他人、服务社会的重要意义。在突破这一核心主题时,教师需要引导学生打开思维,认同并内化学习的价值和意义。当一个又一个鲜活的个体生命被学习点亮的时候,我们的社会、国家、世界也就同时被学习点亮了。

第二课 学习新天地

2.教学要点及其确定理由

要点1：何为学习？

这一要点整合了本课第一框第一目的相关内容。主要和学生一起认识今天的学习，探究21世纪我们应该怎样看待学习，帮助学生打开学习新视野，讨论学习与个体生命成长的关系，引领学生形成正确的学习观念，使学生懂得：每个人的成长过程都是一个不断学习和发展的过程，学习将伴随我们一生的成长，我们终生都需要学习。进入中学，学习依然是我们的重要任务，它包括知识的获取和各种能力的培养，学习不仅仅局限于课堂、学校，生活中的点点滴滴都可以是学习，生活即学习。但这需要我们始终持有自觉、主动的态度，否则即便身处学校，也可能没有发生学习。

这部分的教学要突出知识的获取和能力的培养都是学习，生活中的点点滴滴都是学习、生活即学习，学习伴成长、终生要学习这三点。突出第一点是为了帮助学生打开学习新视野，树立学习新概念，打破认为知识的学习才是学习的僵化思维，树立正确的学习观念。突出第二点是为了帮助学生明确学习不仅仅局限于某个地点，只要我们保持学习的自觉和主动，我们可以从不同的人、不同的事、不同的场域获得学习的契机，成为更好的自己。突出第三点是为了让学生认识到自己成长的每个阶段都离不开学习，进而领悟未来同样需要学习，明确学习不是个短暂的过程，学习将伴随我们一生，我们需要终生学习。

要点2：为何而学？

这一要点整合了本课第一框第二目的相关内容，阐述了学习对于个人、他人和社会的意义。首先，介绍了学习对我们个体生命的意义：学习，不仅让我们能够生存，而且让我们能够拥有更充实的生活。学习点亮我们心中的明灯，激发前进的动力。其次，从另一个视角阐述了学习对他人和社会的意义：学习可以帮助他人，服务社会，为我们的幸福生活奠定基础。这部分内容采用以小见大的方式，目题"学习点亮生命"暗含观点，需要教师在实际教学中进一步解读。

这部分的教学要突出学习点亮个体生命，学习可以帮助他人、服务社会这两点。突出第一点是为了帮助学生认识到：学习不仅让我们能够生存，而且让我们有更充实的生活。学习，打开了生命的视窗，拓展了生活通道，改变了我们的思维方式，让我们的人生拥有更多的选择，进而点亮了我们的生命。学习是成长的阶梯。突出第二点是为了帮助学生理性看待学习对于自身成长和国家、社会发展的作用，寻找其中的契合点；正确处理自身学习与国家发展的关系，树立"努力学习，报效祖国"的思想观念，从而以积极的心态对待学习，培养正确的学习观念和成就动机，树立为他人、为社会服务的目标，在学习中,分享生命经验,获得成长,为幸福生活奠基,进一步认同并内化学习是成长的阶梯。

二、教学实施

在具体的教学实施过程中,教师可以从学生的已有经验出发,结合学生的真实感受,引发学生思考,辨析学习的特点和方式;可以基于学生真实问题,解决学生真实困惑,回归学生生活,指导学生生活。教育教学中可以以真实的案例为背景材料,设置话题讨论,以问题为中心,引导学生小组合作讨论,归纳总结,最终找到问题的答案,充分发挥学生的主观能动性和创造性思维,以主动质疑—探究—解惑的思维过程激发学生的学习兴趣和思考,进而帮助学生理解知识、运用知识,认同和内化本核心主题。

1. 开展"这是学习吗?"的教学活动

(对应要点1:何为学习?)

教学活动	设计理由
(1)教师出示几组学生参加各种活动的场景。 ①请学生判断:这是在学习吗?为什么? ②师生共同交流:在这些活动中我们可以收获什么?与课堂上的学习相比,这样的学习方式有必要吗? 教师在学生讨论的基础上总结:学习不仅仅是知识的学习,还包括态度和能力的培养;生活的点点滴滴都是学习;等等。	通过分析几组学生的活动,判断他们是不是在学习,让学生对学习有全新的认识,即学习并不仅仅局限于课堂上。利用"头脑风暴"回答自己经历的学习,则让学生认识到只要我们保持学习的心态,生活中的点点滴滴都是学习。
(2)教师再次抛出话题,引发思考:鹦鹉学舌是不是学习?	通过讨论,帮助学生从更高、更深、更广的层面上理解何为学习。

2. 开展"英雄们的学习"的教学活动

(对应要点2:为何而学?)

教学活动	设计理由
(1)设置问题:人的一生都要学习吗?有没有哪个阶段不需要学习?为什么?举例说明。	通过学生自己的例子,让学生感受生命的每个阶段都需要学习,学习是成长的阶梯。
(2)教师创设名人(民族英雄等)学习情境,设置问题进行讨论: ①学习对这位民族英雄有何用? ②他/她给我们的民族和国家带来怎样的正面影响? ③你还能举出类似的例子吗? (3)师生交流,教师总结:学习点亮生命。	典型人物的事例具有说服力、示范力、感染力,可以通过他们用事实说话,以模范言行昭示学习的意义,让学生敬重和信服;他们的事迹具体、感人,容易引起学生的强烈共鸣,从而使其更加深刻地领会学习的意义,进一步认同和内化学习是成长的阶梯。

核心主题二 构建快乐的学习生活

一、内容建构

1. 教材内容简介

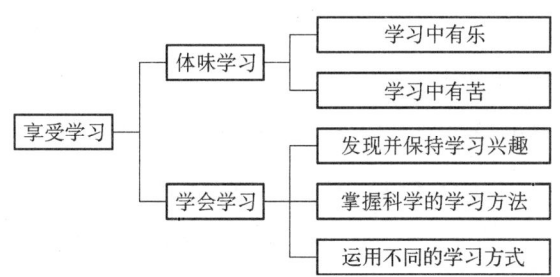

本核心主题相关的内容主要在本课第二框。主要阐述了两个问题：一是体味学习，这部分介绍了学习是一个苦乐相伴的过程，学习中有苦也有乐。二是学会学习，这部分介绍了如何保持学习兴趣、掌握重要的学习方法、善于运用不同的学习方式等。

以上内容构成本核心主题的文本。从完成"构建快乐的学习生活"这一核心主题的具体教学来看，应努力促进学生对构建快乐的学习生活的认同、内化和主动践行，这就需要发掘文本内容所蕴含的教育价值，课堂教学应着力让学生认同和内化这一教育价值，在真实的学习生活中努力构建快乐的学习生活。

2. 教学要点及其确定理由

要点1：认识学习的苦与乐

这一要点主要整合和扩展了本课引言和第二框第一目的内容。这部分内容针对现实生活中普遍存在的学生无法体会学习的快乐的现象，着重分析了学习中快乐之处，并分析学生感到不快乐的根本原因是缺乏正确的学习观念和合理的学习方法等。当然，教材也客观地指出了学习的不易之处，让学生在认识到学习的快乐的同时，能理性地认识到学习其实并不容易，有兴趣、有探索欲望的学习也并不轻松。学习需要专注、消耗精力，存在困难和阻挠，会产生焦躁情绪等，都需要我们用坚强的意志加以克服。当我们克服了这些学习中的"苦"后，等待我们的是更大的"乐"。这对学生未来的学习生活是大有裨益的。

这部分的教学要突出学习中有快乐、学习中也有辛苦这两点。突出第一点是为了帮助学生正确看待学习，回忆体味学习中的各种快乐，畅想未来学习中的快乐，从时空的角度引导学生感受学习的快乐，形成构建快乐的学习生活的基础。突出第二点是为了帮助学生理性分析学习中的辛苦：其实这些辛苦是想要成功地做任何事情都需要经历的过程，学习只是其中一件罢了。同时引导学生分析学习辛苦的根源。这部分的教学要注意避免成为吐槽教育制度和吐槽学习辛苦的"吐槽大会",教师需要做出正面引导,让学生注重辛苦后的更大的快乐,进而理解学习是一个过程,是会苦尽甘来的过程,而享受这个过程是我们人生中难得的体验。

要点2:如何构建快乐的学习生活?

这一要点主要整合和扩展了本课第二框第二目的内容。这部分内容从学生学习困惑入手,重点介绍如何学会学习的三个策略,即发现并保持对学习的兴趣、掌握科学的学习方法、善于运用不同的学习方式,其实这些帮助学生学会学习的策略就是在践行"构建快乐的学习生活"这一核心主题。

这部分的教学应突出学会学习的这三个策略。突出第一个策略是因为有了学习兴趣,学习可以成为艰苦却十分快乐的探索之旅,即便对有些科目内容暂时不感兴趣,也可以在坚持中摸索出适当的方法,逐渐培养起探究的兴趣,这是构建快乐的学习生活的前提。突出第二个策略是因为学习方法因人而异,适合自己的方法就是最好的方法,构建快乐的学习生活需要掌握科学的学习方法,找到适合自己的方法。突出第三个策略是因为可以在与同伴的相互帮助、分工合作中构建快乐的学习生活,也可以在独立思考、自主学习中构建快乐的学习生活,学生不应拘泥于某一种方式,而要善于运用不同的学习方式。

二、教学实施

对于这部分的教学,教师可以通过让学生分享学习经历和感受,体会学习中的快乐和辛苦,来锻炼学生的辩证思维能力,突破教学难点;通过介绍典型人物的学习经历以及其表现出的优秀品质,感染学生,激励学生,培养学生坚持不懈的品质;让学生从实际出发,通过合作学习的方式,自主解决问题,从而帮助学生找到适合自己的学习方法;通过时间管理象限图直观有效地引导学生体会时间的重要,培养科学的学习意识;让学生自主解决问题,培养其分析问题、解决问题的能力。依据以上思考,可以通过以下教学活动进行这一核心主题的教学。

1. 开展"五彩学习生活"的教学活动

(对应要点1:认识学习的苦与乐)

教学活动	设计理由
(1) 教师引导学生选择一种最能代表学习给自己带来的情绪体验的颜色,并说说理由。 学生在说的过程中,教师可以在电子白板或者黑板上涂上这种颜色,随后引导学生发现学习生活是五彩斑斓的,既有让人舒服的暖色调,也有让人苦恼的冷色调,甚至有时候是冷暖交织、难分彼此的,进而引导学生明白在生命这块画布上到底如何着色由我们自己决定,我们自己才是画师。	通过这个活动,直观地帮助学生感受学习是一个苦乐交织的过程,我们自己才是画师,画布上的色彩和形状由我们做主。

续表

教学活动	设计理由
（2）教师出示"学而时习之，不亦说乎"以及"学海无涯苦作舟"两句话，引导学生讨论：自己更倾向于哪一种表达，为什么？ 学生畅所欲言，教师适当点拨与引导。	在师生合作交流中让学生更理性而深入地理解学习是一个苦乐交织的过程。 同时，教师在合作交流的过程中适当引导学生发现，在经过艰辛的学习之后所取得的成就，与同伴的合作之乐，这些是更高层次的快乐，所以从生命成长的角度，不难发现学习其实是快乐的，应该学会享受学习，积极构建快乐的学习生活。

2. 开展"时间管理象限图"的教学活动

（对应要点2：如何构建快乐的学习生活？）

教学活动	设计理由
（1）教师展现一位同学反映的学习中的困惑：上中学后，学习内容难了，科目多了，感觉时间总是不够用，每天要到凌晨才能完成作业。 教师提问：请同学们帮忙诊断，这位同学出现这些困惑的原因是什么？ 同学们有什么解决问题的方法吗？	分析学生真实的困惑，共同解决问题，并且学会用科学的方法帮助学生合理安排学习时间，构建快乐的学习生活。
（2）探究活动：时间去哪儿了？ 重要、不紧急 50%—60% （有计划、有自律）　　重要且紧急 20%—30% 不重要、不紧急 5%　　不重要、紧急 15% 高效学习者的时间安排 重要、不紧急 15%　　重要且紧急 20%—30% 不重要、不紧急 5%　　不重要、紧急 50%—60% （无计划、无自律） 低效学习者的时间安排 教师提问：请同学们分析一下，上面两幅图有哪些不同？造成这些不同的原因可能有哪些？ 回顾自己的一周，你的时间去哪儿了？你该怎样有效利用时间？ 全班一起制作本周的时间管理象限图。	通过学生自主发现问题、解决问题来提高学生自主学习的能力。在绘制时间管理象限图的过程中，教师适当引导学生学会采取科学的、适合自己的方式。

第三课　发现自己

本课第一框"认识自己"的核心主题是"正确认识自己",第二框"做更好的自己"的核心主题是"完善自我"。

核心主题的依据

一、课程依据

从初中道德与法治课程设计依据来看,本课核心主题的教育教学内容有如下依据:一是依据《国家教育事业发展"十三五"规划》中的落实立德树人根本任务的要求。二是依据《课标》中的"了解青少年身心发展的基本常识,掌握促进身心健康发展的途径与方法,理解个体成长与社会环境的关系""了解自我评价的重要性,能够客观地认识自我,积极接纳自我,形成客观、完整的自我概念"。三是依据《大纲》中的"(义务教育阶段)初步具备依法维护自身权益、参与社会生活的意识和能力,为培育法治观念、树立法治信仰奠定基础"。综合以上来看,对本课核心主题的认同和内化是初中道德与法治学科教育教学的重要内容和任务。

二、教材依据

从新旧教材内容对比来看,旧教材在七年级上册第五课《自我新期待》第一框"日新又新我常新"中明确提出要正确认识自己,并从正确认识自己的含义和途径两个方面进行了详细的阐述,但没有介绍正确认识自己的必要性和重要性,使学生有"知其然而不知其所以然"的困惑。新教材则在本课第一框"认识自己"中从认识自己的重要性和认识自己的途径两个方面进行了详细的阐述,相比旧教材,增添了从促进自我发展和促进与他人交往两个角度阐述正确认识自己的积极意义的内容。这部分内容对广大道德与法治学科教师来说虽然是新的,但却是教学必不可少的逻辑起点,学生只有知道正确认识自己的积极意义,才愿意为正确认识自己而努力,才有可能认同和内化"正确认识自己"这一核心教育主题。

旧教材在七年级上册第五课《自我新期待》的第一、二、三框中分别提到,改正缺点完善自己、发掘自身的内在潜能和对未来的自我规划,都有利于帮助学生更好地完善自己,但这些零散地出现在各框中的教学内容缺少整体性与系统性。新教材本课第二框的教学主题就是"做更好的自己"。第一目"接纳与欣赏自己",告诉学生,接纳自己,需要接纳自己的全部,包括自己的不完美,并强调接纳自己不完美的部分需要良好的心态,更需要勇气和智慧;需要欣赏自己的独特、优点、努力、为他人的奉献,同时要善于向他人学习,与他人合作。第二目"我要飞得更高"告诉学生要通过扬长避短,主动改正缺点,不断激发自己的潜能,在努力为他人、为社会带来福祉的过程中做更好的自己。相比旧教材,新教材强调了完善自我不仅仅是一个自我修养、自我完善的过程,更是在和他人共同生活的过程中不断实现的;完善自我不仅仅是个人的事,也直接关系到国家、社会的发展。这部分内容对广大道德与法治学科教师来说虽然是新的,但却是教学必不可少的,这有利于满足初中学生逐步扩展的生活的需要,为初中学生正确认识成长中的自己,处理好与他人、集体、国家和社会的关系提供必要的帮助,这也是这一教学内容成为核心主题的重要原因之一。

从七年级乃至整个初中阶段道德与法治课程内容设计来看,正确认识自己居于重要的地位。学生只有正确认识自己,才能悦纳自己;只有体会正确认识自己对于自身以及社会发展的重大意义,才能主动地不断完善自己;只有正确认识自己,才能做更好的自己,才能更好地与同学、父母交往,才能珍爱生命,活出生命的精彩。

三、学情依据

从外部环境来看,当今社会很多学生在家里都是"小公主""小王子"般地被宠爱着,在学校里老师更多的是鼓励和赏识,这当然有利于学生健康成长,但我们也要注意到,在如此多的赏识教育下,他们能否全面认识自己?会不会过于自信而忽略完善自己?另外,社会上存在着多元价值观,强调自我、强调个性、强调与众不同,初中学生在明辨是非能力不强的情况下,往往容易出现社会价值认同与自我价值认同方面的模糊认识,甚至出现错误的认识,因而也就无法实现自己的潜在能力和价值。教育教学过程中教师以正确的价值观引领学生正确认识自己显得尤为重要。

从学生实际来看,初中阶段是学生自我意识发展的重要时期,自我意识发展又是学生人格养成的重要基础。而这个阶段,学生的自我意识有着如下的特点:自我评价的独立性逐渐增强;现实自我与理想自我的冲突加剧;展现出不成熟的成人感;闭锁性与开放性并存;自尊心容易受到伤害。他们一方面善于表现自己并渴求良好的人际关系,希望得到他人的认同;另一方面,又存在着高傲、自以为是或自卑、闭锁等现象,不能正确地认识自己、悦纳自己。同时，初中学生十分注重自我形象，往往过度在意他人对自己的评价。教师需要引导学生正确认识自己，学会把握人生机遇，不断突破自我、发展自我，让学生发现自己身上蕴藏的经验和无限的能量，成为更好的自己。

核心主题的育德价值

通过第一框核心主题的教学，学生能够掌握认识自己的方法，能多角度地认识自己，树立完整、客观、清晰的自我概念；能够以理性的心态对待他人的评价，不盲从、不忽视；能够理性客观地看待社会、国家的成就与不足，明确正确认识自己与集体、国家、社会也有密不可分的关系，能以积极的心态融入社会，从国家、社会的需要和自身的发展实际出发，确定个人的成长目标。

通过第二框核心主题的教学，学生能够正确悦纳和欣赏自己，增强接纳自身不完美的勇气，掌握悦纳和欣赏自己的智慧；能够以平等的视角正确认识他人，欣赏他人，择其善者而从之，其不善者而改之；能够积极主动地做更好的自己，树立完善自我的信心，能够意识到更好的自己直接关系到国家、社会的发展，能够积极为国家、社会的发展贡献自己的力量。

核心主题的建构与实施

核心主题一　正确认识自己

一、内容建构

1. 教材内容简介

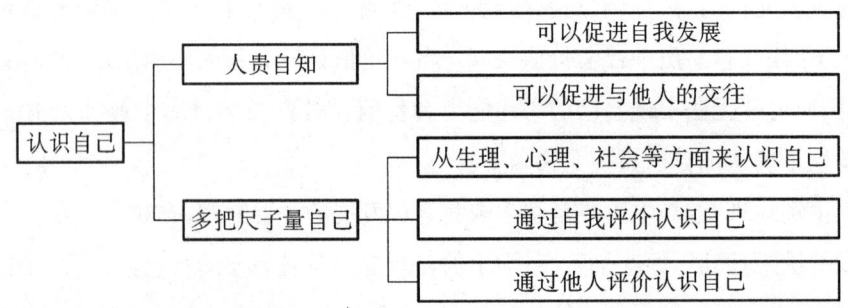

本核心主题相关的内容主要在本课第一框。从教材内容来看，主要分为以下两个部分，一是认识自己的意义，指出正确认识自己可以促进自我发展，可以促进与他人的交

往;二是多角度认识自己,指出我们可以从生理、心理、社会等方面来认识自己,可以通过自我评价来认识自己,可以通过他人评价来认识自己,并引导学生理性对待他人评价。

以上内容构成"正确认识自己"这一核心主题的文本,逻辑清晰,内容生动有趣。认识自己既是一个生活命题,也是一个哲学问题,对于学生和教师都是一个挑战。要促使学生认同、内化直至践行正确认识自己,需要通过对话、活动等方式,让学生认识到对于中学生来说,自我意识的增强使得自我探索成为可能,对于"我是谁"的问题,也许在不同时期会有不同的答案,但是这个自我探索的过程是非常重要的,任何人都必须面对这个课题。自我探索不是一个热闹的外显行为,对内的探索是安静的,甚至是需要勇气的。教师在教学过程中需要善于为学生创造一个开放、安全的交流空间,鼓励学生敢于并乐于探索自己的内心世界,自由地表达自己的真实想法,让学生在交流中逐渐明确对自我的认识。

2. 教学要点及其确定理由

本框两目内容分别阐述了正确认识自己的意义和途径,有一定的逻辑结构,在具体教学中应当有的放矢地进行整合和提炼,形成符合德育课程要求和学生认知规律的教学课程。基于以上思考,我们提炼出本核心主题的相关教学要点。

要点1:认识自己的意义

这一要点主要整合和扩展了本课第一框第一目的内容,主要是让学生感受自我形象,初步了解他人对自己的评价;理解认识自己很重要,明确随着自我意识的增强应开始探索自己的内心世界,使认识自己不仅成为"我"的需要,而且成为一种可能;理解自我探索很有意思,也很有意义;理解认识自己可以促进自身的发展,增强自信,也可以促进与他人的交往,能够更好地理解他人、尊重他人。

这部分的教学应突出以下三点内容:初步认识自己,认识自己对自我的意义和认识自己对他人、社会的意义。突出第一点是为了让学生在集体生活中觉察自我形象,并初步了解自己在同伴心中的形象,增强青少年时期的自我意识,使认识和发现自己不仅成为"我"的需要,更成为一种可能。突出第二点是为了让学生理解自我探索对中学生的发展有积极意义,明确认识自己的意义。突出第三点是为了让学生明确认识自己不仅仅是自己内在的事情,还包括与他人相处,在社会生活中安身立命,健康成长,甚至会涉及社会安定与和谐,这也是"正确认识自己"这一核心主题的最终落脚点。

要点2:多角度认识自己

这一要点主要整合和扩展了本课第一框第二目的内容,主要是引导学生掌握正确认识自己的途径,多角度认识自己,明确我们可以从生理、心理、社会等方面来认识自己,可以通过自我评价来认识自己,可以通过他人评价来认识自己,并引导学生理性对待他人评价。

这部分的教学应突出认识自己的内涵和认识自己的途径两点。突出第一点是为了让学生明确我们可以通过生理、心理、社会等多个方面认识自己,包括身体状况、个性心理特征、在群体中的关系等,学会认识"立体的自己"。突出第二点是为了让学生通过自我探索,比较自我评价和他人评价之间的共同之处和差异,从而理解认识自己的途径是多样的;让学生明确自我评价是一个人对自己的判断,最能代表认识自己的水平;同时,帮助学生掌握自我评价的方法,理解他人评价是认识自己的重要途径,学会用理性的态度面对他人的评价。

二、教学实施

在教学实施上,道德与法治课程教育教学要以学生为主体,以生活为起点,以立德树人为根本任务,要基于真实生活进行学习,帮助学生在调查研究中思考,在真实参与中践行;通过辨析式的学习路径,在范例中展示观点,在价值冲突中识别观点,在比较鉴别中确认观点,在探究活动中引申观点,有机呈现生活逻辑和知识逻辑之间的关系;应突出学生的自主参与、合作探究,引导学生开展自省和反思,引导学生进行思辨与澄清,充分挖掘课程内容的教育价值。依据以上思考,可以通过以下教学活动进行这一核心主题的教学。

1. 开展"人贵自知"的教学活动

(对应要点1:认识自己的意义)

教学活动	设计理由
(1) 教师引导学生阅读教材第27页小刚与队友的故事,鼓励学生进行角色扮演并描述各自的内心想法和感受。 (2) 引导学生思考并交流: ① 你如何看待小刚对自己的认识? ② 这样的认识给他带来怎样的影响? 这里需要注意的是,教师需要引导学生不能就球队谈球队,需要打开视野,积极深入探讨集体生活、家庭生活、社会生活等诸多方面;用一个活动以点带面,让学生拓宽思路,触类旁通而有所得,进而认同和内化"正确认识自己可以促进自我发展,可以促进与他人的交往"的观点。	通过情景再现的方式激发学生的学习兴趣,分析讨论身边常见的情况,让学生全方位了解不同的人的心理想法和感受,从而帮助学生立体地感知正确认识自己在群体中的重要性。通过教师引导深入讨论,拓宽学生眼界,激发学生进一步思考,从而认同和内化正确认识自己的意义。

2. 开展"描述自己"的教学活动

（对应要点 2：多角度认识自己）

教学活动	设计理由
（1）课前教师给每位同学准备彩色卡纸一份。课堂上让学生把自己的左手和右手都描在纸上，然后请学生在左手的五个手指上分别写下： 　我的身高是：_____ 　我最大的缺点是：_____ 　我最感兴趣的是：_____ 　我最喜欢的老师是：_____ 　我最崇拜的人是：_____ 在右手的五个手指上分别写下： 　我是_____的人 　我是_____的人 　我是_____的人 　我是_____的人 　我是_____的人 （2）课堂上教师让每位同学交上自己准备的自我评价，并请几位同学到讲台前面来，抽取卡纸并读出上面的内容，由台下同学举手来猜他/她是谁并回答相关问题。 　教师在组织活动时，引导学生思考以下问题： 　① 你猜他/她是谁？为什么？ 　② 请你用一句话简短评价他/她，其他同学可对这名同学进行补充评价。 　被猜到的同学回答： 　① 他/她猜得对吗？ 　② 对同学的评价你认同吗？有什么感想？	通过描述自己的分享活动，既活跃了课堂氛围，又能让学生对自我认识做一个澄清；通过别人的评价使学生更好地认识自己，并引导学生学会理性对待他人的评价。 　本教学活动从自我评价到同学评价，不仅引导学生学会多角度地评价自己，也通过多角度评价引导学生认同、内化和践行"正确认识自己"这一核心主题。

核心主题二　完善自我

一、内容建构

1. 教材内容简介

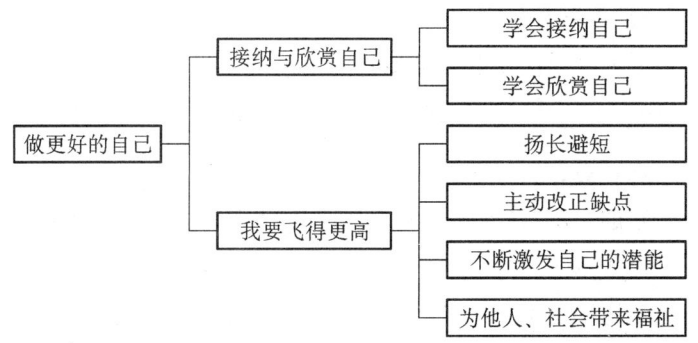

本核心主题相关的内容主要在本课第二框中。从教材内容来看主要分为两部分：一是"接纳与欣赏自己"，引导学生正确地接纳与欣赏自己，在接纳与欣赏自己中完善自我。二是告诉学生要通过扬长避短，主动改正缺点，不断激发自己的潜能，在努力为他人、为社会带来福祉的过程中做更好的自己，获得成长，完善自我。

以上内容构成"完善自我"这一核心主题的文本，逻辑清晰，内容生动有趣。从实现完善自我这一教育教学目标来看，教师需要帮助学生理解接纳自己和欣赏自己的内涵，厘清接纳自己与正确认识自己的关系，欣赏自己与欣赏他人的关系，做更好的自己与国家、社会的发展之间的关系，等等，只有真正弄懂以上知识以及知识之间的内在联系，学生才能正确地接纳和欣赏自己，努力做更好的自己，在实际生活中认同、内化和践行"完善自我"这一核心主题。

要使学生认同和内化"完善自我"这一核心主题，必须遵循体验—感悟—践行的德育思路，简单灌输只能适得其反。要使学生正确地践行"完善自我"这一核心主题，不能停留在你夸夸我、我夸夸你这样表面的、浅层次的热闹中，教师在教学过程中需要澄清学生的认知误区，通过创设真实的情境，引导学生自主探究、合作交流，让学生在学习中充分表达观点，在分享中体验感悟，在观点碰撞中反思提升。

2. 教学要点及其确定理由

要点1：如何接纳和欣赏自己？

这一要点主要整合和扩展了本课第二框第一目的内容，旨在引导学生正确地接纳与欣赏自己，在接纳与欣赏自己中完善自我。这一教学要点围绕两个问题展开讨论：一是理解接纳自己的内涵与要求，二是理解欣赏自己的内涵与要求。通过对这两个问题的解决，帮助学生增强接纳自身不完美的勇气，掌握悦纳和欣赏自己的智慧，这是走向完善自我的第一步。

这部分的教学应突出正确地接纳自己与正确地欣赏自己两点内容。突出第一点是为了让学生明确接纳自己就是接纳自己的全部，既接纳自己的优点，也接纳自己的不完美；既接纳自己的性格，也接纳自己的身材、相貌；既接纳自己的现在，也接纳自己的过去。要让学生知道，接纳自己不满意的部分有时候会很难，需要乐观的态度，更需要智慧和勇气，从而增强接纳自身的不完美的勇气并掌握悦纳自己的智慧。突出第二点是为了让学生明确，欣赏自己就是欣赏自己的独特，欣赏自己的优点，欣赏自己的努力，欣赏自己为他人的奉献。要让学生知道，欣赏自己的同时，应善于向他人学习、与他人合作，只有这样才能成为一个内涵更加丰富的"我"，从而掌握欣赏自己的智慧，更好地完善自我。

要点2：如何做更好的自己？

这一要点主要整合和扩展了本课第二框第二目的内容，这部分内容是整个第三课的落脚点。首先,在上一个核心主题"正确认识自己"的学习中,学生认识到了自身的优点和缺点;再通过本核心主题"完善自我"的学习,可以肯定自我的价值,进而有信心、有勇气完善自我。其次,帮助学生明白要面对自身的不完美,学会扬长避短来完善自我;另一方面,扬长避短不等于回避错误,改正缺点的过程也是自我完善、自我发展的过程。再次,引导学生理解完善自我还包括自由、充分地发挥潜能。最后指出,更好的自己,是在和他人的共同生活中不断成长的,更是在为他人、社会带来福祉的过程中实现的。

这部分的教学应突出以下四点内容:学会扬长避短,主动改正缺点,不断发掘潜能,融入社会并为他人、社会带来福祉。突出第一点是为了让学生在认识自己的基础上,学会接纳不能改变的,善于运用自己的优点和长处,最大限度地展现自己的才华。突出第二点是为了让学生认识到缺点中蕴藏着成长的契机,改正缺点的过程就是自我完善、自我发展的过程。突出第三点是为了让学生学会在兴趣、活动和合作中不断激发自己的潜能,在更好地实现自我价值的过程中完善自己。突出第四点是为了引导学生认识到自我认识和成长是在社会中完成的,也推动着社会的进步,帮助学生正确认识和处理完善自我与国家、社会发展的关系,激励学生在积极为国家、社会的发展贡献自己力量的过程中完善自己。

二、教学实施

在这部分内容的教学实施上,应合理甄选鲜活真实、导向正确的素材资源,供学生品鉴,挖掘价值意义,科学设计问题,引导思维探究,推动过程递进,引领学生不断探究。可以通过课前调查和课堂小组合作交流等方式,引导学生感受到人都是不完美的,我们要学着接纳不完美的自己。教师在选取调查问卷时需要仔细筛选,并考虑到学生的接纳程度,避免学生的尴尬,避免"批斗会"或者"吐槽大会"出现,要注意正面引导。依据以上思考,可以通过以下教学活动进行这一核心主题的教学。

1. 开展"上帝之手"的教学活动

(对应要点1:如何接纳和欣赏自己?)

教学活动	设计理由
(1) 课前设计一份调查问卷,内容涉及外貌、性格、社交、品德、气质等诸多方面,目的是了解学生对自己的满意程度。课堂上教师呈现调查的数据,激发学生的兴趣和探讨的欲望。 (2) 教师抛出问题,启发学生思考: ① 你对自己最满意的是哪个方面(外貌、脾气、性格……)? 为什么? ② 如果你有上帝之手,你最想重新塑造自己的哪个方面? 为什么?	通过分享学生对自己的认识的第一手资料,引导学生学会提取和分析数据,学会接纳和欣赏自己,认识到接纳自己不满意的部分很难,需要乐观的心态、勇气和智慧。

教学活动	设计理由
③ 班级其他同学如何看待他/她所分享的不满意？ （3）教师在师生交流时适当引导学生认识到接纳自己的完美之处是容易的，但是接纳自己的不完美则需要乐观的心态、勇气和智慧，所以当我们愿意分享自己不完美的部分时，我们离接纳自己也就更近一步了。	

2. 开展"践行做更好的自己"的教学活动

（对应要点2：如何做更好的自己？）

教学活动	设计理由
未来，我期待遇见更好的自己，所以我需要这样做…… 操作建议： （1）由学生尝试用一些词汇描述未来自己的模样，可从外貌、优缺点、潜能等方面加以描述。 （2）由学生进行小组展示，通过学生的分享，归纳总结出做更好的自己的要求。 （3）台下同学对台上同学的表现加以点评，可以从台上同学的语言组织、语气、语速、神态、动作等角度进行点评。听取点评意见后，如果时间允许，可以请该组成员重新展示一次。	通过展示活动，让学生感悟为了做更好的自己应该如何去做，从而在日常生活中去践行"完善自我"这一核心主题。台下同学对台上同学的及时点评，是为了达到及时修正课堂行为的目的，也有利于更好地从小处践行"完善自我"这一核心主题。

第四课　友谊与成长同行

本课第一框"和朋友在一起"的核心主题是"认同友谊的力量",第二框"深深浅浅话友谊"的核心主题是"慎对交友误区"。

核心主题的依据

一、课程依据

从初中道德与法治课程设计依据来看,本课核心主题的教育教学内容有如下依据:一是依据党的十九大关于培育和践行社会主义核心价值观的相关要求。二是依据《教育部关于培育和践行社会主义核心价值观　进一步加强中小学德育工作的意见》中的"将社会主义核心价值观的内容和要求细化落实到各学科课程的德育目标之中"的要求。三是依据《课标》中的"了解青春期闭锁心理现象及危害,积极与同学、朋友和成人交往,体会交往与友谊对生命成长的意义""学会用恰当的方式与同龄人交往,建立同学间的真诚友谊,正确认识异性同学之间的交往与友谊,把握原则与尺度""知道每个人在人格和法律地位上都是平等的,做到平等待人,不凌弱欺生,不以家境、身体、智能、性别等方面的差异而自傲或自卑,不歧视他人,富有正义感"的相关要求。综合以上来看,引导青少年感悟友谊不仅仅是个人的事,更关乎集体、社会、民族、国家乃至世界的发展。另一方面,引导学生学会辩证认识友谊的力量,发挥友谊的正面影响力,慎对交友误区,更好地与友交往,是初中道德与法治学科教育教学的重要内容和任务。

二、教材依据

从新旧教材内容对比来看,旧教材八年级上册第三课《同侪携手共进》分为两框,分别是"同学·朋友"和"男生·女生"。"同学·朋友"主要说明了友谊的重要性,指导学生应消除闭锁心理,掌握正确的交友原则;"男生·女生"侧重指导学生如何正确对待异性交往。而新教材将内容进行了整合与删减,由于学龄段下调,将异性交往问题删除,同时将旧教材的第一框内容进行了扩展,变成了新教材第四课和第五课第一框内容。旧教材只是在第一框第二目"与友同行"的开始简略提到了交友的益处,并没有对友谊的力量进行全面、系统、深刻的阐述;新教材在本课第一框"和朋友在一起"第二目"友谊的力量"正文部分主要阐述了友谊的力量。关于慎对交友误区在旧教材中没有系统的表述,而新教材本课第二框"深深浅浅话友谊"第二目"友谊的澄清"就是以慎对交友误区为主要教学内容,这些都体现了新教材对核心主题教育的高度重视。这部分内容基本是全新的,从学生面临的成长困惑及道德难题出发,旨在帮助学生形成正确的友谊观。这也是"慎对交友误区"成为教育教学核心主题的重要原因之一。

从七年级道德与法治课程内容设计来看,与友交往是让学生在认识自我的基础之上将视角转向身边的人,对他人和集体进行关注。认同友谊的力量,可为下一框的教学以及解决学生的交友问题奠定基础;而慎对交友误区是学生缔结真挚友情的前提和基础。同时,本册新教材第五课第二框以及第六课、第七课都是在本课与身边同龄人有形的友谊基础上延伸出来的对无形的网络交往与跨越年龄的师长情谊的思考。因此,本课拉开了初中生在新环境下进行人际交往的第一幕,也是基础。

三、学情依据

从外部环境来看,当今社会中人员素质良莠不齐,初中生由于辨别是非能力不强、社会经验不足等,往往容易结交一些不良社会青年,沾染恶习,甚至走上违法犯罪的道路。同时,复杂社会关系下的人际交往、一些人之间带有功利性的友谊等让学生对友谊的认识多了一份困惑;有的父母常教育孩子"要和对自己有价值的人做朋友",有时会让孩子在交友时过于功利。

从学生成长需要来看,同伴交往和友谊对学生的成长意义重大,青少年时期的同伴关系对学生的社会性和情感发展具有独特的、不可替代的作用。与同伴交往的经验是发展成功的社会交往所需要的重要条件,也对亲密感的获得以及自我概念的发展具有重要的作用。从现实情况来看,处于青春期的初中生渴望友情、渴望交往的心理十分强烈,而由于他们自身认知、分析问题的能力有限,对于友谊的力量认识比较模糊:部分学生只看到了友谊可以满足自我需要的一面,而看不到友谊其实可以促进朋友双方的发展;只看到了友谊对于个人成长的作用,而忽视了友谊对于集体、社会、民族、国家发展的意义;只看到了友谊的正面影响力,而忽略了友谊的负面影响力。同时,步入初中一月有余,学生基本了解了新的环境、新的集体,个体的适应基本完成,而小学时期朋友从生活中淡出促使学生产生新的社会性交往的内在心理需求。但在交友的过程中,学生经常会面临一些疑问或困惑无法解决,如:小学同学突然疏远,竞争会不会伤害友谊,是不是朋友的任何要求都应该答应,等等,这些困惑直接影响着他们的交友动机和交友行为,从而影响友谊关系。

核心主题的育德价值

通过第一框核心主题的教学,帮助学生将对友谊的力量的感性体验上升到理性认识,将原本对友谊的力量窄化的认识拓展开来,体会良好的人际交往与友谊带来的诸多好处,能够珍惜友情,善待朋友。

通过第二框核心主题的教学,引导学生理性面对旧友谊的淡出和新友谊的出现,珍惜与同学的友谊,主动关心、体贴他人;注意交友原则,选择恰当的方式与同龄人交往;敢于与朋友竞争,并能坦然接受和欣赏朋友的成就;主动与群体中同伴积极交往,通过合作产生合力,发挥1+1>2的群体效能,在群体活动中敢于竞争并自觉遵守道德和法律规范,同时能求同存异,树立共同目标,培养自己的团队合作精神;在乐交诤友的同时帮助、改造损友,承担起对他人、社会的责任。

核心主题的建构与实施

核心主题一　认同友谊的力量

一、内容建构

1. 教材内容简介

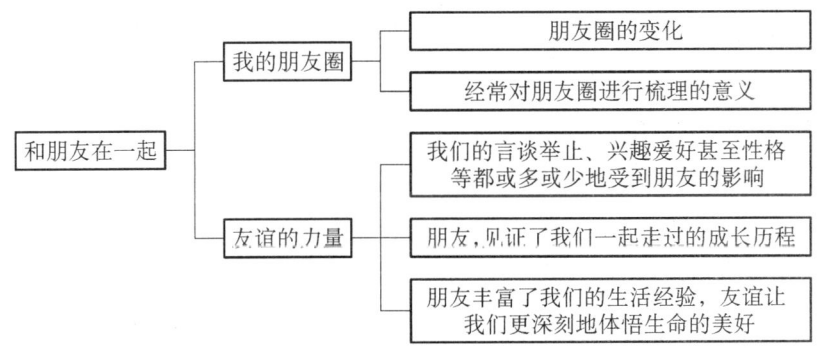

本核心主题相关的内容主要在本课第一框。在第一目引导学生了解自己对友谊的渴望、对自己的朋友关系进行梳理、觉察自己的交友状况之后,第二目围绕友谊的力量从三个层面阐述了友谊对于个人成长的影响。

以上内容构成了本核心主题的文本,但阐述的角度比较单一。从这一核心主题的具体教学来看,除了要带领学生感悟友谊对于个人成长的影响,更应引导学生充分认识友谊对于集体、社会、民族、国家发展的意义;同时,应引导学生认识到友谊的力量应分为正面影响力与负面影响力,用辩证的眼光看待问题。因此,我们需要对文本进行教学改造,对文本内容做增、删、融、改、扩,整合提炼出本核心主题的相关要点,形成符合德育课程要求和学生认知规律的教学课程,实现文本逻辑向教学逻辑的转化。

2. 教学要点及其确定理由

要点1:为什么友谊有力量?

这一要点在教材中并没有明确的表述,是教师根据学生认知需要而增加的内容,学生只有弄清楚"为什么",才更易认同友谊的力量。

这一要点要突出友谊是人与人之间长久相处建立起来的情谊,是在交往中相互信任的基础上建立的。友谊以亲密为核心成分,亲密性是衡量友谊程度的一个重要指标。罗杰斯对这种亲密性做了三点概括:能够向朋友表露自己的思想感情和内心秘密;对朋友充分信任,确信其自我表白将为朋友所尊重,不会被轻易外泄或用以反对自己;限于被特殊评价的友谊关系中,即限于少数的密友或知己之间。由于这种亲密性,出于对朋友的信任、尊重、理解等,友谊有着不同于一般情感的力量。这一要点主要是从心理学的角度理解友谊为什么有力量,有一定难度,需要结合学生的生活实际加以理解。尤其是关于这一要点不能上成纯心理课,要体现德育课程的特点。

要点2:友谊有哪些力量?

这一要点主要整合和扩展了本课第二框第二目的相关内容,并增补了友谊对于集体、社会、民族、国家发展的影响。学生只有充分认识和理解友谊的力量才能更好地与友相处。这一要点主要围绕三个方面展开讨论:一是友谊对于个人成长的重要性;二是友谊对于集体发展的意义;三是友谊对于社会、民族、国家发展的作用。通过三个层面的解读,帮助学生从更高更广的层面建构对友谊力量的认识和理解。

突出第一方面是为了让学生认识到友谊对于个人成长的重要意义:朋友对一个人的影响很大,我们的言谈举止、兴趣爱好甚至性格等都或多或少地受到朋友的影响;朋友,见证了我们一起走过的成长历程,我们需要真诚友善的朋友;朋友丰富了我们的生活经历,友谊让我们更深刻地体悟生命的美好。只有让学生切切实实感受到友谊对于个人成长的重要意义,才能激发学生认同和内化的内驱力,否则这项教育只能浮于表面,难以触及学生的心灵。突出第二方面是为了告诉学生友谊能促进集体的进步,使集体更有力量。学生生活在学校、班级、小组、社团等集体中,明确友谊对集体发展的重要性,可以帮助学生更好地过集体生活。突出第三方面是为了帮助学生从更高层面理解友谊能促进社会进步、国家富强、民族复兴,从而增强学生的责任感。第二方面、第三方面在教材上均没有明确表述,需要教师结合学生的生活和逐渐扩大的社会生活进行提炼总结。

要点3:辩证认识友谊的力量

这一教学要点在教材中也没有明确的表述,从正反两面辩证认识友谊的力量,可以在前一要点学习的基础上将对友谊力量的理解引向更深处。

这部分的教学应突出友谊的正面影响力这一点。突出这一点是为了告诉学生应积极享受友谊给我们带来的正面影响,丰富自我,提升自我;同时应发挥友谊的正面影响力,去帮助、感化朋友,促进朋友的进步和成长。

二、教学实施

在具体的教学实施上,我们应充分挖掘生本资源,基于学生的真实生活进行教学;应突出学生的自主思考与合作探究,让学生在思维碰撞中提升全面、辩证认识问题的能力。依据以上思考,可以通过以下教学活动进行这一核心主题的教学。

1. 开展"力量哪里来?"的教学活动

（对应要点1：为什么友谊有力量？）

教学活动	设计理由
（1）展示情境： 情境一　小卫是我的好朋友,每当我遇到伤心事时,就喜欢跟他"吐槽",他一句鼓励的话顶过其他人的十句。 情境二　毛毛是我的"闺蜜",也是我的偶像,她待人总是特别热情和耐心,不管我问她学习方面还是生活方面的问题,她都会耐心解答。我也要成为像她一样的人。 （2）学生思考： ① 你有过类似的体验吗? ② 结合上述情境,说一说朋友为什么会对我们产生影响。	学生通过对所展示的情境和自身体验的理性分析,认识到朋友会对我们产生影响的原因。

2. 开展"力量有哪些?"的教学活动

（对应要点2：友谊有哪些力量？）

教学活动	设计理由
（1）展示材料： 小伟和他的几个好朋友常常聚在一起,彼此有聊不完的话题,一放学便在一起或讨论学习,或聊喜欢的足球明星,或切磋球技。校足球赛上,他们成了班级的"顶梁柱",为班级捧回了奖杯。 学生思考：你有这样的朋友吗？请说说你与好朋友之间的故事,并说说朋友给我们带来的影响。	学生通过对同龄人故事进行分析以及述说自己的交友故事,感悟友谊对于个人成长、集体发展的意义。

续表

教学活动	设计理由
（2）展示马克思和恩格斯伟大友谊的相关材料。 学生思考：马克思、恩格斯的友谊产生了怎样的影响？	学生通过对马克思、恩格斯伟大友谊的思考，感悟友谊对于促进民族、国家乃至人类社会发展的重要意义。

3. 开展"辩证看力量"的教学活动

（对应要点3：辩证认识友谊的力量）

教学活动	设计理由
（1）展示情境： 情境一　凌凌、元元、菲菲的性格都比较内向，而且她们的父母都常年在外地打工，这些相似点让她们成了亲密无间的好朋友。虽然她们在班级里沉默寡言，但她们在一起时总是无话不谈；当有人想念爸爸妈妈时，其他人总是想尽办法安慰她，逗她开心。 情境二　小明在班里有几个好朋友，号称"F4"，周周是他们的"大哥"，其他人都听周周的指挥。在周周的带领下，他们经常抄作业、违反班级纪律，甚至欺负一些弱小的同学。 （2）学生思考：结合以上情境，分别谈谈友谊给我们带来了怎样的影响。	学生通过对两个情境的分析，感悟友谊的正面影响力和负面影响力，提升辩证认识问题的能力。

核心主题二　慎对交友误区

一、内容建构

1. 教材内容简介

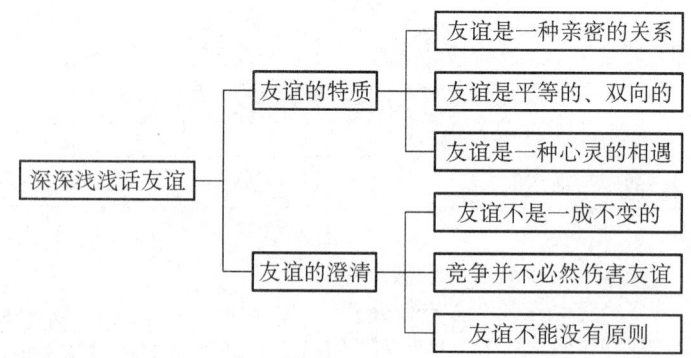

本核心主题相关的内容主要在本课第二框第二目，主要帮助学生澄清了友谊是否会改变，友谊与竞争、原则的关系等问题，也就是如何慎对交友误区。

以上内容构成本核心主题的文本，但其中只是澄清了学生对交友的部分认识误区。

从这一核心主题的具体教学来看,应当引导学生充分认识到为什么要澄清对交友的认识误区、对交友有哪些认识误区以及如何慎对交友误区,只有这样才能做到在认同基础上的内化于心、外化于行。在处理文本知识和利用教材案例进行教学的同时,应当对有限文本案例做些针对性、选择性的补充,构建基于事实、有思考力和思辨性的立体课堂,实现文本逻辑向教学逻辑的转化。

2. 教学要点及其确定理由

要点1:慎对交友误区的重要性

这一教学要点在教材中并没有明确的表述,是教师根据学生认知需要而增加的内容,学生只有弄清楚"为什么",明白其中的"理",才更容易实现教育价值的认同和内化。

这部分的教学应突出慎对交友误区对于个人成长的重要性。突出这一点是为了让学生明确澄清交友误区是我们成长必经的历程,能够帮助我们正确对待友谊,帮助我们解决交友路上的困惑。

要点2:如何慎对交友误区?

这一教学要点主要整合和扩展了本课第二框第二目的内容,主要是让学生识别清楚交友误区有哪些,继而澄清、慎对交友误区。这一教学要点围绕五个主要问题展开讨论:一是友谊是否会改变;二是竞争是否会伤害友谊;三是为了维护友谊可否放弃原则;四是不同友谊的价值是否有高低之分;五是要不要与损友交往。通过对这五个问题的解读,帮助学生建构对慎对交友误区的立体认识和理解。

这部分的教学应突出友谊不是一成不变的,竞争并不必然伤害友谊,友谊是有原则的,应告别功利性的交友,不仅要乐交诤友还应想方设法帮助、感化损友这五点。突出第一点是告诉学生造成友谊改变的原因很多,自己、对方、环境或其他方面的改变,都可能造成友谊的逐渐淡出。指责抱怨对方、拒绝接受变化只会让曾经美好的友谊变成对彼此的伤害,如果尽自己最大的努力还无法挽回,我们的态度应该是接受一段友谊的淡出,开启新的友谊。突出第二点是告诉学生竞争并不必然伤害友谊,只要我们坦然接受并欣赏朋友的成就,就不会沉溺于失利的痛苦;在竞争中自我反省和激励,我们会收获更多。突出第三点是为了澄清维护友谊与坚持原则的关系。友谊需要信任和忠诚,但并不等于不加分辨地为朋友做任何事;当朋友误入歧途时,不予规劝甚至推波助澜,反而会伤害朋友、伤害友谊。突出第四点是想让学生认识到友谊有三种:建立在与他人为伴的快乐的基础上的友谊,即寻求快乐的友谊;建立在与他人结交的裨益的基础上的友谊,即寻求益处的友谊;建立在彼此倾慕的基础上的友谊,即为了德行的友谊。这三种友谊都是健康幸福生活必不可少的,最好的朋友是这三者的结合。我们与友相处,或获得快乐,或得到益处,或提升道德修养,但不能因为我从某些朋友那里获得的快乐、益处少一些,或对自己德行的促进作用弱一些就不和他们交朋友,否则友谊就会变质,沦为相互利用的工具,结果彼此都会受到伤害。突出第五点是想帮助学生正确认识"近朱者赤,近墨者黑"的交友观。通过层层剖析,帮助学生认识到乐交净友、享受朋友给我们带来的正向力量固然好,但同时也应发挥自身的正向力量,通过我们的努力去帮助、感化损友,让他们的学习、性格、生活等也变得好起来。这部分的教学应当在具体的问题和案例的分析中帮助学生形成认同。

二、教学实施

在具体的教学实施方面,我们要进行充分的课前调查,明确学生在交友方面存在哪些共性的、亟待解决的认识误区,基于学生的真实问题和困惑进行教学,这样更能调动学生参与的热情,也更能指导学生的真实生活。教学过程中应突出学生的自主参与、合作探究,引导学生开展自省和反思,引导学生进行思辨与澄清,以提高学生的学科思维能力和核心素养。依据以上思考,可以通过以下教学活动进行这一核心主题的教学。

1. 开展"澄清误区有必要"的教学活动

(对应要点1:慎对交友误区的重要性)

教学活动	设计理由
(1) 展示同龄人对友谊的认识困惑。 小丽:我和小美形影不离,有说不完的话。小美常常有意无意地与我比,比衣服、比文具、比成绩,我都没在意。上次学校推荐一名同学到市里参加歌咏比赛,我俩都报了名,结果我被选上了,她落选了。现在小美看我总是淡淡的,也不再主动与我说话。呜呜,好难受…… 小刚:好朋友小川和别人闹矛盾,约我一起去教训那个人。我要去吗? 小芸:我和楚楚是好朋友,可是她今天跟我说,小乐是我们班的学霸,她爸爸又是政府部门的,和她交朋友比和我交朋友有价值多了。我们是不是要和对自己更有用的人交朋友? 小杜:我妈总是在我耳边叨叨"近朱者赤,近墨者黑,要多交净友,不交损友",是这样吗? (2) 学生思考:你有类似的烦恼吗?请说出来和大家一起分享。 教师根据学生的回答归纳整理学生对友谊的认识误区。 (3) 学生进一步思考:这些对友谊的认识误区会产生什么影响? (提醒:可以从对自己和朋友的成长、对友谊的发展等角度去思考。)	这样设计不仅可以弄清学生对友谊的认识存在哪些误区,为后续的教学奠定基础;而且能让学生感受到不澄清交友误区对个人成长的危害,从而认识到澄清交友误区的重要性。

2. 开展"交友误区慎对待"的教学活动

（对应要点 2：如何慎对交友误区？）

教学活动	设计理由
（1）承接上一活动，提出问题： ① 淡了的友谊还有必要维持吗？ ② 竞争会伤害友谊吗？如果朋友赢，是否就意味着自己输？ ③ 应该为朋友做任何事吗？ ④ 不同友谊的价值有高低之分吗？ ⑤ 要不要交损友？ 学生以小组为单位，选择其中一个话题，结合自己的见闻以及亲身经历谈谈自己的看法。	直面学生的困惑创设情境，提出问题，让学生在自主思考、思维碰撞、观点交锋的过程中澄清对友谊的认识误区，从而实现对"慎对交友误区"这一教育价值的认同、内化与践行。
（2）学生交流探讨，澄清其他对交友的认识误区，教师补充。	根据课前调查了解到的学生关于交友的认识误区创设情境，让学生在自主思考、合作探究中澄清对友谊的认识误区，解决困惑，更好地指导学生的交友生活。

第五课　交友的智慧

本课第一框"让友谊之树常青"的核心主题是"友谊天长地久",第二框"网上交友新时空"的核心主题是"理性对待网络交友"。

核心主题的依据

一、课程依据

从初中道德与法治课程设计依据来看,本课核心主题的教育教学内容有如下依据:一是依据党的十九大关于培育和践行社会主义核心价值观的相关要求。二是依据《教育部关于培育和践行社会主义核心价值观　进一步加强中小学德育工作的意见》中的"将社会主义核心价值观的内容和要求细化落实到各学科课程的德育目标之中"和"加强网络环境下的德育工作"的要求。三是依据教育部印发的《关于做好预防中小学生沉迷网络教育引导工作的紧急通知》中的要求。四是依据《课标》中的"学会用恰当的方式与同龄人交往,建立同学间的真诚友谊""知道每个人在人格和法律地位上都是平等的,做到平等待人,不凌弱欺生,不以家境、身体、智能、性别等方面的差异而自傲或自卑,不歧视他人,富有正义感""合理利用互联网等传播媒介,初步养成积极的媒介批评能力,学会理性利用现代媒介参与社会公共生活"的要求。五是依据《大纲》中的"树立诚信意识""强化法律责任意识""以基础性的行为规则和法律常识为主,侧重法治意识、尊法守法行为习惯的养成教育"等要求。综合以上来看,引导青少年认识友谊的作用及特点,学会呵护友谊,让友谊走向天长地久,同时,理性对待网上交往,做网络的主人,是初中道德与法治学科教育教学的重要内容和任务,是教育教学的核心主题,有利于学生更好地在现实世界和虚拟世界中与友交往。

二、教材依据

从新旧教材内容对比来看,旧教材只在八年级上册第三课《同侪携手共进》的第一框"同学·朋友"第二目"与友同行"中提到了"欣赏他人、赞美他人,宽容他人、尊重差异、加强沟通,我们就会交到更多有趣的朋友,获得更为持久的友谊",并没有对友谊天长地久进行过多的阐述和表达。新教材在本册第四课第一框第二目、第二框第一目,第五课第一框"让友谊之树常青"第二目"呵护友谊"中主要就是以友谊天长地久为主要教学内容,这体现了新教材对友谊天长地久这一价值的认同与内化的高度重视。这部分内容需要教师对教材内容进行有机整合,故对教师提出了更高的要求。旧教材在八年级上册第六课《网络交往新空间》的第二框"享受健康的网络交往"第一目"学会自我保护"中指出,要提高自己的安全防范意识,不轻易泄露个人资料,不随意答应网友的要求;现实生活中的问题,尽可能找熟悉的朋友或师长帮助解决,不要仅仅依赖网友来满足自己的情感需求,以免上当受骗。同时告诉学生网络信息良莠不齐,要不断提高自己的辨别能力,提高自己的抗诱惑能力。可见,旧教材对于理性对待网络交友这一问题已经很重视。新教材在本课第二框"网上交友新时空"中以理性对待网络交友为主要教学内容。新教材较之旧教材,对这一问题有了更为清晰的表达,且每个观点均附相应的"探究与分享"以帮助学生更好地理解,体现了新教材对这一问题一如既往的重视。

从七年级道德与法治课程内容设计来看,学生只有认同友谊应走向天长地久,才会珍视、呵护友谊,同时才会珍惜、呵护与其他人的交往及情谊,珍视现实生活中的交友。而网上交友是前一课时的拓展和延伸,且适应了新形势下学生成长发展的需要。同时,与他人交往是初中生成长中的重要一环,这一课的学习也将为学生后面学习与师长交往奠定基础。

三、学情依据

从外部环境来看,人们彼此之间缺乏信任、碰到矛盾未能及时沟通、利益纷争、物质条件悬殊等原因导致"友谊的小船说翻就翻"的现象屡见不鲜,这些或多或少地影响着尚未建立成熟的价值观、交友观的青少年们。当今社会,科技的日益发展、网络的普及为人与人之间的交往提供了便利,使人们的社会交往圈不断扩大,但网络的虚拟性、隐蔽性等也造成了朋友间的不确定、不真诚、缺乏安全感。同时,复杂的社会和网络环境或多或少给中学生的生活和成长造成一定的困扰,有些人利用网络进行欺诈等活动,而涉世未深的中学生很容易受到侵害。

从学生实际来看,处在青春期的孩子,很容易与别人建立友谊,但由于年龄小、情绪易波动等原因,建立起来的友谊缺乏稳定性,常常给自身的生活和成长带来困惑和烦恼;学生即使在课上能习得一些呵护友谊的知识和方法,但在实际生活中却往往无法学以致用。同时,在网上交友已经成为中学生生活的重要部分。但有些中学生沉迷于网络交往,好奇心使得他们希望与网友见面、交往甚至网恋,他们往往在现实中或缺少关爱或缺少理解,或是对父母叛逆,于是到网络上寻找寄托和慰藉,这也一定程度上使他们忽略了现实中与同伴的交往。有些学生因为认识能力有限,如缺乏全面、辩证分析问题的能力,所以对于网络交友的利弊认识还不够。

核心主题的育德价值

通过第一框核心主题的学习,学生可以更加深刻地理解友谊的力量,把握天长地久的友谊的特点,掌握呵护友谊的方法,从而理智地解决交友中的问题,更好地与友交往,和朋友共同努力,促进社会进步、国家富强、民族振兴。

通过第二框核心主题的学习,学生可以深入了解网上交往的特点、全面认识网上交友的利弊,提高辩证看待问题的能力;能够更好地利用网络这一交往平台,避免不必要的伤害;能够避免与现实世界的隔阂,增进与朋友、师长之间的情谊;能够自觉遵守社会道德规范和国家法律法规,做一个文明的网络参与者。

核心主题的建构与实施

核心主题一 友谊天长地久

一、内容建构

1. 教材内容简介

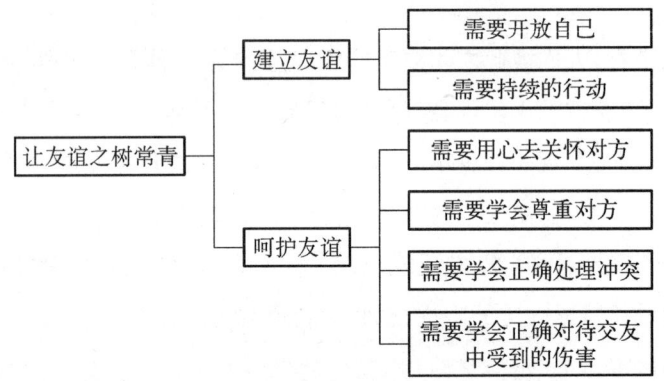

本核心主题相关的内容其中一部分就在本课第一框第二目,主要讲述了呵护友谊的四个方法,也就是让友谊天长地久应该如何做。

除此之外,本核心主题相关的内容还存在于本册第四课第一框第二目以及第二框第一目中。第四课第一框第二目主要说明了为什么友谊要天长地久;第四课第二框第一目主要说明了什么样的友谊能走向天长地久。上述三部分的内容结合起来,分别从是什么、为什么、怎么做的维度进行友谊天长地久的教育,逻辑清晰、内容翔实。

具体教学时,首先应让学生充分感受友谊的力量,明确友谊天长地久的意义和价值,从"情"和"理"两方面让学生内心真正认同友谊天长地久,然后让学生知道什么样的友谊能走向天长地久并掌握让友谊天长地久的方法,这样学生才能有的放矢,在认同的基础上内化与践行这一教育价值。

2. 教学要点及其确定理由

要点1:为什么友谊要天长地久?

这一要点主要整合和扩展了本册第四课第一框第二目正文内容,主要是让学生感受友谊的力量。学生只有清晰把握友谊的重要性,才会认同友谊天长地久。具体讨论内容可参考第四课核心主题一中要点2。

这部分的教学应突出友谊对个人成长,对集体发展和对社会、民族、国家发展的作用这三点。突出第一点是要让学生认识到友谊对于个人成长的重要意义。突出第二点是为了告诉学生友情能促进集体的进步,使集体更有力量。突出第三点可以让学生明确友谊能促进社会进步、国家富强、民族复兴。后两点在教材上没有明确表述,教师需要结合学生的集体生活和天长地久的友谊的典范的故事,帮助学生从更高层次进行理解。

要点2:天长地久的友谊的特点

这一要点主要整合和扩展了本册第四课第二框第一目正文内容,主要是让学生知晓天长地久的友谊的特点。本要点的学习可以为友谊走向天长地久这一教育价值的外化于行奠定基础,帮助学生明确天长地久的友谊是什么样的。

这部分的教学应突出友谊是一种亲密的关系,友谊是平等、双向的以及友谊是一种心灵的相遇这三点。突出第一点是为了让学生明确在友谊中可以获得理解、支持、忠诚、信任、肯定、关心等,这种精神上的满足易于让友谊走向天长地久。突出第二点是为了让学生明确平等、双向、互利共赢的友谊才能长久。突出第三点是为了让学生知道志同道合、志趣相投的友谊更能经得住时间的考验和风雨的洗礼。这三点既是学生考量友谊能否天长地久的标准,也是建立友谊之后用心浇灌友谊的养料。

要点3:如何让友谊天长地久?

这一要点主要整合了本课第一框第二目正文内容,主要是帮助学生掌握呵护友谊的方法。这一要点旨在引导学生将呵护友谊付诸实践,因为只有在践行中才能进一步内化友谊天长地久,只有践行才是最好的培育。这一要点是本核心主题的深化环节,也是友谊天长地久教育的归宿。

这部分的教学应突出天长地久的友谊的典范是如何珍惜、呵护友谊的,呵护友谊"我"能行两点。突出第一点是为了让学生从典范身上寻求呵护友谊的方法;突出第二点主要是为了进行践行指导,帮助学生树立践行的信心,在践行中熟悉方法、把握技巧,指导自己的交友生活。

二、教学实施

在具体的教学实施上,必须选取贴近学生生活的情境,用具象的生活实例诠释抽象的内容;必须直面学生的真实问题,释疑解惑,促进教育价值的认同与内化;必须充分发挥学生的主体地位和作用,突出学生的自主参与和合作探究,提升学生的学科思维和能力。依据以上思考,可以通过以下教学活动进行这一核心主题的教学。

1. 开展"感受友谊的力量"的教学活动

(对应要点1:为什么友谊要天长地久?)

教学活动	设计理由
(1) 完成"朋友影响力"图。 姓名:_____ 对我的影响:_____ (2) 学生分享"我和朋友之间的故事"。 学生思考:从以上活动中,你感受到友谊具有怎样的力量?	《课标》指出,要"注重对学生自身资源的开发,使学生的参与过程和生活体验成为课程资源的重要组成部分",让学生完成"朋友影响力"图、分享交友故事等,并在此基础上体验感悟友谊对自己、所在集体产生的重要影响,有利于学生认同友谊应走向天长地久。
(3) 展示周恩来和李富春半个世纪的革命友谊。 周恩来和李富春,从旅法勤工俭学时期开始交往、共事,创办《少年》月刊,在大革命中和长征路上并肩战斗,到新中国成立后主持经济建设工作。这对革命战友,相知、相交半个世纪,他们相互支持,相互敬重,肝胆相照,确立了对共产主义的信仰,也结下了深厚的革命情谊。 小组合作探究:周恩来和李富春的伟大友谊具有怎样的力量? (提示:可以从个人、社会、国家等角度思考。)	通过对周恩来和李富春革命友谊的合作探究,认识到友谊可以促进国家的发展,从更高层面认识到友谊的力量。

2. 开展"交友故事齐分享"的教学活动

(对应要点2:天长地久的友谊的特点)

教学活动	设计理由
(1) 课前布置任务,要求学生收集天长地久的友谊的典范的故事。 (2) 课上交流分享,教师展示: ① "管鲍之交"的故事。 ② 马克思和恩格斯和好如初的故事。 学生思考:为什么他们的友谊可以天长地久? 教师结合学生的分享与交流,归纳天长地久的友谊的特点。教师着重强调"友谊是一种心灵的相遇",超越物质条件、家庭背景、学习成绩等。	这样的故事分享与交流既可以让学生直接从天长地久的友谊的典范身上感知什么样的友谊可以天长地久,又可以为学生今后如何与友相处提供榜样的示范。

第五课 交友的智慧

3. 开展"让友谊之树常青"的教学活动

(对应要点3:如何让友谊天长地久?)

教学活动	设计理由
(1) 承接上一活动,学生思考:管鲍、马恩是如何让他们的友谊走向天长地久的?	让学生通过对管鲍之交、马恩友谊的进一步思考,从典范们身上学习呵护友谊的方法。
(2) 学生将自己在交友的过程中的问题或困惑写在一张纸条上,放进"烦恼盒"。 教师选取有共性、有代表性的问题或困惑进行展示,学生以小组为单位群策群力解决这些问题或困惑。	以学生交友过程中的问题和困惑创设情境,更鲜活真实,更能激发学生探究的热情;同时,群策群力解决问题也更有利于指导学生的现实生活,突显了道德与法治课的实用价值。
(3) 布置实践作业:将本课学习到的让友谊天长地久的方法运用于自己的交友实践并记录下来。(如果你与朋友相处很和谐,总结你们和谐相处的原因;如果你与朋友发生了矛盾和冲突,记录你是如何妥善处理的;如果你未能妥善处理与朋友的矛盾和冲突,反思并记录原因,并说说今后打算怎么做。)	通过道德实践,深化该核心主题的教育。

核心主题二 理性对待网络交友

一、内容建构

1. 教材内容简介

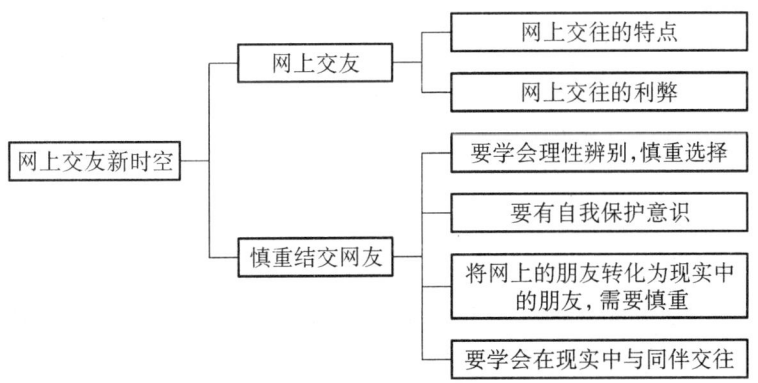

本核心主题相关的内容主要在本课第二框,围绕网上交往分为两大主题:一是介绍网上交往的特点、网上交往的利弊,也就是为什么要理性对待网络交友;二是介绍慎重结交网友的做法,也就是如何理性对待网络交友。

以上内容构成本核心主题的文本,内容丰富,逻辑清晰。从这一核心主题的具体教学来看,应当引导学生充分认识到网上交往的特点,引导学生全面、辩证地认识网上交往,掌握理性对待网络交友的方法,支撑起理性对待网络交友的逻辑架构,从而达到内化于心、外化于行的目的。

2. 教学要点及其确定理由

要点1:为什么要理性对待网络交友?

这一要点是对本课第二框第一目的有机整合,扩充了网上交友的利弊的相关内容。学生只有充分认识和理解网上交友的利弊,特别是了解不能理性对待网络交友的危害,才能更好地理解理性对待网络交友的重要意义。这一要点围绕三个主要问题展开讨论:一是网上交往的特点,二是网上交往的积极影响,三是网上交往的消极影响。通过这三个问题的解读,帮助学生认识理性对待网络交友的原因。

这部分的教学应突出网上交往的消极影响,包括:① 难以触摸到生活中的真实,彼此不信任,建立的友谊不稳定;② 沉迷于网络交往,会荒废学业;③ 与陌生的网友见面也存在着很大的危险性,稍有不慎极易受到侵害;④ 有时关闭了在现实中与他人沟通的心灵之门;⑤ 有些人的阴暗心理借助电脑屏幕得到无所顾忌的宣泄,使交往环境被污染。这五点弊端的角度并不相同,其中,第①、②、③点是从对青少年个人成长的影响的角度来说的;第④点是从对人际关系的影响的角度来说的;第⑤点是从对网络交往环境的影响的角度来说的。第②、③、⑤点在教材上没有明确的表述,需要教师结合社会现实、学生实际进行提炼概括。学生在清晰认识到网络交往的弊端后,才不会出现课堂上虚假赞同、课后继续沉迷于网上交友的现象。

要点2:如何理性对待网络交友?

这一要点主要整合了本课第二框第二目的相关内容,主要是让学生知道如何理性对待网络交友。这一要点旨在教会学生理性对待网络交友的方法,学生只有明确了怎么做,才有了行动的方向,在碰到具体的问题时才会处理。

这一要点应突出以下四点:网上交友,需要理性辨别、慎重选择;虚拟世界的交往,带有很多不确定的因素,要有一定的自我保护意识;将网上的朋友转化为现实中的朋友,需要慎重;不能只停留在虚拟世界中,要学会在现实中与同伴交往。突出第一点是要告诉学生互联网只是一个工具,给我们提供了交往的平台,增加了交往的机会,理性对待才能成为网络的主人。突出第二点是要让学生知道网络环境比较复杂,而青少年的自我保护意识比较薄弱,在网上交往时要学会保护隐私,学会求助。突出第三点是想引发学生思考和陌生人在网上交往、在现实生活中见面要考虑安全因素等问题。突出第四点是想告诉学生如果青少年迷失于虚拟世界,自我封闭,与现实世界产生隔阂,不愿意与人面对面交往,久而久之,会影响正常的认知、情感和心理定位,不利于青少年健康人格和正确价值观的塑造,所以应多与现实中的同伴交往。

二、教学实施

在具体的教学实施方面,教学活动应根据学生的真实生活或逐步扩大的社会生活创设情境,同时充分发挥学生的主动性,让学生在具体的情境中或自主思考或合作探究,建构新知。同时,在创设情境时应注意形式的多样性和趣味性,激发学生的学习兴趣和探究热情。依据以上思考,可以通过以下教学活动进行这一核心主题的教学。

1. 开展"网络交往大家谈"的教学活动

(对应要点1:为什么要理性对待网络交友?)

教学活动	设计理由
(1) 开展观点辩论活动: 正方——网上交友让人与人的关系更接近; 反方——网上交友让人与人的关系更疏远。 (注:正反双方要结合事例或数据来证明各自观点。) 教师总结归纳网上交往的特点、网上交往的积极和消极影响。	学生在观点辩论、思维交锋的过程中可以深刻认识到网上交往具有虚拟、平等、自主等特点,且具有两面性,需要辩证看待。这样的活动不仅可以充分调动学生参与的热情,而且更有利于学生全面认识网上交友的利弊,为理性对待网络交往奠定基础。
(2) 开展案例分享活动: 活动前要求学生收集不能理性对待网络交友的反面例子。 课堂上分享案例,分析说明不能理性对待网络交往给自己、他人、家庭、社会等带来的危害,教师总结提炼。	从反面案例的分享与探究中让学生直观感悟不能理性对待网络交往的危害,从而强化需要理性对待网络交往的意识。

2. 开展"'网事'分享"的教学活动

(对应要点2:如何理性对待网络交友?)

教学活动	设计理由
(1) 分享一:小林的心声。 (内容简介:小学时,班级建立了同学自己的QQ群,但有些同学在QQ群中间作业答案,QQ群失去了本来的意义,而且群越建越多,没有任何作用。) 交流:你有类似的感受吗?我们该如何对待网上交友? 教师结合学生的交流总结归纳:网上交友,需要考虑对自己学习和生活的影响,学会理性辨别、慎重选择。	根据学生的真实生活创设情境,基于学生的"最近发展区"进行问题设计,学生有话可说、有感而发,更易认同和内化教育内容。

续表

教学活动	设计理由
（2）分享二：两个网友的聊天记录。 清新 23：34：04 看到你给我的几次留言了，初中生活还好吗？ 小蝴蝶 23：34：18 挺累的，比小学压力大。 清新 23：34：24 10月30日就是你生日了，作为网友我打算送你个礼物。 小蝴蝶 23：34：36 哈哈，好呀！ 清新 23：35：10 你家电话还没变吧？干脆我把礼物送给你，顺便见个面！怎么样？ 小蝴蝶 23：35：12 …… 小组合作探究：小蝴蝶与网友聊天不妥当的地方有哪些？网络交友还可能有哪些危险？你会采取哪些防护措施？ 教师结合学生的回答总结归纳：虚拟世界的交往中，我们要有一定的自我保护意识；将网上的朋友转化为现实中的朋友，需要慎重。	使学生基于自主思考和合作探究，更清晰地认识到网上交往需要增强自我保护意识，将网上的朋友转化为现实中的朋友需要慎重。
（3）分享三：学生周记之《无趣的中秋节》。 （内容简介：中秋节是团圆的日子，家人、亲戚团聚的时候，很多人却一直做"低头族"，忙着看电视剧、玩游戏、刷新闻等。） 提出问题：为什么说是"无趣的中秋节"？ 教师结合学生的回答总结归纳：要学会在现实中与同伴交往，增加真实而贴近的感受，为友谊奠定可靠的基础。	利用学生的周记创设情境，使学生的生活体验成为课程资源的重要组成部分，让学生既感熟悉又有共鸣，能激发学生探究的兴趣、参与的热情，也能指导学生的现实生活。

第六课　师生之间

本课第一框"走近老师"的核心主题是"理解与接纳老师",第二框"师生交往"的核心主题是"主动与老师交往"。

核心主题的依据

一、课程依据

从初中道德与法治课程设计依据来看,本课核心主题的教育教学内容有如下依据:一是依据党的十九大报告中关于落实立德树人根本任务,倡导全社会尊师重教的相关要求。二是依据教育部《中小学生守则(2015年修订)》中"孝亲尊师善待人。孝父母敬师长,爱集体助同学,虚心接受批评,学会合作共处"的要求。三是依据《课标》中的"了解教师的工作,积极与教师进行有效沟通,正确对待教师的表扬与批评,增进与教师的感情"的要求。综合以上来看,理解与接纳老师,主动与老师交往是道德与法治课程设计的题中之义,同时也是初中道德与法治学科教育教学的重要内容和任务,是教育教学的核心主题之一。

二、教材依据

从新旧教材内容对比来看,旧教材八年级上册第四课《老师伴我成长》第一框"我知我师　我爱我师"中介绍了教师的工作特点,引导学生知师、信师、爱师、敬师,建立爱生尊师、和谐融洽的师生关系;第二框"主动沟通　健康成长"由"师生交往新观念"和"共筑师生情感桥梁"两目组成,分别从与老师交往的思想理念和行为指导两个方面,引导学生学会与老师交往,更注重师生观念层面和细致的方法指导层面。而新教材将这一内容放在七年级上册,更加符合"以初中学生逐步扩展的生活为基础"的课程理念。在具体内容的处理上,相比较旧教材,新教材不仅同样介绍了教师的职业特点,还补充指出不同教师有不同风格,我们要承认教师之间的差异,接纳教师的不同,无论什么风格的教师都应该受到尊重。新教材更加突出教师与学生的双向互动和相互影响,更加突出学生在交往中的主动性,引导学生在与老师交往的过程中逐渐养成良好的交往心理和交往品质。这样的处理更加符合生活实际，与学生真实学习生活中的老师更加契合，更容易让学生理解和接纳老师，从而主动与老师交往。

从整个初中阶段道德与法治课程内容设计来看，交往的品质与能力在中学生的成长与发展中居于重要的地位，而尊重师长是青少年学生传承传统美德、锻炼交往品质的重要基础，是道德发展与学习品质养成的重要抓手，是培育未来国家合格接班人的必备的重要内容，故而让学生理解和接纳老师、学会主动与老师交往对国家立德树人要求的落实和青少年的成长成才至关重要。

三、学情依据

从社会现实看，随着社会的发展，国民对教师职业的要求不断提高，有时甚至堪称严苛，对教师缺乏理解和包容。个别地方发生了一些师生冲突的不良事件，社会舆情又较为混乱，往往不能站在公正的立场上表达与评价，导致对教师的误解不断增加，影响学生对教师的理解和接纳。

从学生实际看，初中生总体上还处于以自我中心意识为主导的心理发展阶段，学生的思维还存在片面性和表面性，他们对待很多问题都不能全面地、辩证地进行分析，在对人、对事的态度上也经常出现偏激的情况。对于喜欢的老师，他们会尽可能看到优点，并能在行动上对这些老师做出较好的反应；而对于不喜欢的老师的各种意见又容易采取拒绝的态度，更容易产生分歧和矛盾。同时，我们也应看到，学生普遍具有向师性，具有尊敬老师、乐于接受老师指导的自然倾向，希望得到老师的关注、重视、关怀和鼓励，渴望走近老师与之交往，但又害怕遭受拒绝和挫折，对交往缺乏信心与主动。

核心主题的育德价值

通过第一框核心主题的学习，学生能够辩证看待教师工作，认同教师职业所蕴含的价值取向，学会全面认识教师、理解教师，体验与教师相处过程中的积极情绪；能够悦纳陪伴自己的教师，乐于接受教师的指导，从而提高人际交往能力，增强对学习生活的热爱，从而更好地健康成长；能够理性看待社会上关于教师的热点新闻，并做出合理的行为选择，为形成"尊师重教"的社会氛围做出自己应有的努力。

通过第二框核心主题的学习，学生能够获得主动与教师交往的方法与能力，获得更多教育资源和更多的信息与指导；能够通过教师的回应和评价了解自己；能够体会到自身价值，得到自我实现的满足，获得愉悦的精神生活；能够将获得的人际交往知识与经验进行总结、整合，并在以后的人际交往中加以运用，做到举一反三，在进入社会时正确处理好种种社会关系。

核心主题的建构与实施

核心主题一 理解与接纳老师

一、内容建构

1. 教材内容简介

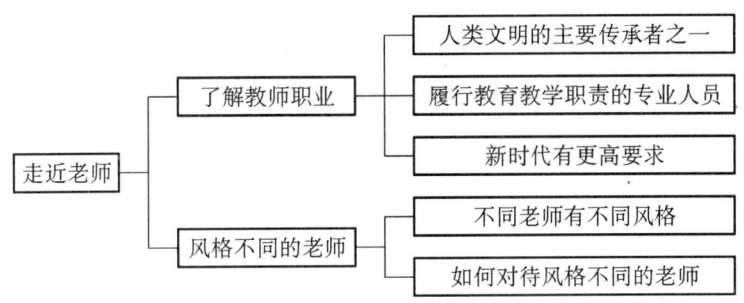

本核心主题相关的内容主要在本课第一框,围绕"理解与接纳老师"分为两大部分,一是介绍教师的职业特点和职责使命,以及时代在发展,对教师提出了更高的要求;二是介绍不同的老师有不同的风格,老师也是普通人,学生要承认并接纳每位老师的不同,并理解和尊重这种不同。

要使学生理解和接纳老师,不能简单地进行情感性灌输,要引导学生进行深度思考和实践演练,澄清学生的认知误区,激发学生内在心理动机和践行的信心。因此,必须遵循情感—理性—情感—践行的德育思路,促进感性与理性的辩证统一,认识与实践的辩证统一,思想性与情感性的辩证统一。必须引导学生自主探究、体验交流,让学生在学习中充分表达观点,在分享中体验感悟,在观点碰撞中反思提升。

2. 教学要点及其确定理由

要点1:认同教师的职业价值

这一要点主要整合和扩展了本课引言和第一框第一目的正文、"相关链接"、"探究与分享"等的相关内容。主要让学生了解教师是人类文明的主要传承者之一,了解教师这一职业在历史变迁中的坚守与发展及其对人类文明的贡献,感知教师职业存在的合理性和发展的重要性,增强对教师职业的价值认同;明确教师是履行教育教学职责的专业人员,承担教书育人的使命,从法律规定、教师资格、教师成长的时间成本、专业素养、时代要求等角度认识教师这一职业的专业性,感知教师职业的严谨性、复杂性和特殊性,增强对教师职业的价值认同。

这部分内容应突出教师的职业特点和责任使命,增强学生对教师职业的认同感。首先,要突出教师职业对人类文明的特殊贡献,使学生明白"尊师重教"的历史传承;其次,要突出教师职业的时代特点,使学生明白教师职业的专业特性,增强对教师学识能力、道德情操、仁爱之心、专业素养的信任感,能够自觉尊重教师权威,乐于接受教师指导。

要点2:理解教师的个体差异

这一要点主要整合和扩展了本课第一框第二目第一段、第二段的正文内容,主要是让学生从认识教师的"类"属性过渡到认识教师的"个体"属性,从认识教师的"共性"过渡到理解教师的"个性",旨在让学生深入认识到师生交往的本质是人与人的交往,教师不能被窄化为"学习的工具",或被固化为"道德的楷模",学生要能辩证看待教师职业的崇高性与教师个体的差异性,把教师视作鲜活的个体,明白教师也是普通人,每个教师有着不同的脾气秉性、能力水平、兴趣爱好、优点缺点,也可能在教育教学中出现某些误解、失误乃至过错,认识到教师之间的差异性是自身学习与成长的重要资源,是学会与人交往的宝贵财富,从而悦纳教师的不同,尊重教师的差异。

这部分内容应突出教师的个体差异与个体价值。通过要点1"认同教师的职业价值"的学习,学生能够感受到教师职业的光辉,但是也容易对教师抱有不切实际的过高期待和要求,一旦这种期待和要求遭遇现实冲突,就会对教师的权威产生怀疑甚至全盘否定。而要点2"理解教师的个体差异"就是要澄清这一误区,淡化教师身上被"神圣化"的标签,引导学生将教师当作真实的人,学会欣赏他人、尊重差异、接纳不同、换位思考这些人际交往中的普适要求,并满足"归属与爱"和"尊重"的内在心理需要。

要点3:接纳不同风格的老师

这一要点主要是对本课第一框第二目第二、三两段正文及"方法与技能"的扩展,主要是让学生在辩证看待教师的职业属性与个体属性的基础上,承认并接纳不同风格的老师,在理解老师风格的差异的基础上初步掌握与不同老师相处的技巧,学会尊重不同风格的老师。

这部分内容应突出接纳不同风格的老师,与不同风格的老师相处的方法与技能指导,突出尊重老师的情感内化。突出第一点主要是让学生知道走近老师重在践行,不但要在心理上理解老师,还要学会主动与老师交往,学会表达对老师的尊重与爱戴,学会主动关心、帮助老师,与老师建立双向互动与合作的关系,共度美好的教育时光。突出第二点主要是进行践行指导,帮助学生树立践行信心,激发践行愿望,提高践行能力。

二、教学实施

在教学实施上，要巧设教学情境，激活学生思维，从教学实际需要出发，把新知教学渗透到奇妙有趣的情节、场景或故事之中，以情境中的问题解决为需求，激发学生在情境中发现问题、分析问题和解决问题的兴趣，为激活学生的创新思维提供条件；要使学习成为学生主动的建构活动，贴近学生生活实际，注重学生的情感体验，促进学生的道德践行。

1. 开展"了解老师"的教学活动

（对应要点1：认同教师的职业价值）

教学活动	设计理由
（1）活动前要求学生收集古今中外的教育名家或身边教师的事迹，通过视频、图片、文字等方式展现经典画面，并分析说明他们内在的教育品质、教育智慧。 （2）开展故事分享会活动，提炼教师对国家、社会及学生成长的重要价值，总结他们身上共同的教育品质和价值取向，感受教师职业的光辉。 （3）在学生交流的基础上，概括出"师道"的关键词，从而归纳出教师职业内在的价值取向和教师一职应受尊敬的原因。	这样可以直观展现出中国"尊师重道"传统美德的由来，从历史的维度和共同的价值追求来体现教师的职业价值，这一活动有利于增强学生对教师职业的认同感。
（4）教师根据学情，展示师生冲突案例，与学生换位表演，并由学生分析教师的行为策略和行为原因。 （5）教师根据教育学、心理学知识分析学生表演中的可取与不可取之处，并结合自身经历及教材，简要介绍教师的职业要求。	通过换位表演，让学生感知教师这一职业的严谨性、复杂性和特殊性，明白教师是履行教育教学职责的专业人士，以此增强学生对教师的尊敬与信任。

2. 开展"理解老师"的教学活动

（对应要点2：理解教师的个体差异）

教学活动	设计理由
（1）感受不同风格的老师：说说自己喜欢的老师，也可以描述或模仿某位老师让同学们猜。 教师可以引导学生在活动过程中思考，比较各自喜欢的老师在风格上的差异；初步感受差异产生的原因以及如何看待这些差异。	基于学生的生活经验，体验老师之间的差异和各自的个性，引导学生正确看待这些差异，将这种差异与个性当作宝贵的学习和交往资源。

续表

教学活动	设计理由
（2）教师根据学情，展示师生冲突案例，与学生换位表演，并由学生分析教师的行为策略和行为原因。 教师根据教育学、心理学知识分析学生表演中的可取与不可取之处，并结合自身经历及教材，简要介绍教师的工作生活状态。	让学生真正地走近教师，了解教师在工作、生活中的真实状态。让学生认识到教师也是一个普通人，也要承担各种不同的角色，让学生能够用全面的眼光看待教师。
（3）认同老师的独特优点：小组互助，找找每个老师身上值得我们学习的地方。 教师在活动中引导学生认识到："三人行，必有我师"，每个老师都有自己的独特优点，个人喜好喜欢或不喜欢某位老师很正常，但是承认和接纳每位老师的不同，才会有更多的机会了解老师；善于发现老师的优点，对我们的个人成长和良好的师生交往大有裨益。	引导学生关注不同风格的老师身上的优点，有利于学生从心理上接纳老师，进而在行为上接纳老师。

3. 开展"接纳老师"的教学活动

（对应要点3：接纳不同风格的老师）

教学活动	设计理由
（1）根据学情前测，学生分享自己在调查问卷中所写的不适应其风格的老师。 教师根据学生的分享，归纳整合四种不同风格的老师，呈现真实生动的情境。 学生讨论如何正确认识这四种不同风格的老师。组内做好记录并发言。 教师要引导学生从老师的角度和自身的角度来思考。	对学生难以适应的老师风格进行剖析，让学生通过讨论认识到人各有异，而不同风格背后可能隐藏着同样的爱与付出，学会辩证看待老师的做法，正视交往中的矛盾和冲突，找到解决问题的智慧和方法。
（2）开展"老师，我想对您说"活动，架起学生与老师沟通的桥梁。 教师要引导学生勇于说真话，善于表真情，既学会表达对老师的尊重与爱，也学会正确表达自己对老师的期待。 教师要将学生的心声及时而有策略地传达给相关老师，促进教师与学生直面问题，良性互动，教学相长。	架起学生与老师沟通的桥梁，让学生成为师生交往中的"先行者"，激发学生践行的热情，提升践行能力。

核心主题二　主动与老师交往

一、内容建构

1. 教材内容简介

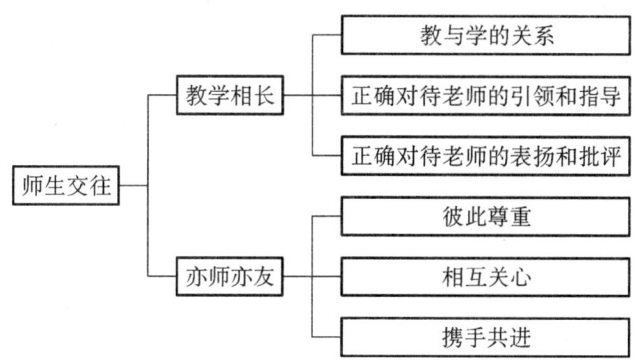

本核心主题相关的内容主要在本课第二框,围绕"主动与老师交往"分为两大部分,一是阐述师生交往对老师和学生成长的意义,也就是为什么要主动与老师交往以及师生交往的良好状态是什么;二是如何建立良好的师生关系。

以上内容构成"主动与老师交往"的文本,脉络较为清晰,但是对交往现状和影响交往的心理因素剖析不足,需要结合学情进行调研和分析,解决学生的真问题真困惑。从教育的目的和追求看,具体教育教学应努力促进学生增强与老师交往的主动性,这就需要发掘文本内容所蕴含的教育价值,课堂教学应着力让学生深入认识师生交往的本质和重要意义,直面师生交往中存在的问题,重点分析学生自身方面的交往方法与沟通技巧。

要使学生主动与老师交往,不能仅仅进行方法上的指导,而是要先引导学生思考师生交往的本质,以及师生交往对双方的意义,激发学生主动交往的内在心理动机,增强主动交往的信心,并以此作为认知底色与心理基础去分析师生交往的现状和问题,从而获取主动与老师交往的技能与方法,实现交往之"道"与交往之"术"的统一。

2. 教学要点及其确定理由

要点1:主动与老师交往的意义

这一要点主要整合和扩展了本课引言和第二框第一目的第一段、第二段和第二框最后一段的内容,主要是让学生解读主动交往对师生双方的重要意义;让学生了解交往是人的必要生存技能和内在心理需要,而师生交往的本质也是人与人的关系,不能被异化为人与"教育内容"的关系;让学生理解主动交往对自身的重要意义,包括促进构建学习新资源,增强学习效果,提高自身交往能力、满足心理需求等方面,从而提升学生主动与老师交往的内在驱动力;让学生明白主动与老师交往对老师的促进作用,包括对影响和改进老师教育教学行为,缓解老师的职业压力,满足老师的胜任感、愉悦感等心理需要等方面,让学生增强主动与老师交往的自信心和自我效能感。

这部分内容应突出两点:学生是师生交往的主体;学生的主动交往对师生关系具有重要意义。突出第一点是为了让学生明确人际交往中最重要,也是最能够把握的角色就是自己,想要与他人建立良好的关系,必须从自身出发,而不能仅仅依靠老师的努力,从而消解自身的主体性。突出第二点是为了让学生感悟主动交往对构筑良好师生关系,促进教学相长,形成新型师生关系的重要意义,从而增强与老师交往的主动性、自觉性和自信心。

要点2:师生交往中存在的问题

这一要点主要整合和扩展了本课第二框中"阅读感悟""探究与分享"等栏目,结合教师和学生问卷调查表,让学生直面师生交往中存在的问题及其成因,旨在让学生客观看待自身在师生交往中主动性缺失带来的负面影响,为下一步有的放矢地解决问题奠定基础。

这部分内容应突出学生不愿与老师交往的原因,面对老师的表扬与批评时的心理与行为,面对师生矛盾与冲突时的心理与行为这三点。突出第一点是为了让学生分析自己主动性缺失的原因,结合老师的问卷内容,发现师生双方的信息不对称,克服主动与老师交往的害羞、害怕心理。突出第二点是因为在师生交往过程中,学生不可避免地要面对老师的表扬和批评,要引导学生认识到不能消极被动地接受老师的表扬和批评,而是要全面客观地看待并积极回应老师的表扬和批评。突出第三点是为了引导学生正确认识到师生之间出现误解、矛盾和冲突是一种正常现象,处理不好可能会破坏良好的师生关系,处理得当则会促进师生关系向更高的水平和层次发展。

要点3:主动与老师交往的意识与方法

这一要点主要是对本课最后一段正文的扩展,主要是让学生知道只有打开心扉,消除交往中的不良心态,才能在主动与老师交往中获取师生交往的技能与方法。这一要点旨在引导学生建立积极的心理状态,并初步获取与老师沟通与交往的基本方法。

这部分内容应突出学生心态的调适、沟通交往"我"先行这两点。突出第一点主要是为了让学生克服闭锁心理、叛逆心理、失望心理、猜疑心理和自满心理,学会主动与老师交往。突出第二点主要是进行践行指导,帮助学生培养与老师交往的能力,让学生学会尊重老师,主动沟通,处理师生间的矛盾和冲突,增加与老师交往的渠道等,通过方法与技能的指导,增强学生践行的可操作性,提高践行的信心和能力。

二、教学实施

在教学实施上，教师在道德与法治课程教育教学过程中必须积极转变自己的教育观、教学观和学生观，在一个共同成长的"关系"中展开教学，让道德与法治课堂本身就成为师生良好交往的微缩范式。同时，道德与法治课堂还必须是具有人类历史恒长性和普适性的价值引领的课堂道德实践过程，要实现课程育人的价值引领。依据以上思考，可以通过以下教学活动进行这一核心主题的教学。

1. 开展"师生交往我和你"的教学活动

（对应要点1：主动与老师交往的意义）

教学活动	设计理由
（1）让学生说说社会上哪些职业需要与人交往，哪些职业不需要与人交往。 （2）教师要引导学生运用正面思维和反面思维，认识到交往是人社会化的必然要求，也是人的内在精神需求。 （3）在此基础上，学生初步思考和讨论自己为什么要学会与老师交往。 （4）教师要引导学生运用联系的思维，认识到交往能力与品质的普适性，认识到师生交往的实质是人与人之间的交往。	通过正反两方面的问答落实交往能力是社会发展、个人进步的必然要求，确定交往的重要意义，提升学生的辩证思维能力。
（5）学生分享师生交往的美好瞬间，并解析这一瞬间对师生双方的意义。学生在此基础上用一个比喻形容与老师的关系。 （6）教师应引导学生真实表达，同时加强正面引导，增强学生的积极体验。	通过美好瞬间的提炼与归纳，以及比喻类比升华，总结出教学相长、亦师亦友的师生关系对师生双方的重要意义。

2. 开展"师生交往面面观"的教学活动

（对应要点2：师生交往中存在的问题）

教学活动	设计理由
（1）课前对教师和学生分别进行关于师生交往问题的问卷调查。有条件的学校可以运用现代信息技术进行课堂现场调查与数据解析，增加说服力和感染力。 （2）出示调查数据： ① 你认为老师是否了解你？（你认为你的学生是否了解你？）	调查的过程其实也是一个反思的过程，可以通过可观测的标准呈现出师生交往中存在的问题，让学生观照师生交往中自我主体性的消失。

教学活动	设计理由
②你认为你是否了解老师？（你认为你是否了解你的学生？） ③你最希望与老师（学生）交流哪几方面的问题？ ④现实生活中，你与老师（学生）交流的最多的是哪些方面的问题？ ⑤当遇到心情非常郁闷、心理压力增大的情况时，你会选择向谁倾诉或寻求帮助？（你认为当学生心情郁闷、压力大时会选择向谁倾诉或寻求帮助？） ⑥你认为老师最大的三个压力来自哪些方面？ ⑦你认为有哪些因素妨碍师生交往？ ⑧你曾经通过哪些渠道与老师（学生）沟通？ ⑨与老师（学生）发生矛盾的时候，你会怎么办？ 教师展示两组问卷分析结果，引导学生初步感受师生交往的现状和造成这一现状的原因。 （3）学生进行小组合作，确定小组需要解决的问题。 教师引导学生小组合作关注有效信息，寻找问题。	通过小组合作进一步让学生明确阻碍师生交往的问题，为下一步解决问题奠定基础。

3. 开展"师生交往我出力"的教学活动

（对应要点3：主动与老师交往的意识与方法）

教学活动	设计理由
（1）学生在上一环节分析问题的基础上，继续进行小组合作，制订解决问题的方案，想出属于自己组的绝招。	通过小组合作学习，掌握师生交往的有效方法与途径，学会主动交往。
（2）师生共同总结如何主动与老师交往，要求学生从心理调适和行为方法两个方面归纳，实现价值观与方法论的统一。 师生共同赏析古今中外师生交往的美好故事。	让学生深刻认同主动与老师交往的核心价值，归纳总结主动与老师交往的心理调适和行为方法，同时要从榜样身上感悟关爱关怀、责任诚信、理解宽容、民主平等、公平正义等普适性德行伦理。
（3）布置实践作业：制订主动与老师交往的行动计划并付诸实施，实施中做好记录与反思。	实现课堂延伸到生活，从而实现知行统一。

第七课 亲情之爱

本课第一框"家的意味"的核心主题是"认同中国人的家",第二框"爱在家人间"的核心主题是"正确与父母交往",第三框"让家更美好"的核心主题是"构建和美家庭"。

核心主题的依据

一、课程依据

从初中道德与法治课程设计依据来看,本课核心主题的教育教学内容有如下依据:一是依据党的十九大报告中关于实施公民道德建设工程的相关要求及践行社会主义核心价值观的相关要求。二是依据《课标》中"体会父母为抚养自己付出的辛劳,孝敬父母和长辈。学会与父母平等沟通,调适'逆反'心理。增强与家人共创共享家庭美德的意识和能力"的要求。三是依据《大纲》中"(义务教育阶段)使学生初步了解公民的基本权利义务"的要求以及"积极引导家长重视家庭美德和家庭文化的建设,成为子女学法、守法、用法的榜样"的要求。根据要求可引入父母与子女的相关权利与义务的内容进行教学,可渗透中华传统文化教育,践行家规、家风、家训。综合以上来看,本课的核心主题是初中道德与法治学科教育教学的重要内容和任务。

二、教材依据

从新旧教材内容对比来看,旧教材在八年级上册第一课《爱在屋檐下》提到家庭关系的确立,家对我们成长的意义,我国有孝的传统,孝亲敬长是传统美德也是法律义务,我们不仅要孝敬自己的父母,而且要孝敬父母的长辈,对孝敬父母相关问题做了价值澄清和引领;在第二课《我与父母交朋友》提到我们与父母的冲突往往基于父母对我们的高期待、严要求,提到逆反心理的危害,提到与父母沟通的本领和艺术。新教材将旧教材相关内容整合拓展为一课三框,不仅符合"以初中生逐步扩展的生活为基础"的课程理念,同时在内容的处理上也更加紧凑,聚焦核心主题。新教材更加突出中国人心目中的"家"、中华文化中的"家",指出在中国人心目中,家是代代传承、血脉相连的生活共同体,更加突出对学生家国情怀的培养。新教材有意识将子女与父母的交往拓展到与其他家庭成员的交往，指出在家庭中不仅仅是亲子矛盾，而且还有家庭其他成员间的冲突，家庭的变化等诸多问题，立意更高，更符合当前生活现实。

从七年级乃至整个初中阶段道德与法治课程内容设计来看，家庭生活是不能回避的话题。家是最小国，国是千万家，家国两相依。"家庭是人生的第一个课堂。"让学生认同中国人的家，引导学生正确与父母交往并拓展到正确与家庭其他成员交往，构建和美家庭是初中学生健康成长的必修课，也是培育未来国家合格接班人的必备的重要内容，对中国梦的实现和青少年成长成才至关重要。

三、学情依据

从社会现实看，家国情怀是中华民族文化基因的一部分，是中华民族优秀文化的宝贵精神财富。中国人历来重视家庭建设，但在家庭建设中的责任主要落在父母身上。同时，近年来"空巢老人"的比例逐年增长，老人的精神慰藉需求迫切，但是子女对父母的孝敬却常常停留在"给生活费"的阶段，甚至长期不回家看父母，子女对父母的关心甚微，造成了较为严重的社会问题。随着社会历史的演进，现代家庭结构趋向小型化，家庭成员越来越少，彼此之间更加平等、民主，家庭成员不断努力、共同成长将成为未来家庭的主旋律。在这样的社会历史大背景下，探究"家"的话题，研究家庭建设，构建和谐家庭，有利于社会的稳定发展。对于怎样建设一个和谐、幸福、美满的家庭的问题，教师要给予正确的引导，使学生感受到家庭中的亲情之爱，进而让学生增强责任感和家国情怀。

从学生实际来看，初中学生逐渐进入青春期，由于特殊的生理变化、心理特点以及学业与生活的压力，既渴望得到父母的呵护、关注和关爱，享受家庭的亲情，又容易与父母产生矛盾，甚至产生逆反心理。许多初中学生在与父母沟通中出现矛盾和冲突，表现为对父母自我封闭，不愿意与父母沟通，沟通交流时间短，交流的内容多为父母对自己学业成绩的询问和关注，等等。有时，初中学生对父母爱的表达方式在一定程度上不认同，不理解父母的关爱之情，不能体会父母的养育之恩，不能体谅、理解父母的苦衷。虽然初中学生也渴望一个和谐美好的家庭氛围，也愿意为之付出努力，但是逐渐进入青春期的初中学生处理家庭关系时，有时会采取对抗的消极处理方式，较少用理性的思维去思考、解决问题；现实生活中，有时由于亲人的离开或新成员的出现，家庭结构会随之变化，这种情况也需要学生积极面对。

核心主题的育德价值

通过第一框核心主题的学习,学生能够感受家是身心寄居之所,更是心灵的港湾,热爱家庭、热爱亲人;能够认同中华传统美德"孝"的价值观念,能够尽孝在当下;能够体会家人对我们的付出,体验家人之间的温暖和爱,养成孝亲敬长、尊重他人、与人为善的品质;能够明确和认同优秀的中国家文化,弘扬中华民族传统美德,树立家国情怀,用实际行动为"小家"和"大家"的和谐做出努力。

通过第二框核心主题的学习,学生能够体会父母为抚养自己付出的辛劳,感受良好的亲子关系带来的幸福,学会感恩;能够理性面对与父母之间的冲突,学会有效沟通,理解父母的爱,体会家人的付出;能够认识到家庭的稳定关系着社会和国家的稳定,用实际行动弘扬社会主义核心价值观。

通过第三框核心主题的学习,学生能够以良好心态面对家庭发展中遇到的问题,明确家对个人成长的意义;能够正确化解家庭生活方面的冲突和矛盾,探寻家庭生活的智慧,养成孝亲敬长、尊重他人、与人为善的品质,让家更美好;能够认同"家和万事兴"的道理,参与家庭美德建设,传承和弘扬中华民族传统美德。

核心主题的建构与实施

核心主题一 认同中国人的家

一、内容建构

1. 教材内容简介

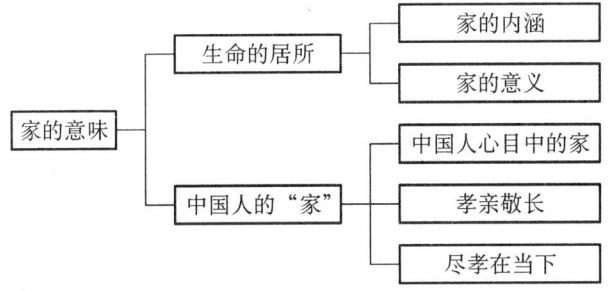

本核心主题相关的内容主要在本课第一框,围绕中国人的"家"分为两大部分,一是理解家的内涵和意义;二是理解在中华家庭文化中家的深厚意味和丰富内涵,引导中学生对家庭美德进行深入思考,进而引导学生学会孝亲敬长。

以上内容构成"认同中国人的家"的文本,内容丰富,逻辑清晰,深入浅出,具有新意。具体教育教学应努力促进学生认识到小家和大家是统一的,对中国人的家要做到认同、内化和主动践行。这就需要发掘文本内容所蕴含的家国情怀的教育价值,课堂教学应着力让学生认同和内化这一教育价值。

要使学生认同中国人的家,必须遵循体验—感悟—践行的德育思路,从感性到理性,从个别到一般,建构关于家的全面认知,得出"家是我们身心的寄居之所""家是我们心灵的港湾"这样的结论。引导学生通过对传统文化中的家规、家训的探究,引出中国家文化中的"孝"这一精神内涵,引导学生对家庭美德进行深入思考;在思考体悟中,让学生感受到中国家文化的博大精深;通过对家的内涵、外延、功能、意义等多角度的分析,激发学生对家的热爱之情并使其转化为对家的建设动机,引导学生落实对家庭进行建设的行动以及承担对中国大家庭的责任。

2. 教学要点及其确定理由

要点1:*家的意义*

这一要点主要整合和扩展了本课引言和第一框第一目正文、第二目第一段正文及"探究与分享"和"阅读感悟"等相关内容,主要是让学生结合家的内涵和外延,知晓家是我们身心的寄居之所,是我们心灵的港湾;理解家的意义和功能是多角度的,家具有生育、经济、情感交流、抚养赡养等方面的功能,为我们的成长提供精神营养,是我们生命的依托;澄清对家的认知不仅包含着物质层面也包含着精神层面,其中也会有不快,但更多是美好的一面。这一要点非常重要,因为对家的意义的全面认识是爱家、尽孝的前提。

这部分的教学应突出家对个人成长的意义及中华文化中家的意味和内涵这两点。突出第一点是为了让学生明确每个人都有一个属于自己的家,家不仅是一所房子、某个地域,家里有亲人,家中有亲情。亲情,激励我们奋斗拼搏,让我们的心灵有所依靠。突出第二点是为了让学生明确在中国人心目中,家是代代传承、血脉相连的生活共同体,是甜蜜、温暖、轻松的避风港。

要点2:*孝亲敬长是中华民族传统美德和法律义务*

这一要点主要整合和扩展了本课第一框第二目第二段正文、关于孝亲敬长的"相关链接"等内容,主要是让学生知晓在中国的家庭文化中,孝有着重要的精神内涵。孝亲敬长是中华民族的传统美德,也是每个公民的法律义务。我们作为新时代的公民要在生活中努力做一个孝亲敬长的人。

这部分的教学应突出孝亲敬长是中华民族传统美德,孝亲敬长是法律义务这两点。突出第一点主要是通过对我国传统文化中的家规、家训、家风的探讨,让学生了解我国家庭的传统美德,尤其是了解孝亲敬长的美德,能对"孝"进行辩证分析,认识到什么是真正的"孝"。突出第二点主要是让学生了解孝亲敬长不仅是道德领域对人的要求,国家在法律层面也有规定,孝亲敬长是当代公民必须履行的法定义务。

要点3:孝亲敬长重在当下

这一要点主要整合和扩展了本课第一框第二目第三段的正文及"方法与技能"的内容,主要是让学生知晓尽孝在当下,孝敬双亲长辈,关爱家人不仅仅是长大成人以后的事,从现在就应该用行动表达孝敬之心。旨在让学生从行动上落实对孝亲敬长的认识,同时也应引领学生把对小"家"的责任意识拓展到对更大"家"的尽责。

这部分的教学应突出影响自己把孝心转化为孝行的因素有哪些,如何孝亲敬长这两点。突出第一点是教会学生反思自身行为,帮助学生提高明辨是非的能力,增强学生在复杂社会中的判断和选择能力。突出第二点是让学生知道孝亲敬长有方法和技能,天下最不能等的事,就是孝亲敬长。

二、教学实施

在教学实施上,道德与法治课程教育教学是具有学科特征的德育课程,既要遵循德育发展的一般规律、还要关注道德与法治课程本身的特点。即既要关注学生品德发展知情意行的规律,还要贴近学生生活、关注社会。在教学过程中,从生活中来,回到生活中去,并且更好地指导与服务生活。依据以上思考,可以通过以下教学活动进行这一核心主题的教学。

1. 开展"我心目中的家"的教学活动

(对应要点1:家的意义)

教学活动	设计理由
(1)播放歌曲《回家》,用演示文稿软件(PPT)呈现家的各种温馨画面,春运时人们拥挤的身影和喜悦、期盼、焦灼的神情等。 探讨:家在我们心中到底意味着什么? 教师在学生交流的基础上,概括关键词,形成结论:家是我们身心的寄居之所,是我们心灵的港湾。	"未成曲调先有情",通过情境代入,调动学生对家的全面经验和认知;同时帮助学生感受家在中国人心目中的作用。 通过春运画面,让学生感受中国人对回家的迫切需求,进而进一步帮助学生理解在中华文化中家有深厚的意味、丰富的内涵。
(2)经验拓展:班级、学校、家乡、国家一样会给予我们温暖和爱,让我们有家的感觉。对学生来说,学校是我们的家;对身为市民的我们来说,家乡是我们的家;对作为中华人民共和国公民的我们来说,中国是我们的家。	让学生通过学校及生活经验,理解家的功能,理清个人与家的关系。

2. 开展"中国人的家"的教学活动

（对应要点2：孝亲敬长是中华民族传统美德和法律义务）

教学活动	设计理由
（1）播放视频《我们的家文化》。 提问：家文化表现在哪些地方呢？ 学生通过观看刚才的视频，大概能说出家风、家规、家训、孝文化等。 教师过渡："孝"是中华家庭文化重要的精神内涵。	通过让学生直观感受，引发学生对家文化的思考，引出孝文化并培养学生的家国情怀。
（2）孝文化探讨。 ① 小组讨论：优秀的家庭文化（孝）有什么作用？ ② 教师结合学生的回答，小结：孝文化可以促进个人养成关怀他人和社会的优秀品质；可以增加父母与子女的亲情，让家庭关系更加和谐；可以形成良好的社会风尚，构建和谐社会。	通过小组讨论孝文化的作用，让学生深入理解孝文化的传承对个人、对家庭、对社会都具有积极的意义。
（3）法律链接。 阅读教材第74页"相关链接"。	通过孝亲敬长的相关法律链接，增强学生的法律意识。

3. 开展"孝心转化为孝行"的教学活动

（对应要点3：孝亲敬长重在当下）

教学活动	设计理由
（1）情境展示：(案例1)小伙手绘9页说明书教爸妈用微信；(案例2)父母赴美参加女儿婚礼，女儿手写3页坐飞机攻略。	通过真实榜样，给学生带去正能量，为后续探讨做好铺垫。
（2）反思探讨：结合两个案例谈谈你的感受。影响我们"孝心"转化为"孝行"的因素有哪些？我们可以如何弥补自己孝行中的不足？	在学生独立思考和反思的过程中，传递人生智慧，解决学生真问题，让学生有所得，有所悟。
（3）提炼升华：用PPT展示一个孤寡老人的图片。 提问：作为中华家文化的重要精神内涵，孝仅仅是对父母的孝吗？ 学生在说"对长辈、对他人"的孝的时候，教师展示一组关爱老人、与人为善的照片，提炼升华。 教师小结："百善孝为先"，孝并不狭隘，孝的对象不仅是哺育我们的父母，还有父母的父母，以及其他所有长辈。孝，是公交车上热心的让座；孝，是排队时耐心的微笑；孝，是他人迷路时善意的指引。让孝代代相传，让孝温暖人间。正如孟子所说："老吾老以及人之老。"	引导学生从孝敬父母升华到尊重他人、与人为善的道德品质，激发学生继承和弘扬传统美德的积极情感，帮助学生树立正确的理想信念，引导学生有所追求。

核心主题二 正确与父母交往

一、内容建构

1. 教材内容简介

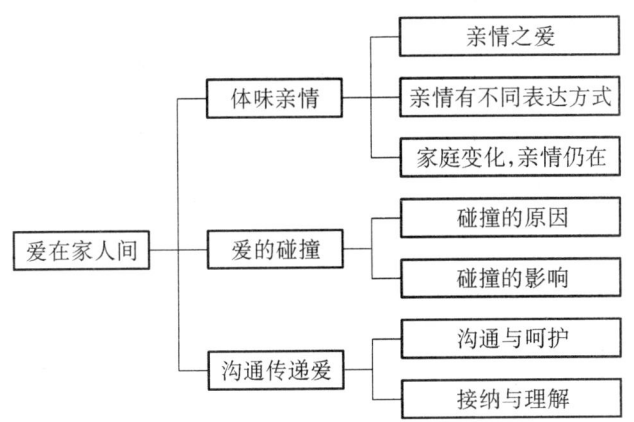

本核心主题相关的内容主要在本课第二框,围绕"正确与父母交往"分为三大部分,一是介绍家庭中的亲情之爱;二是亲子冲突难以回避,阐述亲子冲突发生的原因及影响;三是用沟通呵护爱,学习沟通的智慧和技巧。

以上内容构成"正确与父母交往"的文本,内容丰富,结构分明,逻辑清晰。从教学的开展、教育价值的有效实现的角度来看,对教材的三目内容进行有效的整合,搭建主题进行核心主题教学对于提高学生的学习积极性、提升教育的时效性是极具价值的。要使学生正确与父母交往,要从学生生活视野出发选取案例,关注学生原有认知,以学生的困惑和问题为中心,引导学生在丰富的情境中不断探索思考和实践演练,澄清学生的认知误区,激发学生内在心理动机和践行的信心。因此必须引导学生自主探究、体验交流,这样才符合学生的认知规律和品德形成规律。

2. 教学要点及其确定理由

要点1:家庭中亲情之爱

这一要点主要整合和扩展了本课第二框第一目正文及"运用你的经验"和"阅读感悟"等的相关内容,主要是让学生了解家庭亲情之爱的表现形式,亲情之爱有不同的表达方式,以及家庭结构会因为不同原因发生变化,但是家中的亲情仍在这三个方面的内容。确定这一要点有如下原因:一是对当下的学生而言,亲人对自己的关爱已经司空见惯,最熟悉的感情往往最不被重视和珍惜,通过这一点的学习能让学生明白家人之间有爱,有亲情,引导学生体验和感悟家人亲情,父母之爱。二是任何事情都是一分为二的,亲情的表达也是如此，即使表达的方式不容易被接受，如果是以爱为出发点的，就值得我们珍惜。表达方式的调整，是亲子双方的调整，所以初中学生也有责任和义务为亲子沟通的顺畅、爱的更好表达付出努力。

要点2：与父母的冲突

这一要点主要整合和扩展了本课第二框第二目正文内容。主要是让学生知晓进入青春期后，学生独立性和依赖性共存，由于初中学生与父母在心智、学识、经历等方面差异较大，所以在对问题的理解、感受等方面必然存在差异，亲子冲突难以回避。与父母的冲突往往伤害双方的情感，影响家庭的和睦，因此我们作为新时代的公民需要共同努力，有效化解冲突，营造和谐的家庭氛围。

这部分的教学应突出亲子冲突发生的原因和亲子冲突的危害这两点。突出第一点有助于学生理性面对和父母之间的冲突。突出第二点有利于学生认识到亲子间需要沟通，初中生有责任和义务主动寻找解决亲子冲突的途径，用更积极、更主动的态度，为改善亲子关系做出自己的努力。

要点3：与父母沟通的智慧和技巧

这一要点主要整合和扩展了本课第二框第三目正文及"方法与技能"等的内容，主要是让学生寻找解决亲子冲突的途径，有效改善家庭中的亲子关系，建设和谐家庭。这一要点旨在引导学生寻找被平凡和琐碎掩盖的爱，用沟通呵护爱；旨在引导学生认识到我们无法选择父母的相貌、性格、贫富，也无法选择父母对我们的态度和教育我们的方式，但我们可以尝试接纳父母的做法，尝试让父母了解我们发生的变化，用父母能接受的方式表达我们的爱；旨在引导学生在观念上珍惜亲情、呵护亲情，在行动上以不伤害父母感情和不影响亲子关系为底线。

这部分的教学应突出正确对待父母的关爱和教育，与父母沟通的智慧和技巧这两点。突出第一点是为了让学生进一步接纳和理解父母，帮助学生提高辩证看待父母关爱的能力。突出第二点是为了让学生知道爱的表达有方法和智慧。这里的关键字是"爱"，学生能体会爱是情感基础，理解爱是认知基础，会表达爱是行动能力，是落脚点。让学生学会与父母正确交往本质上就是让学生能进一步理解爱，表达爱，珍惜亲情，呵护亲情。

二、教学实施

在教学实施上，既要关注学生品德发展、知情意行的规律，还需要贴近学生生活、关注社会。在教学过程中，要从生活中来，回到生活中去，并且更好地指导与服务生活。依据以上思考，可以通过以下教学活动进行这一核心主题的教学。

第七课 亲情之爱

1. 开展"体味亲情之爱"的教学活动

(对应要点1:家庭中亲情之爱)

教学活动	设计理由
(1) 爱的小幸福:学生课前准备好与父母相处的幸福照片,课上积极展示,并晒晒照片背后的幸福故事。(可以说说小时候受父母呵护的甜蜜时光,也可以说说家让你感觉到幸福的事情等。)	收集幸福照片的过程也是一次重温过去的机会,引导学生回忆父母伴我们成长的过程中的点点滴滴,让学生感受亲情温暖。
(2) 爱的小困惑: 困惑一 我和爸妈之间并不是很亲近,爸爸很严肃,检查我的作业是他每天必做的事情,妈妈在厨房里的时间最久,和我交流的话很少。亲情在哪里? 困惑二 今年家里多了个小妹妹,爸妈对她宠爱有加,跟我聊得最多的还是小妹妹。没有存在感啊,感觉我已经不再是他们的"小公举"了,好难过,亲情在哪里? 小组讨论:每个小组选择一个情境,试着帮助他们找一找亲情在哪里。 教师引导:① 每个家庭的亲情表现不尽相同,有的温馨和睦,有的磕磕绊绊,有的内敛深沉,有的自然随和……不能因为它的平常而忽略它。② 家庭结构改变之后,只要我们用心感悟就会发现,家中亲情仍在,尽管它的表现形式可能会发生变化。	这两种情况可能存在于部分学生身上,本活动帮助他们释疑解惑,明确亲情在生活的细小之处,很可能被我们忽视,让学生认识到要做一位细心的家庭成员,感受每一份温暖。

2. 开展"理性对待亲子冲突"的教学活动

(对应要点2:与父母的冲突)

教学活动	设计理由
(1) 案例展示:来自小玉的心情分享。 今天终于来到了动漫展,作为资深的动漫爱好者和COSPLAY(动漫角色扮演)爱好者,能看动漫展一直是我的心愿。虽然是瞒着爸妈出来的,但我却异常开心。今天在动漫展上我和很多知名的Coser(角色扮演者)合了影,还买了心心念念的手办。但回家后,爸妈看到我买的东西,特别是看到了标签上的价钱时,竟生气地让我去把手办退了,还说我成天就想着动漫,成绩一落千丈,将来必定没有出息。我很委屈,也很伤心,和他们大吵了一架,躲在房里哭。为什么我不能有自己的喜好?为什么我们班同学的家长就允许他们追漫画?我只是花1 000元买了个很喜欢的手办,难道错了吗?他们为什么不能尊重我?	从学生生活视野出发,创设具体的生活情境,引发学生共鸣,调动学生参与的积极性。
(2) 协作探讨: 你认为小玉和爸爸妈妈出现冲突的原因是什么? 你和父母产生过冲突吗?你认为是什么原因造成的? 这种冲突当时对你及家人产生哪些影响?	通过小组讨论,激发学生的思维火花,澄清他们的真实困惑。通过对冲突因素及危害影响的探讨,帮助学生更好地认识和解决自己的家庭冲突。

3. 开展"爱在沟通中"的教学活动

（对应要点3：与父母沟通的智慧和技巧）

教学活动	设计理由
（1）展示案例：来自小玉的心情分享。 　　接连两天参加老师布置的"我的职业体验"活动，我的身体几乎要累得散架了，但我的内心却从未像此刻这样满足。爸爸是名空调安装工，我虽然知道他工作辛苦，但今天之前，我真的不知道会那么辛苦。今天，我看到瘦小的爸爸一个人扛起空调上七楼，安装空调外机时，他一根保险绳系在腰间，半个人挂在七层楼的窗外。分明是寒冬，他却浑身湿透。那一刻，泪水打湿了我的双眼。我的脑海中浮现出之前因为漫画展和父母争吵的情景，想起当时自己的各种行为，真想打当时不懂事的自己一巴掌。后来，和爸爸一同下班的路上，我们聊了很多。我似乎突然开始理解父母，懂得父母为我付出的一切。我也暗下决心，决不辜负他们！	通过正面案例，进一步激发学生情感，对学生进行积极的潜移默化的教育。让学生在独立思考和反思的过程中，理解父母的关爱，用更积极的态度去化解冲突。
（2）协作探讨：是什么样的契机让小玉和父母之间的冲突化解了？ 　　在与父母沟通方面我们有哪些成功的方法、技巧？ （3）教师归纳提升：亲情需要父母和子女共同呵护，双方只有进行良好有效的沟通才能呵护亲情。这种沟通需要双方多站在对方的立场上考虑问题，用彼此能接受的方式表达我们的爱。	通过分享探究，让学生反思自己，在对自己的认识中领悟更多的沟通智慧和技巧。

核心主题三　构建和美家庭

一、内容建构

1. 教材内容简介

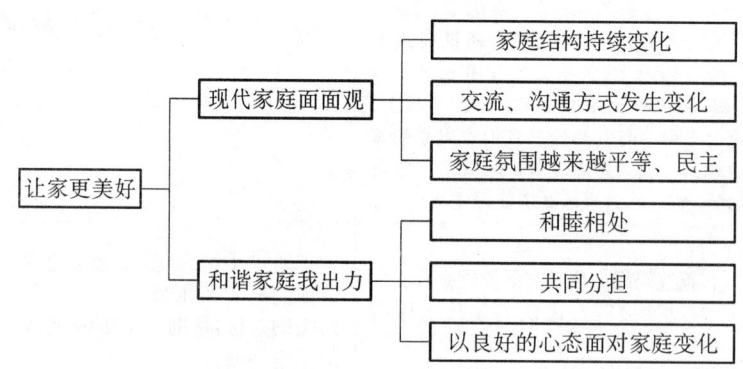

本核心主题相关的内容主要在本课第三框,围绕"构建和美家庭"分为两大部分,一是现代家庭面面观,介绍现代家庭的特点;二是和谐家庭我出力,介绍如何构建和美家庭。

以上内容构成"构建和美家庭"的文本,逻辑严密,脉络清晰,具有新意。具体教育教学应努力促进学生认识到家和万事兴,认同、内化和主动践行构建和美家庭。这就需要发掘文本内容所蕴含的教育价值,课堂教学应着力让学生认同和内化这一教育价值。

为了使学生认同和内化构建和美家庭这一要求,教师设计教学时应重视"和"字,教师可以围绕学生的真问题、真困惑创设情境,引导学生了解我国自古至今,家庭结构、观念、家庭成员的沟通方式、家庭生活的内容等都在发生变化。和美家庭的建设不仅仅是家长的责任,更是家庭中每个成员的责任和义务。在教学过程中教师还可以在"家"这个主题上力争有所突破,依托知识,但要超越知识,导向价值认同和行为践履,使情境呈现和问题设计有思维张力,避免低幼化。教师也可以引导学生由"小家"到"大家"进行拓展,培养学生的家国情怀。这样的设计,逐层深入,不断递进,通过一定的思维路径引导学生的思想认识向纵深发展,走向全面和深刻。

2. 教学要点及其确定理由

要点1:家和万事兴

这一要点主要整合和扩展了本课第三框第一目正文和第二目第一段正文的相关内容,主要是让学生了解现代家庭在结构、沟通方式、生活的内容等方面的变化,结合自身经验,归纳总结和美家庭的特征,认同家和万事兴的道理。这一要点非常重要,因为明确和美家庭的特征、和美家庭的意义更有利于激发学生构建和美家庭的主人翁意识。

这部分的教学应突出和美家庭的特征及家和万事兴这两点。突出第一点是为了让学生了解家庭和美通常表现为家庭成员有平等、民主、尊重、宽容、和谐、理解、体谅等特质,对照标准内省自身,有助于为构建和美家庭尽到自身的责任,为学生更好地认同和内化家庭美德奠定认知和情感上的基础。突出第二点是为了让学生感受家庭中"和美"的价值和魅力,旨在让学生明确家庭成员之间的和睦相处是家庭美满幸福的重要条件。

要点2:影响家庭和美的因素

这一要点主要整合和扩展了本课第三框第二目第二段及第三段正文的内容,主要是让学生知晓,在一个家庭中,祖辈、父辈、子辈之间有着不同的价值观念和生活方式,这些差异可能带来家庭成员间的矛盾和冲突,影响家庭和睦;随着我们的成长,我们的家庭也在发生变化,家庭成员的增加或减少会带来人际关系的变化;家庭成员的工作、身体和情绪状况等的变化,也可能带来家庭氛围的变化。

确定这一要点是为了让学生更宏观地了解现代家庭的社会背景,了解影响家庭和美的因素,这样才能更好地针对问题,解决问题。随着社会历史的演进,现代家庭趋向小型化,彼此间更加平等、民主,家庭成员不断努力、共同成长成为未来家庭的主旋律,但幸福的家庭都是相似的,不幸的家庭各有各的不幸。亲子关系紧张,家人之间有分歧甚至对立冲突,挚爱的亲人去世,家庭关系破裂,父母离异,重新组建新的家庭,家里添了新成员……这些现象,都是初中学生构建和美家庭时面临的问题。

要点3:构建和美家庭应具备的美德和智慧

这一要点主要整合和扩展了本课第一框第二目正文及"方法与技能"的内容,主要是让学生知晓家人间需要理解、信任、体谅和包容;有效交流和沟通,可以增进理解,化解矛盾和冲突;应以良好心态面对家庭中的问题。旨在让学生从行动上提升共建共享家庭美德的能力。

确定这一要点的理由是,构建和美家庭应具备的美德和智慧是本核心主题的落脚点。旨在增强初中学生营造家庭平等、民主氛围的责任感,使其学会有效沟通,做家庭成员的黏合剂,自觉为和美家庭出力,用实际行动促进家庭和睦幸福,引导学生自觉参与家庭美德建设,传承家庭美德。

二、教学实施

在教学实施上,道德与法治课程教育教学是具有学科特征的德育课程,既要遵循德育发展的一般规律,还要关注道德与法治课程本身的特点。即既要关注学生品德发展、知情意行的规律,还需要贴近学生生活、关注社会。依据以上思考,可以通过以下教学活动进行这一核心主题的教学。

1. 开展"我的家族史"的教学活动

(对应要点1:家和万事兴)

教学活动	设计理由
(1)秀一秀我的家。 让学生说一说自己爷爷辈到现在的家庭结构变迁,分享经常使用哪些方式和家人沟通。	结合生活,让学生感受中国家庭结构变迁,了解家庭氛围越来越平等、民主;感受现代家庭生活,认识到家庭成员需要彼此尊重,为下一步活动做铺垫。
(2)说一说:用一个词来描述你对和美家庭的看法。 (3)教师归纳:平等、民主、尊重、宽容、和谐、理解、体谅……	引导学生认识到家庭中"和"的价值,得出"家和万事兴"的结论,理解和美家庭的特征和意义。

2. 开展"交流烦恼"的教学活动

（对应要点2：影响家庭和美的因素）

教学活动	设计理由
（1）课前向学生调查家庭中的烦恼。	通过调查收集影响家庭和美的班本化案例，让教学更具有针对性和有效性。
（2）教师对调查内容进行归纳、总结，找出班级中影响家庭和美的典型因素，并匿名呈现学生案例。如： 案例一 我的家里有爷爷奶奶、爸爸妈妈和我，我们是五口之家，平时分工明确。奶奶负责管理一家人的吃饭问题，每次吃饭之后，剩菜剩饭她都舍不得倒掉，不管剩多少都会合并一下，放进冰箱，两顿吃不完吃三顿……但是从健康角度来说，剩菜有害健康！妈妈指出奶奶的错误，奶奶很不高兴，还说妈妈爱挑剔，两人冷战中，这该怎么办呢？ 案例二 我妈妈总是认为她的学习方法比我的学习方法好，总干涉我的学习，可是我并不认为她的学习方法比我的好，更不喜欢她给我报很多辅导班，这是我们发生冲突的重要原因。 案例三 爸爸最近工作不太顺利，总是和妈妈吵架，他们俩整天阴沉着脸，谁也不搭理谁，气氛太尴尬，我该怎么办？	组织学生讨论来源于学生生活的真实案例，因为素材真实，所以更容易激发学生的思考，引发学生真实的情感，解决学生真实的困惑。

3. 开展"我为和美家庭做贡献"的教学活动

（对应要点3：构建和美家庭应具备的美德和智慧）

教学活动	设计理由
（1）结合前面收集到的影响家庭和美的典型案例，讨论解决之道。	通过讨论，引导学生认识到和美家庭的构建需要家庭成员之间相互理解、信任、谦让和包容，需要尊重不同的价值观念和生活方式，需要以良好心态面对家庭发生的一些变化，从而正确化解家庭生活中的矛盾，探寻家庭生活的智慧。
（2）正向引导：学生介绍自己家人身上的美好品质，分享家庭美德小故事。	让学生认识到：家庭美德就在我们身边，就在你我他的身上。作为家庭成员之一，我们需要用发现美的眼睛去向我们的家人学习，为我们的和谐家庭贡献自己的一份力量。
（3）教师寄语：建好小"家"为大"家"。 家庭和睦，社会才能和谐；家教良好，未来才有希望；家风纯正，社风才会充满正能量。在构建社会主义和谐社会的今天，搞好家庭建设，应成为每个人的自觉行动。我们期待更多和美家庭涌现。	让学生的情感认识上升到国家层面，符合社会主义核心价值观的要求，同时也有利于培养学生的家国情怀。

第八课　探问生命

本课第一框"生命可以永恒吗"的核心主题是"生命在接续中永恒",第二框"敬畏生命"的核心主题是"敬畏生命"。

核心主题的依据

一、课程依据

从初中道德与法治课程设计依据来看,本课核心主题的教育教学内容有如下依据:一是依据《国务院办公厅关于加强中小学幼儿园安全风险防控体系建设的意见》《中小学健康教育指导纲要》《中小学德育工作指南》等文件中关于生命教育、心理教育、安全教育、健康教育和德育教育等的教育精神,探索生命健康、生命安全、生命德育等内容在学校中的落实,培养中国特色社会主义合格建设者与接班人,促进生命健康而全面自由地发展。二是依据《课标》中"认识自己生命的独特性,珍爱生命""体会生命的价值,认识到实现人生意义应该从日常生活的点滴做起"。综合以上来看,本课核心主题是进行生命教育的重要内容和任务,同时也是初中道德与法治学科教育教学的指引。

二、教材依据

从新旧教材内容对比来看,旧教材只在七年级上册第三课《珍爱生命》中探讨了有关生命的话题,其中第二框"生命因独特而绚丽"介绍了每个生命都是独一无二、不可替代的,都有自己独特的风格和特点。独特的生命是我们宝贵的财富,我们要充分发掘并展现自己的独特魅力,努力让自己变得更好。本册新教材整个第四单元都是在探讨有关生命的话题。其中本课第一框"生命可以永恒吗"第一目"生命有时尽"除了谈到了生命的独特性,还提到生命来之不易、生命是不可逆的、生命是短暂的等特性;第二目"生命有接续"重点谈到生命有接续,生命在接续中永恒。旧教材七年级上册第三课第一框"世界因生命而精彩"提到了生命需要相互关爱。生命是顽强的,也是脆弱的,各种生命共生共存、息息相关。我们要敬畏生命,尊重生命,关爱生命。旧教材七年级上册第三课第三框"让生命之花绽放"中提到了我们在肯定、尊重自己生命的同时,也应该同样尊重、善待他人的生命。当他人的生命遭遇困境需要帮助时,我们要尽自己所能伸出援助之手。新教材本课第二框"敬畏生命"是对旧教材相关两框内容的整合和提升,第一目"生命至上"除了谈到生命至上、每个人的生命都与他人休戚与共等观点,还提出内心自愿选择对他人生命的敬畏,是道德的生活的体现。旧教材没有涉及生命是否永恒的话题,对于广大道德与法治学科教师来说,这部分内容基本是全新的。新教材本课第二框第二目"休戚与共"中帮助学生理解生命的休戚与共是教学重点,这部分内容较为抽象。这都给广大教师提出了新的要求。

纵观七年级上册乃至整个初中阶段道德与法治课程内容设计,"探问生命"这一课的探讨具有重要的意义。学习"生命在接续中永恒"这一主题,可以让学生辩证认识生命的"有时尽"与"有接续",引导学生懂得生命是值得珍爱的,激发学生对生命的热爱,为后续的有关生命教育的主题学习打下基础,并引导学生思考怎样珍爱生命以及过积极健康的生活。通过学习"敬畏生命"这一主题,学生能够懂得生命至上的道理,了解生命之间休戚与共的关系,学会珍爱自己和他人的生命,从而能够做到守护生命、增强生命的韧性、探究生命的意义、提升生命的品质,形成科学的生命价值观。

三、学情依据

目前,我国生命教育相对比较薄弱,未成年人自杀时有发生,整个社会对生命的关爱有待加强。引起全社会关注的校园欺凌事件频发,未成年人犯罪的事件屡见报道。所以,引导学生正确对待自我与他人的生命显得尤为重要和迫切。

初中阶段是学生形成正确人生观、价值观的重要时期。随着自我意识的不断发展,七年级学生已经自觉或不自觉地开始探问生命,思考生命的意义和价值。初中学生的心理发展还处于一个半幼稚、半成熟的时期,受其自身的认知水平所限,他们对生命问题的认识和理解不够全面,甚至会产生偏差。如果学生这些思维的矛盾或困惑得不到及时指导,就可能产生心理脆弱、思想困惑、行为失控等问题,导致其不懂得尊重、敬畏、珍爱生命,甚至会漠视生命。面对复杂的社会生活,坚守善待生命的底线,追求生命的美好,对初中学生来说也是巨大的考验。

核心主题的育德价值

通过第一框核心主题的学习,学生能够认识到生命来之不易,生命是独特的、不可逆的和短暂的;能够理解生命的接续不仅是身体上的,也是精神上的,同时,民族精神的传承也是生命的接续;能够为自己的生命找到一个位置,担当一份使命,在精神上不断继承、创造人类的文明成果。

通过第二框核心主题的学习,学生能够懂得世界因生命而精彩,敬畏生命,关爱生命;能够理解每个生命都有存在的意义和价值,谨慎对待生命关系,关怀和善待他人的生命,提升交往技能;能够辩证看待社会现象,面对复杂的社会生活,能够坚守善待生命的道德底线,增强生命的责任感和使命感,选择过积极向上的道德的生活。

核心主题的建构与实施

核心主题一 生命在接续中永恒

一、内容建构

1. 教材内容简介

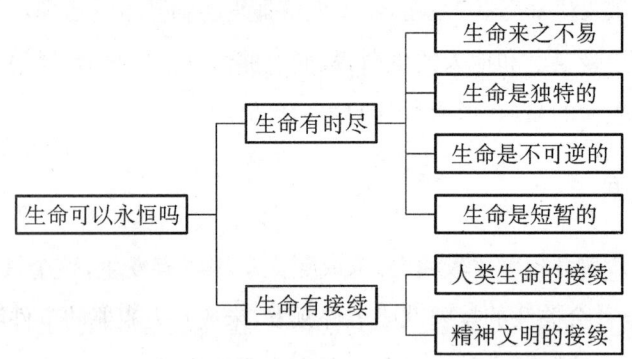

本核心主题相关的内容主要在本课第一框。从教材内容来看,主要分为以下两个部分:一是生命有时尽,介绍了生命来之不易,生命是独特的、不可逆的,也是短暂的;二是生命有接续,生命的接续不仅是身体上的,也是精神上的。

以上内容构成"生命在接续中永恒"的文本,结构清晰,内容深刻。但是"生命在接续中永恒"这一核心主题本身较为抽象,初中生较难理解。因此,教师在具体教育教学活动中应注意将这一主题内容与实际生活相联系,促进学生对"生命在接续中永恒"这一主题的理解和认同。为此,我们要发掘文本内容所蕴含的教育价值,课堂教学应着力让学生认同和内化这一教育价值,这样才能培养学生感激生命、热爱生命的情怀。

2. 教学要点及其确定理由

要点1:生命有时尽

这一要点主要整合和扩展了本课第一框第一目的内容,主要是让学生懂得生命来之不易,生命是独特的,是不可逆的,也是短暂的,引发学生对生命特性的全面理解。通过分析与探讨,帮助学生认识到:死亡是人生不可避免的归宿,每个人都无法抗拒生命发展的规律，进而感激生命的获得。

这部分的教学应突出对于个体而言，生命是有尽头的。有些学生之所以伤害自己的生命，正是因为没有深刻认识和体会到这一点。学生在理解了生命发展的这一自然规律后，会愈发体会到生命的短促和宝贵，从而生发出对生命的感激与热爱之情。在了解了生命发展的自然规律的基础上，要引导学生认识到：我们要向死而生，从容面对生命中的不可预知，更加热爱生命。由此，进一步引发学生对如何在有限的生命中活出意义和价值的思考，为后续的学习奠定基础。

要点2：人类物质生命的接续

这一要点主要整合和扩展了本课第一框第二目第一段、第二段的内容，主要是让学生知道个体生命虽然短暂，但是一代又一代的个体生命实现了人类物质生命（身体生命、肉体生命）的接续。旨在让学生认识到个体生命实现了人类生命的接续，理解生命的传承关系。

这部分内容应突出个体生命实现了人类生命的接续。在要点1"生命有时尽"中，我们提到生命是短暂的。这是从个体生命的视角来看的。如果我们从人类生命的整体视角出发，就会看到生命的延续。也就是说，就这一层面而言，生命是永恒的。在人类历史长河中，一代又一代的个体生命实现了人类生命的接续。这部分内容应该初步引导学生认识到个体生命在人类生命的接续中担当重要使命。

要点3：人类精神文明的延续

这一要点主要是对本课第一框第二目第二段和第三段内容的整合，主要是让学生理解个体生命与社会、人类的关系，知道人类生命的接续除了物质生命的接续，还包括精神文明的传承与接续，从而明确自己生命的使命。

这部分内容应突出两点：第一点是对个体生命要有全面的认识，生命对于每个个体，不仅仅是身体上的生命，还包括社会关系中的生命和精神信念上的生命；第二点是在生命的接续中，人类生命不断发展，人类的精神文明也不断积累和丰富。突出第一点是要引导学生在生命的传承中更好地认识和面对自己的生命。突出第二点是要引导学生自觉传承中华民族精神，为人类精神文明的不断积累和丰富做贡献。

二、教学实施

在教学实施上，道德与法治课程的教育教学必须贴近学生生活，不仅要源于生活，更需要能回归生活，指导生活，教学素材的选择要植根于学生日常生活。同时，由于生命话题对于学生来说较为抽象，在教学过程中教师需要借助具象的生活实例来诠释。在教学过程中，教师还应突出学生的自主参与、合作探究，引导学生开展自省和反思，引导学生进行思辨与澄清，提高课程内在的吸引力，提升德育课堂的教育教学实效。依据以上思考，可以通过以下教学活动进行这一核心主题的教学。

1. 开展"感知生命特性"的教学活动

（对应要点1：生命有时尽）

教学活动	设计理由
（1）播放电视剧《西游记》的主题曲，启发学生思考：在《西游记》中，各路妖魔鬼怪为什么都想吃唐僧肉？由此引出对"生命永恒与否"话题的探讨。 教师引导学生绘制生命时光轴，学生分享从出生到现在的生命历程，全面理解和感受生命的特性。	通过绘制生命时光轴，调动学生认知经验，化抽象为具体，帮助学生切实感受到生命的来之不易、独特、不可逆与短暂。
（2）播放纪录片《人间世》的片段，创设情境，分析纪录片中主人公的行为，启发学生对生命与死亡进行思考与探讨。教师在学生交流基础上，引导学生树立积极的生命观，培养学生感激生命、热爱生命的情怀。	这样既完成了"生命有时尽"部分的教学，更让学生感知并认同我们要向死而生，从容面对生命中的不可预知，更加热爱生命。

2. 开展"发现人类物质生命的接续"的教学活动

（对应要点2：人类物质生命的接续）

教学活动	设计理由
（1）教师展示一组父子、母女同一年龄段长相相似的照片，请学生谈谈与自己与父母在外貌上有哪些惊人的相似之处。	让学生在观察和体验中直观感受生命的接续。
（2）教师通过短视频介绍有关DNA的科学知识，引导学生思考并交流人类生命如何接续。 教师结合学生的交流，归纳阐述：个体生命（物质生命）在人类生命的接续中担当重要使命。	从日常生活现象出发，介绍现象背后蕴含的科学知识，由表及里，帮助学生从生命科学角度感受和理解人类物质生命的接续。

3. 开展"传承人类精神文明"的教学活动

（对应要点3：人类精神文明的延续）

教学活动	设计理由
（1）课前开展家庭调查访谈，请学生畅谈自己的家风家训有哪些，家庭观念、习惯对自己产生了哪些影响。 课上截取调查中获取的典型案例与学生分享。请学生思考自己应该如何传承家族优良传统。 教师在学生交流的基础上归纳总结：生命的接续除了物质生命的接续，还包括精神文明的传承与接续。	这部分内容较为抽象，而通过访谈的形式，可以让学生联系自己的生活实际，会自然而然地体会并理解：生命的接续不仅仅是身体上的，还包括精神上的。同时，可以引导学生认识到个体生命在生命接续中的责任和使命。

续表

教学活动	设计理由
（2）播放视频《书香世家：传承诗书家风》，请学生谈谈自己在生命传承中的责任有哪些。 教师在学生交流的基础上归纳总结：在生命的接续中，人类生命不断发展，人类的精神文明也不断积累和丰富。个体在实现人类生命的接续中担当着重要使命，我们从物质和精神上接续着人类的生命。 （3）布置实践作业：尝试制作家族图谱。	让学生从榜样的家风传承中深刻感悟到随着人类精神文明的发展，个体在传承人类生命中承担着重要的责任。

核心主题二　敬畏生命

一、内容建构

1. 教材内容简介

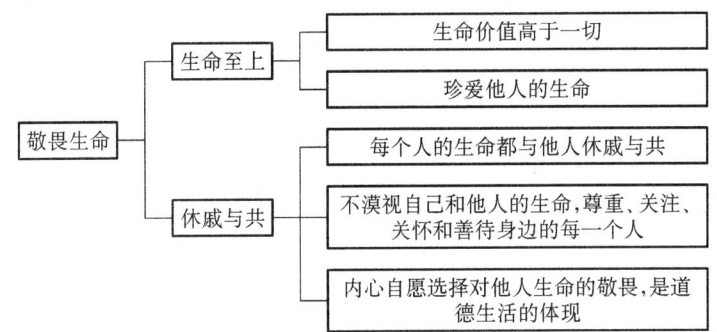

本核心主题相关的内容主要在本课第二框。从教材内容来看，主要分为两个部分：一是生命至上，主要介绍为什么要敬畏生命；二是休戚与共，主要介绍生命之间的关系。

以上内容构成本核心主题的文本，内容丰富，思想深刻。而从生命教育的目的和追求看，具体教育教学应努力促进学生对敬畏生命的认同、内化和主动践行，这就需要发掘文本内容所蕴含的教育价值，课堂教学应着力让学生认同和内化这一教育价值。

2. 教学要点及其确定理由

要点1：为什么要敬畏生命？

这一要点主要整合和扩展了本课引言、第二框第一目和第二目第一段的内容，主要是让学生领悟生命至上的内涵，了解生命之间休戚与共的关系，从而理解为什么要敬畏自己和他人的生命。具体来说，"探究与分享"活动中"中国医师节"的设立，旨在帮助学生认识到生命至上的内涵的第一层次：生命是宝贵的，生命价值高于一切。"最美逆行者"的探讨旨在深化学生对生命至上的内涵的第二层次的认识：生命至上并不意味着只看到自己生命的重要性,我们必须承认别人的生命也同样重要。第二目的"阅读感悟",主要是引导学生体会到"我"的生命与他人的生命是休戚与共的关系。

这部分内容应突出生命价值高于一切,个人生命与他人生命是休戚与共的关系这两点。突出第一点是为了让学生明确生命是宝贵的,每个人的生命都比金钱、权势等外在事物更重要,引导学生树立珍视生命、敬畏生命的意识。突出第二点是为了让学生明确每个人的生命都需要与他人互动,每个人的生命都与他人休戚与共,从而认识到我们在珍爱自己生命的同时,还要关怀和善待他人的生命。

要点2:如何做到敬畏生命?

这一要点主要整合和扩展了本课第二框第二目第二段和第三段的内容,主要是让学生知道如何做到敬畏生命。旨在帮助学生在理解为什么要敬畏生命的基础上,实现对敬畏生命的认同、内化直至践行。

这部分内容应突出两点:一是敬畏生命体现在不漠视自己和他人的生命,尊重、关注、关怀和善待身边的每一个人;二是当对生命的敬畏不是迫于谁的命令,而是内心的自愿选择时,我们就走向了道德的生活。突出第一点是教会学生形成珍爱自我生命,关怀和善待他人生命的情感,帮助学生提高明辨是非的能力,培养敬畏生命的情怀。突出第二点是让学生树立正确的生命道德观念,更好地引领学生面对复杂的社会生活时坚守善待生命的道德底线,增强生命的责任感和使命感。

二、教学实施

在教学实施上,抽象内容需要生动的生活实例来诠释,为此在教学过程中可以引入一些典型事件和典型人物,引导学生开展自省和反思,引导学生进行思辨与澄清,充分挖掘课程内容的教育价值,更好展现学科的思维和理论的魅力,提高课程内在的吸引力,提升德育课堂的教育教学实效。依据以上思考,可以通过以下教学活动进行这一核心主题的教学。

1. 开展"探寻敬畏生命的意义"的教学活动

(对应要点1:为什么要敬畏生命?)

教学活动	设计理由
(1)展示清明祭祖、纪念人民英雄、国家公祭日活动的图片。 教师提问:人们为什么要这样做? 组织学生从对个人、他人、社会影响的角度思考并交流上述问题。 教师在学生交流的基础上,总结提炼出家庭、民族和国家对待生命的态度——敬畏生命。	从现实生活中常见的生活画面入手,直观展现出人们对待生命的态度,使学生初步感受到我们要以敬畏之心对待生命,为后续学习奠定基础。

续表

教学活动	设计理由
（2）教师展示一正一反两则社会生活中真实的新闻事件。 事件一 中国、美国、澳大利亚等国花费巨大的人力、物力、财力去寻找失联的MH370客机。 事件二 2019年5月5日，俄罗斯国际航空公司一架客机在莫斯科谢列梅捷沃机场迫降后起火，事故造成至少41人丧生。有报道称，机上一些乘客不愿放弃行李的不当逃生行为造成了通道堵塞，影响了后续乘客的逃生。 组织学生思考交流：是否赞同上述做法？为什么？ 教师在学生交流的基础上，概括关键词，得出探究结论：生命至上。生命是宝贵的，与金钱、权势等相比，生命价值高于一切。生命至上并不意味着只看到自己生命的重要性，我们必须承认别人的生命也同样重要。	通过展示两个真实事件材料，激发学生探究兴趣，提高学生是非判断能力，让学生在探究与分享中理解和体会为什么要敬畏生命。
（3）设置情境：一辆大巴由衡阳开往长沙，在发生车上一男子强抢方向盘的紧急情况时，司机及时刹车，一乘客挺身而出将男子制服。 引导学生结合案例中司机和挺身而出的乘客的行为表现和后果，分组思考并交流其行为产生的意义。结合自身生活经历，举例说明自己与他人生命的关系。 教师结合学生的交流，归纳阐述我们每个人的生命都与他人休戚与共，帮助学生认识到我们在珍爱自己生命的同时，还要关怀和善待他人的生命。	创设情境，基于学生自主思考和合作探究展开讨论，有利于学生思考和认识人与人之间生命的关系，列举实例能够调动学生自身经历，强化对生命之间休戚与共的关系的认识。

2. 开展"坚守敬畏生命的道德要求"的教学活动

（对应要点2：如何做到敬畏生命？）

教学活动	设计理由
（1）请学生说一说自己在生活中是如何爱惜生命的。 教师在学生交流的基础上，继续提问：仁者爱人，推己及人。我们又该以什么样的态度对待他人的生命呢？ 教师结合学生发言，归纳总结：敬畏生命体现在不漠视自己和他人的生命，尊重、关注、关怀和善待身边的每一个人。	调动学生自身生活经历，引导学生尊重、爱惜自己和他人的生命。

教学活动	设计理由
（2）展示四川凉山救火英雄事迹。 教师提问：如何看待这些"逆行者"对待生命的态度？ 组织学生针对上述问题开展讨论，并分享交流。 请学生交流古今中外舍己为人、舍己为公的人物及其事迹。 教师根据学生回答提炼总结："生，我所欲也；义，亦我所欲也。二者不可得兼，舍生而取义者也。"在个人安危与他人生命健康、国家利益和民族大义之间，他们选择舍小家为大家，用实际行动诠释了敬畏生命的最高境界！	通过引入凉山英雄不顾自身危险救火这一情境，澄清学生认识误区，帮助学生认识到：敬畏生命不仅体现在不漠视自己的生命，还体现在尊重、关注、关怀和善待身边的他人的生命，这是敬畏生命的最高境界。
（3）展示不同生命个体之间相互关爱的画面（或者请学生进行角色扮演）。如：公交车让座、陪伴老人、帮助受伤的同学等。 引导学生归纳总结：当对生命的敬畏不是迫于谁的命令，而是内心的自愿选择时，我们就走向了道德的生活。	让学生在分享交流过程中体会到，当我们的内心意愿与周围生命休戚与共时，我们就走向了道德的生活。打动学生，引人向善。

第九课　珍视生命

本课第一框"守护生命"的核心主题是"自觉守护生命",第二框"增强生命的韧性"的核心主题是"发掘生命的力量"。

核心主题的依据

一、课程依据

从初中道德与法治课程设计依据来看,本课核心主题的教育教学内容有如下依据:一是依据《国务院办公厅关于加强中小学幼儿园安全风险防控体系建设的意见》《中小学健康教育指导纲要》《中小学德育工作指南》等文件中关于生命教育、心理教育、安全教育、健康教育和德育教育等的教育精神,探索生命健康、生命安全、生命德育等内容在学校中的落实,培养中国特色社会主义合格建设者与接班人,促进生命健康而全面自由地发展。二是依据《课标》中的"认识自己生命的独特性,珍爱生命,能够进行基本的自救自护""感受个人成长与民族文化和国家命运之间的联系,提高文化认同感、民族自豪感,以及构建社会主义和谐社会的责任意识"。综合以上来看,本课核心主题是进行生命教育的重要内容和任务,同时也是初中道德与法治学科教育教学的指引。

二、教材依据

从新旧教材内容对比来看,旧教材在七年级上册第三课《珍爱生命》第三框"让生命之花绽放"提出要肯定生命、尊重生命,永不放弃生的希望,提升生命价值;在第九课《保护自我》中介绍了"遭遇险情有对策"和"防范侵害,保护自己"。新教材在本课第一框"守护生命"中以如何爱护身体和养护精神为主要教学内容,从日常生活引导学生爱护身体,更指出除了关注生理需要和身体健康,还要过精神生活,满足精神需求,并要守护我们民族的精神家园,这部分是新增内容,不仅体现了新教材对生命教育的重视,也体现了落实立德树人根本任务的要求,这也是"自觉守护生命"成为教育教学核心主题的重要原因之一。旧教材在七年级上册第三课第三框第二目"永不放弃生的希望"中提出肯定、尊重生命的人,无论何时何地,无论遇到多大挫折,都不会轻易放弃生的希望;在七年级下册第五课《让挫折丰富我们的人生》中专门从含义、原因、影响、如何战胜挫折等方面系统地对学生进行挫折教育。新教材在本课第二框"增强生命的韧性"中把挫折教育和生命教育结合起来,从"生活难免有挫折"和"发掘生命的力量"两个方面,系统阐述了如何应对挫折、发掘生命的力量的有关知识,体现了新教材对生命教育的重视。

纵观七年级上册乃至整个初中阶段道德与法治课程内容设计,"自觉守护生命"是学生生命成长的起点,认同"自觉守护生命"是一种对生命负责任的态度;而"发掘生命的力量"这个核心主题的探讨有利于引导学生积极面对挫折,增强生命韧性,形成乐观向上的生活态度,过积极健康的生活,做负责任的公民。

三、学情依据

从社会现实来看,意外伤害是儿童健康和安全成长的严重威胁,全世界每天有成千上万个家庭因非故意伤害或意外事故而失去孩子,变得支离破碎,而这些伤害原本是可以预防的。当前,家庭、学校等对孩子的生命教育力度不够,未成年人缺乏必要的生命安全意识和自我保护意识,缺少必需的自救自护常识。青少年受伤害问题已成为一个重要社会问题。

从学生实际来看,处在初中阶段的未成年人,心理情绪变化不定,急于摆脱成年人的束缚,会有意无意地表现出一些叛逆倾向,有时甚至格外倾向于用比较极端的方式释放压力。这种极端方式,既可能是指向外部的暴力行为,也可能是指向自身的行为,如自残或自杀等。

核心主题的育德价值

通过第一框核心主题的学习,学生能够知道怎样爱护好身体,提高安全防范能力,增强安全意识和自我保护意识;能够了解和认同中华文化和民族精神,自觉守护精神家园;能够懂得尊重和爱护他人的生命,当他人的生命遭遇困境时,能够提供力所能及的帮助;以珍视生命作为与人相处和融入集体、社会的标准,能够在复杂多样的社会选择中做出正确的价值判断和选择,从而培养对生命、对社会负责任的态度。

通过第二框核心主题的学习,学生能够知道生命是有韧性的,自觉增强承受挫折的能力,学会发掘生命的力量;能够关爱他人的生命,当他人的生命遭遇挫折时,能伸出援助之手;能够当国家、社会面对困境与挫折时,坚定信念,积极面对。

核心主题的建构与实施

核心主题一 自觉守护生命

一、内容建构

1. 教材内容简介

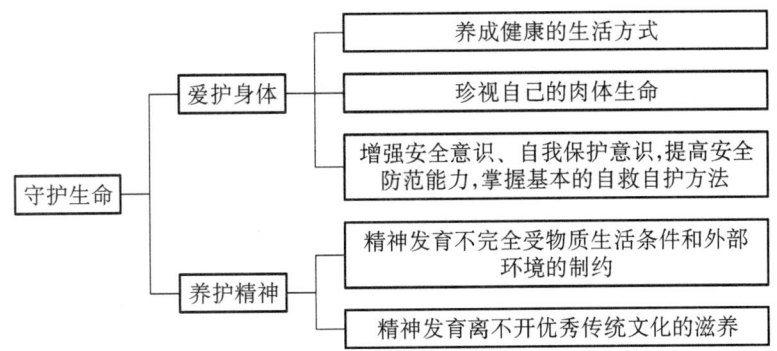

本核心主题相关的内容主要在本课第一框,围绕守护生命主要分为以下两个部分:一是爱护身体;二是养护精神。

以上内容构成"自觉守护生命"这一核心主题的文本,条理清晰,内容贴近学生生活实际。而从生命教育的目的和追求看,具体教育教学应努力促进学生对自觉守护生命的认同、内化和主动践行,这就需要发掘文本内容所蕴含的教育价值,课堂教学应着力让学生认同和内化这一教育价值。

2. 教学要点及其确定理由

要点1:爱护身体

这一要点主要整合和扩展了本课第一框第一目的内容,主要是让学生知道如何爱护好身体,掌握一些自救自护的方法。具体来说,教材通过探究、分享、讨论、反思等活动引导学生认识到,自觉守护生命要关注自己的身体健康:其一,养成健康的生活方式;其二,爱惜自己的身体;其三,增强安全意识、自我保护意识,提高安全防范的能力,掌握一些基本的自救自护方法。

这部分的教学应突出养成健康的生活方式和掌握一些基本的自救自护方法这两点。突出第一点是为了让学生对自己的生命负责,身体健康是守护生命的基础,这对学生的长远发展具有现实意义。突出第二点是为了让学生增强安全意识、自我保护意识,提高安全防范能力。

要点 2：养护精神

这一要点主要整合和扩展了本课第一框第二目的内容，主要是引导学生认识到自觉守护生命，除了关注生理需要和身体健康，还要关注精神生活，满足精神需求，并要守护我们民族的精神家园，在个人精神世界的充盈中发扬民族精神，旨在引导学生满足生命的精神需要。

这部分的教学应突出两点：第一，守护精神不完全受物质生活条件和外部环境的制约；第二，精神生命的发育离不开优秀传统文化的滋养。突出第一点是让学生学会面对复杂的社会生活，以真善美为标准，做出正确的道德判断和选择，关注精神生命。突出第二点是引导学生了解和认同本民族的优秀文化，自觉弘扬民族精神，守护精神家园。

二、教学实施

在教学过程中，我们可以采用竞赛竞答的方式引导学生自觉守护生命。谈及丰富精神生命的内容时，可以引入情境、案例，化抽象为具体，引导学生开展自省和反思，学会合作探究。依据以上思考，可以通过以下教学活动进行这一核心主题的教学。

1. 开展"珍爱生命知识竞赛"的教学活动

（对应要点 1：爱护身体）

教学活动	设计理由
（1）案例分享：由于周末数学作业漏了一项没有完成，数学老师当着全班的面狠狠地批评了我一顿，我感觉很没有面子。我不想吃饭，让我静静…… 教师提问：生活中，你遇到过类似的事情吗？你觉得我们应该以怎样的态度对待类似的事情？ 学生思考交流。 教师归纳总结：我们要学会爱惜自己的身体。	从现实生活中常见的生活画面入手，直观展现出人们对待生命的态度，使学生初步感受到即使遇到挫折，也要学会爱惜自己的身体，为后续学习奠定基础。
（2）课前开展学情调研活动，请学生写出自己熟知的健康自护知识，教师筛选部分知识进行互动。 以小组为单位，组织学生开展知识竞赛。 PPT 出示题目（示例）：① 骑车戴耳机听音乐会有致命危险。② 每天 8 杯水才是健康的标准。③ 火灾逃生时一定要用湿毛巾捂住口鼻。 教师提问：是真的吗？ 学生抢答，抢答结果以分数形式计入小组积分中。 教师在学生交流的基础上，总结提炼：自觉守护生命需要我们养成健康的生活方式，增强安全意识、自我保护意识，提高安全防范能力，掌握一些基本的自救自护方法。	通过竞赛活动调动学生积极性，鼓励学生对于已知的小常识进行再思考、再判断，使其及时纠正错误观念，牢记科学小常识，并与身边人分享，从而引导学生养成健康的生活方式，提高自救自护意识和能力。

第九课　珍视生命

2. 开展"发扬民族精神,丰富精神生命"的教学活动

（对应要点 2：养护精神）

教学活动	设计理由
（1）教师带领学生开展游戏"拍卖会"。 教师介绍拍卖规则： ① 你手中有 5 000 元,代表了你一生的时间和精力,可以根据自己对人生的理解竞买物品。 ② 每种物品都有底价,每次出价以 500 元为单位递增,价高者得之,有出价 5 000 元的立即成交。 教师展示拍卖物品：智慧 1 000 元,友情 500 元,健康 1 000 元,财富 500 元,权力 1 000 元,美貌 500 元,爱心 500 元。 学生交流分享拍卖心得： ① 竞拍得到的物品是不是你最想得到的东西？在现实生活中用金钱可以买到吗？ ② 在你心里有没有比这些更值得追寻的东西？ 教师引导：著名作家毕淑敏说,"生命对于每个人,都是上苍只有一次的馈赠"。 教师总结：生命是宝贵的,自觉守护生命是一种对生命负责任的态度。我们既要学会守护自己的物质生命,也要学会丰富、充实自己的精神生命。	通过游戏激发学生参与课堂的兴趣,活跃课堂气氛,并使得学生在游戏中感悟物质生命和精神生命的重要性。
（2）教师借助视频介绍网络红人"流浪大师"——沈巍的故事：一位穿着破烂且身上满是污垢、黑白头发打结的流浪老者一度火遍各大视频平台。因为经常蹲在地铁里和路灯下看《尚书》《论语》等书籍,且说出来的话颇具文采与思辨性,他被一些人冠以"流浪大师"的称号。 教师引导学生思考物质条件与精神发育的关系。 教师在学生发言的基础上,总结归纳：我们的精神发育需要物质的支持,但不完全受物质生活条件和外部环境的制约。即使在物质贫乏、外部条件艰苦的情况下我们仍然可以守住自己的心灵,看到真善美。	选取网络热点,激发学生探究兴趣的同时,引发学生思考生活现象背后更深层次的内容：我们的精神发育不完全受物质生活条件的制约。鼓励学生关注自己的精神生命。
（3）教师介绍林徽因的故事：林徽因与丈夫梁思成在艰苦的条件下研究、修复中国古建筑,拒绝友人到国外避难、治病、生活的邀请。 教师提问：林徽因为什么会受到人们的尊敬？ 教师根据学生的回答总结：优秀的民族文化滋养着我们的精神家园。我们要发扬民族精神,守护精神家园。	提到林徽因,人们总是津津乐道于她的爱情故事。实际上,"熟知并非真知",林徽因备受尊敬更在于她为保护中国古建筑做出的努力、她身上的民族气节。通过介绍林徽因的故事,引导学生认同和弘扬民族精神。
（4）请学生分享介绍自己参加了哪些文化活动,有什么收获。	号召学生将守护精神家园落实到生活点滴之中,成为一种自觉行动。

核心主题二 发掘生命的力量

一、内容建构

1. 教材内容简介

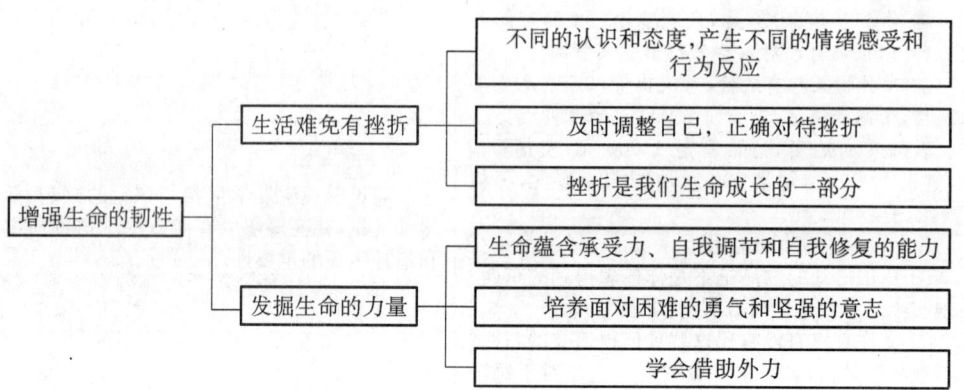

本核心主题相关的内容主要在本课第二框。从教材内容来看,主要分为两个部分:一是生活难免有挫折,主要引导学生认识到挫折是我们生命成长的一部分,面对挫折,不同的认识和态度会产生不同的情绪感受和行为反应,我们要学会正确对待挫折;二是发掘生命的力量,培养面对困难的勇气和坚强的意志。

以上内容构成"发掘生命的力量"这一核心主题的文本,条理清晰,内容贴近学生生活实际。而从生命教育的目的和追求看,具体教育教学应使得学生学会正确应对挫折,自觉发掘生命的力量,这就需要发掘文本所蕴含的教育价值,课堂教学应着力让学生认同和内化这一教育价值。

2. 教学要点及其确定理由

要点1:正确认识挫折

这一要点主要整合和扩展了本课第二框第一目和第二目"探究与分享"的内容,主要是帮助学生正确认识挫折,从而为正确应对挫折,发掘生命的力量做好铺垫。具体来说,教材通过探究与分享、讨论等活动帮助学生了解挫折的含义,挫折的影响和导致挫折的原因。

这部分的教学应突出挫折的影响和导致挫折的原因这两点。突出第一点是为了教育学生挫折是我们生命中的一部分,面对挫折,人们的认识和态度不同,产生的感受和行为反应也不同,我们要勇敢面对挫折。突出第二点是为了引导学生认识到,遇到挫折要首先能够从自身寻找原因,寻求自身的改变,同时要学会寻求帮助。

要点2：学会应对挫折

这一要点主要整合和扩展了本课第二框第一目第三段和第二目正文的内容，主要是让学生懂得生命是有韧性的，我们需要发掘自己的生命力量，正确对待挫折。教材通过"相关链接""探究与分享"等栏目，帮助学生调整对待挫折的态度，增强自己的挫折承受力，懂得向他人求助，从而学会正确应对挫折。

这部分的教学应突出三点：第一，调整对挫折的认识和态度，正确对待挫折；第二，挖掘自身的生命力量，逐渐培养自己面对困难的勇气和坚强的意志；第三，学会寻求他人的帮助，增强生命的力量。突出第一点是让学生学会调控自己的情绪，能够自我调适、自我控制，从而正确对待挫折。突出第二点是引导学生增强承受挫折的能力，能够发掘自身的生命力量。突出第三点是引导学生学会借助外力支持，帮助自己应对挫折，增强我们的生命力量。

二、教学实施

在教学实施上，道德与法治课程教育教学必须贴近学生生活，不仅要源于生活，更要能回归生活、指导生活；抽象内容需要具象的生活实例来诠释；德育课程教育教学应突出学生的自主参与、合作探究，引导学生开展自省和反思，引导学生进行思辨与澄清。依据以上思考，可以通过以下教学活动进行这一核心主题的教学。

1. 开展"感悟生命的力量，正确认识挫折"的教学活动

（对应要点1：正确认识挫折）

教学活动	设计理由
（1）教师指导学生开展游戏"心随我动"：请同桌面对面站好，根据音乐指令做动作，同伴之间相互合作。 歌词内容：如果感到幸福你就拍拍手，如果感到幸福你就挤挤眼，如果感到幸福就快快笑一笑呀，看哪大家一起笑一笑；如果感到烦恼你就点点头，如果感到烦恼你就拍拍肩，如果感到烦恼就快快抱一抱呀，看哪大家一起抱一抱。 学生分享：你感受到同伴的幸福或是烦恼了吗？ 教师归纳总结：塞缪尔·斯迈尔斯说过，"如果生活只有晴空丽日而没有阴雨笼罩，只有幸福而没有悲哀，只有欢乐而没有痛苦，那么，这样的生活根本就不是生活——至少不是人的生活"。 教师提问：在生活中，你遇到过哪些不愉快的事情？ 学生分享、交流。 教师根据学生发言提炼关键词并总结：生活中难免会遇到阻碍、失利、失败，这就是人们常说的挫折。	通过熟悉的《幸福拍手歌》的欢快的节奏和旋律，调动学生的热情和学习兴趣，引导学生进入本课话题。 调动学生生活经历，引发学生对挫折话题的思考。

续表

教学活动	设计理由
（2）情境探究：介绍邓小平一生中的"三起三落"，请学生谈谈自己得到的启示。 　　学生分享、交流。 　　教师根据学生发言提炼关键词并总结：生活中的挫折是我们生命成长的一部分。得意时，挫折会使我们更清醒，避免盲目乐观、精神懈怠；失意时，挫折会使我们获得更加丰富的生活经验。	通过生动具体的名人故事，让学生在体验、感悟、生成中认识到挫折的意义，引导学生正确看待挫折。
（3）请学生结合自身的挫折经历，从家庭、学校、社会等外部因素和自身的内部因素来分析造成挫折的原因。 　　教师引导学生分析出哪些因素可以改变，哪些因素不能改变。 　　学生分小组交流讨论。 　　教师归纳提升，引导学生认识到面对不能改变的因素时自己可以采取的做法，以及面对能改变的因素时自己需要采取的积极做法。	引导学生认识到，遭遇挫折时，要分析导致挫折的因素，积极面对挫折，从而为应对挫折做好铺垫。

2. 开展"发掘生命的力量，正确应对挫折"的教学活动

（对应要点2：学会应对挫折）

教学活动	设计理由
（1）教师通过PPT展示背景故事：这是一群普通的高中生，特别的是这一群人还有着一个共同的身份，他们都是校橄榄球队的成员。他们不是专业的队伍，没有强健的体魄，也没有充分的信心，当他们听说比赛的对手是本市最棒的队伍时，他们…… 　　教师启发学生续写这个故事。 　　学生小组合作完成，可以通过表演、口头汇报等多种形式来汇报展示。 　　教师通过PPT展示运动员们的真实表现：教练要一位队员背着队友爬50码（1码≈0.9米），队员说："我做不到，我不可能完成。"教练要他尽全力，然后蒙起他的眼睛，大声喊叫，一步步激励他向前。当这位队员精疲力竭地倒下时，他已经爬完了全程，到达了终点，远远超过了之前教练定下的目标。就这样，一个改变了的教练，一支改变了的球队，从必输无疑，到一场场打入复赛，最终打入决赛。 　　教师引导学生思考并分享交流自己的观后感。 　　教师总结：面对挫折，不同的人会有不同的情绪感受和行为反应。导致这些不同感受和行为反应的主要原因，是人们对挫折的认识和态度不同。面对挫折，我们需要及时调整自己，正确对待挫折。	通过故事续写这样一种新的体验形式，调动学生参与课堂的积极性，培养学生多角度分析问题的能力，启发学生正确对待挫折。

续表

教学活动	设计理由
（2）深度思考：向挫折挑战，是我们唯一正确的选择吗？ 　　教师通过PPT展示"无臂钢琴师"刘伟的故事。 　　刘伟10岁时因为一次意外失去双臂。他竭尽全力学会各种自理技能，后来，刘伟在一位教练的指导下学会游泳，并在众多国家级比赛中获得大奖，然而，长期的体能消耗导致了他免疫力的下降，继续游泳会危及生命。 　　刘伟选择结束自己的运动生涯，开始学习钢琴。2010年，这位无臂少年在"达人秀"的舞台上焕发光彩。 　　学生思考并交流分享。 　　教师总结：我们要学会量力而行，根据自己的实际情况理智面对挫折，发掘生命的力量，不能一味逞强。	引导学生深度思考，真正学会正确对待挫折，发掘生命的力量。
（3）请学生在纸条上写下自己正在遭遇的挫折，教师随机抽取5—6个，并请其他学生出谋划策，一起解决。 　　教师总结：发掘自身的力量并不排斥借助外力。学会与他人建立联系，向他人寻求帮助，获得他人的支持和鼓励，有助于增强我们生命的力量。	运用互助式解决问题的方法，帮助学生解决自己遇到的问题，并在生活中实践。

第十课　绽放生命之花

本课第一框"感受生命的意义"的核心主题是"探索生命的意义",第二框"活出生命的精彩"的核心主题是"延伸生命的价值"。

核心主题的依据

一、课程依据

从初中道德与法治课程设计依据来看,本课核心主题的教育教学内容有如下依据:一是依据《国务院办公厅关于加强中小学幼儿园安全风险防控体系建设的意见》《中小学健康教育指导纲要》《中小学德育工作指南》等文件中关于生命教育、心理教育、安全教育、健康教育和德育教育等的教育精神,探索生命健康、生命安全、生命德育等内容在学校中的落实,培养中国特色社会主义合格建设者与接班人,促进生命健康而全面自由地发展。二是依据《课标》中的"体会生命的价值,认识到实现人生意义应该从日常生活的点滴做起""感受个人成长与民族文化和国家命运之间的联系,提高文化认同感、民族自豪感,以及构建社会主义和谐社会的责任意识"。综合以上来看,本课核心主题是进行生命教育的重要内容和任务,同时也是初中道德与法治学科教育教学的指引。

二、教材依据

从新旧教材内容对比来看,旧教材七年级上册第三课第三框第三目"提升生命价值"提到了生命的价值,启发学生思考什么样的生命最有价值,怎样才能使生命的价值得以提升,最后得出结论:生命的意义不在于长短,而在于对社会的贡献。新教材本课第一框"感受生命的意义"主要是引发学生追问:人为什么活着?怎样的一生是值得的?在此基础上引导学生发现"我"的生命。第一框主要是引发学生思考,为第二框寻求答案——"活出生命的精彩"做铺垫。新教材本课第二框除了谈到生命的意义不在于长短而在于对社会的贡献,即"平凡与伟大"这一议题,还提出了"贫乏与充盈""冷漠与关切"这两个议题,激励学生活出生命的精彩。对于广大道德与法治学科教师来说,这部分内容抽象而深刻,给广大教师提出了新的要求,对教师教育教学是一个新的挑战。

纵观七年级上册乃至整个初中阶段道德与法治课程内容设计,本课的学习具有重要的意义。学生只有解决"人为什么活着?""怎样的一生是值得的?"这样一些生命的追问,才能获得生命的原动力,才有可能驾驭自己的生活,选择自己的人生道路,创造自己想要的生活,养成负责任的生活态度。只有延展生命的价值,活出生命的精彩,才能愿意承担对国家、社会的责任,做有道德,有民族自信心、自豪感的中国人。

三、学情依据

当前社会发展过程中,存在着利己主义、功利主义的倾向,所以出现了不少对生命的冷漠、无视和伤害等现象,这给青少年正确的生命观和价值观的形成带来了很多负面影响。因此,对学生进行生命教育至关重要。

处于青春年华的初中学生,他们中一些人已经开始思考生命的意义,但是难以得到一个让自己满意的答案;也有部分学生感到生活的意义渺茫,人的生命渺小而脆弱,生活机械而乏味,开始对生存的意义和生命价值产生怀疑,不同程度地表现出对自己和他人生命的漠视,对于发生在自己身上的事情以及所见到的社会现象不能全面分析,容易陷入迷茫和彷徨,经常只看到一些消极的东西,缺乏正确地分析和理解问题的能力。

核心主题的育德价值

通过第一框核心主题的学习,学生能够明白每个人的生命都是有价值的,能够从生活中的点滴小事做起,发现和创造自己的生命价值,过有意义的人生;能够尊重他人的生命,乐于帮助他人;能够懂得个人是国家、社会的一分子,将个人生命的意义与国家、社会的命运相结合,承担相应的社会责任。

通过第二框核心主题的学习,学生能够明白延展生命的价值意义重大;能够充实自己,坚守平凡的岗位,乐于创造生命的伟大;能够懂得生命的意义还来自对他人的分担和分享,培养助人为乐的精神;能够将个体的生命和民族的、国家的命运联系在一起,做乐于奉献、服务社会的好公民。

核心主题的建构与实施

核心主题一 探索生命的意义

一、内容建构

1. 教材内容简介

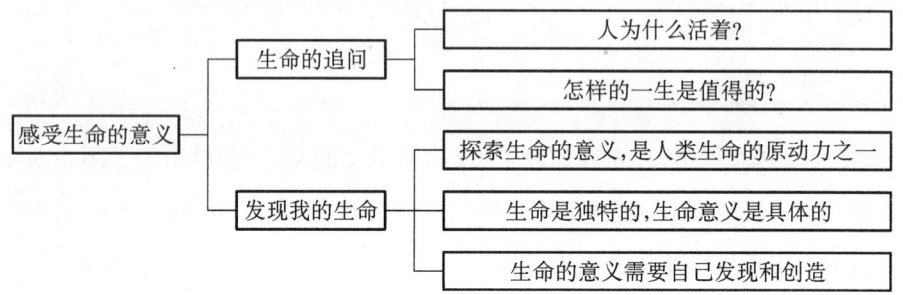

本核心主题相关的内容主要在本课第一框。从教材内容来看,主要分为以下两个部分:一是"生命的追问",引发学生思考人为什么活着,怎样的一生是值得过的;二是"发现我的生命",引发学生思考如何探索、发现和创造自己生命的意义。

以上内容构成"探索生命的意义"的文本,内容深刻,引人思考。但是"探索生命的意义"这一核心主题本身较为抽象,初中生较难理解。因此,教师在具体教育教学活动中应注意将这一主题内容与实际生活相连接,促进学生对"探索生命的意义"这一主题的理解和认同。

2. 教学要点及其确定理由

要点1:追问生命的意义

这一要点主要整合和扩展了本课第一框第一目和第二目第一段的内容,主要是让学生懂得探索生命的意义是必要的和怎样的人生是值得的,引发学生对生命意义的思考。通过分析与探讨,帮助学生认识到探索生命的意义对于我们的成长十分重要。

这部分的教学应突出以下两点:① 为了让生命有意义,探索这个问题是必要的。探索生命意义,是人类生命的原动力之一。学生理解了这一问题的重要性后,会更加自觉主动地追问生命的意义。② 在认识到探索生命意义的重要性的基础上,还要引导学生认识到怎样的人生是值得的:能够活出自己的人生,实现自我价值;当别人需要帮助时,能主动承担责任;能够将个人的理想与国家发展、民族复兴和人类命运共同体结合起来。由此进一步引发学生对如何在有限的生命中活出意义和价值的思考,为后续

第十课 绽放生命之花

的学习奠定基础。

要点2:发现和创造"我的生命"的意义

这一要点主要整合和扩展了本课第一框第二目第二段和第三段的内容,主要是让学生探索自我生命的意义,旨在让学生懂得生命是独特的,生命的意义是具体的,明确自己生命的意义,增强运用自己的发现和创造实现生命意义的能力。

这部分的教学应突出发现和创造自己生命的意义。在要点1"追问生命的意义"的学习中,我们提到要追问生命的意义,这是在一般意义上对生命的意义进行探讨。在要点2"发现和创造'我的生命'的意义"的学习中,我们应从一般到个别,进入到对自我生命意义的探索,这部分内容应该引导学生认识并努力实现自己生命的意义。

二、教学实施

在教学实施上,本核心主题的内容较为抽象和深刻,初中学生理解起来有一定难度,因此在教学中我们需要借助具象的生活实例来诠释。德育课程教育教学应突出学生的自主参与、合作探究,引导学生开展自省和反思,讲述和畅想生命的故事,有利于学生建构生命的意义。依据以上思考,可以通过以下教学活动进行这一核心主题的教学。

1. 开展"感知和辨析生命的意义"的教学活动

(对应要点1:追问生命的意义)

教学活动	设计理由
(1) 课前布置采访任务,主题为"人为什么活着"。请学生采访父母、老师、朋友等身边的平凡人。(可以分小组进行。) 课上教师组织学生展示,交流采访过程及结论。 教师可以在学生展示交流时,进一步追问学生对该问题的看法。 教师结合学生汇报总结:人为什么活着?人们给出的答案不尽相同。但是探索这个问题是很有必要的,探索生命意义,是人类生命的原动力之一。人活着是为了让生命更有意义。	通过面对面采访,让学生初步感知生命的意义,激发学生学习兴趣。
(2) 教师出示两种观点:有人说,不要为别人而活;也有人说,只有为别人而活的生命才是值得的。 提问:你赞成哪种观点?说说你的想法。 请学生对该话题进行思考,并相互分享交流。	通过交流探讨,引导学生思考两者是否矛盾,到底什么样的生命才是有价值的。在此基础上,让学生懂得要将个人追求与他人、社会的需要结合起来。

续表

教学活动	设计理由
（3）介绍南京站"158"雷锋服务站的故事。 点亮一盏灯、照亮一大片，从一个站走向一座城。"158"就是"义务帮"的意思。在南京站活跃着一群热心的"158"年轻人，他们为独行老人买票，扶残障人士上车，送走失儿童回家，帮重病患者送药。他们利用休息时间，苦练服务本领，学习急救互助常识…… 教师启发学生思考：你觉得这些志愿者为谁而活？他们生命的意义体现在哪里？ 教师提炼学生发言关键词并总结：怎样的人生是值得的？能够活出自己的人生，自食其力，实现自我价值，这样的一生是值得的；当别人需要帮助时，付出自己的爱心，自愿承担责任，这样的一生是值得的；能够将个人理想与国家发展、民族复兴和人类命运结合起来，这样的一生是值得的。	借助贴近学生生活的例子，引起学生共鸣，将学生对生命意义的认识由感性上升到理性，使其辩证地思考生命的意义，懂得怎样的人生是值得的，并且激发学生将自己的人生意义与社会的价值取向和国家的利益统一起来。

2. 开展"建构生命的意义"的教学活动

（对应要点2：发现和创造"我的生命"的意义）

教学活动	设计理由
（1）教师带领学生开展绘制生命线的活动。 教师可以让学生上课前准备A4大小的白纸，提示学生把纸横过来，中间画一条河流，说明这就是我们的生命之河。指导学生回忆自己生命历程中曾经发生过的重要事情，在河流的相应位置标出时间点，画一朵浪花。 学生画好后，教师请学生交流分享浪花背后的生命故事。 教师根据学生发言归纳总结：生活中的点滴经历建构了独一无二的自己，也建构了我们的人生。可见，生命是独特的，生命的意义是具体的。	引导学生回忆自己的生命历程，感受过去的人生经历给自己带来的影响，发现其中蕴藏的生命意义。同时也让学生懂得生命是独特的，生命的意义是具体的。
（2）教师引导学生畅想未来：每个人都是自己生命的导演。将来的你，会拥有什么样的生活呢？请你选择将来的某个年龄阶段，具体描述那时你的情况。 学生思考并书写下来。 教师可以先描述未来某个阶段的生活，再请学生分享交流。 教师根据学生回答归纳总结：生命的意义需要自己发现和创造。我想过怎样的生活？我该如何创造自己想要的生活？通过认真审视这些问题，我们会更加明确生命的意义。	通过畅想未来，让学生树立明确的目标，在目标引领下明确生命的意义。

核心主题二　延伸生命的价值

一、内容建构

1. 教材内容简介

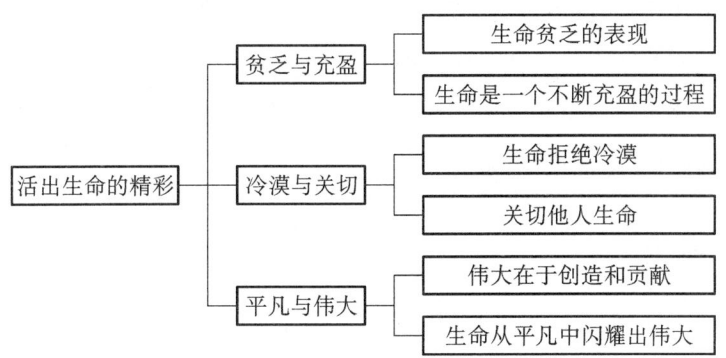

本核心主题相关的内容主要在本课第二框。从教材内容来看,主要分为以下三个部分:一是贫乏与充盈;二是冷漠与关切;三是平凡与伟大。

以上内容构成"延伸生命的价值"的文本,结构清晰,内容深刻。但是"延展生命的价值"这一核心主题本身较为抽象,初中生较难理解。因此,教师在具体教育教学活动中应注意将这一主题内容与实际生活相连接,促进学生对"延展生命的价值"这一主题的理解和认同。

2. 教学要点及其确定理由

要点1:告别贫乏,走向丰盈

这一要点主要整合和扩展了本课第二框第一目的内容,主要介绍了生命贫乏的表现,生命是一个逐渐丰富的过程,以及如何让生命充盈。

这部分内容应突出如何让生命充盈。因为生命需要滋养,我们要掌握让自己生命充盈的方法,让生命在热爱学习、乐于实践中一点点充盈起来,从而延展生命的价值。

要点2:消融冷漠,关切他人

这一要点主要整合和扩展了本课第二框第二目的内容,主要是让学生知道:生命的意义还来自对他人的分担与分享,我们在关注自身发展的同时,也要关切他人的生命,设身处地地思考并善待他人。旨在让学生拒绝冷漠,做温暖的中国人。

这部分内容应突出关切他人。我们用心对待自己和他人,不仅能将自己的生命照亮,而且可以温暖他人、照亮他人,甚至温暖世界、照亮世界。引导学生在关切他人中延展生命的价值,共同营造一个互信、友善、和谐的社会。

要点 3：感受平凡，创造伟大

这一要点主要是对本课第二框第三目内容的整合，主要是让学生懂得平凡的生命也能创造伟大，学会在平凡的生活中活出生命的精彩，不断延展自身生命的价值。

这部分内容应突出三点：一是伟大在于创造和贡献；二是平凡的生命也有价值；三是生命虽然平凡，但也能创造伟大。突出第一点是要让学生懂得运用自身良好的品质，在有限的生命中创造出不平凡的社会价值，为社会留下宝贵的物质财富和精神财富，延展自己生命的价值。突出第二点是要让学生认识到，普通人同样可以书写自己生命的价值，生命也是有意义的。突出第三点是要引领学生将个人生命与他人、集体、国家乃至全人类的生命联系在一起，提升生命的质量，延展生命的价值。

二、教学实施

在教学实施上，道德与法治课程教育教学必须贴近学生生活，让教学能够回归生活，指导生活。在德育课堂中，教师应该充分挖掘课程内容的教育价值，通过设置道德两难情境帮助学生澄清认识误区，做出正确价值选择。依据以上思考，可以通过以下教学活动进行这一核心主题的教学。

1. 开展"拓展生命的阅历，让生命充盈"的教学活动

（对应要点 1：告别贫乏，走向充盈）

教学活动	设计理由
（1）教师组织学生分小组开展情境表演：AB 剧场。出示表演要求：第一，PPT 会提示不同场景内容，请你做出相应的表演。第二，语言要优美，表情要生动。第三，人设要求——A 场演员应积极向上，热爱学习，乐于实践；B 场演员应消极负面，对生活没有热情。（例如，情境可以设为：看到今天的天气，下周将要进行期末考试等。） 学生按照小组进行展示。 教师点评学生的表现并总结：对待生活的不同态度，会影响生命的质量。	通过生动活泼的现场表演，让学生直观感受到生命的质量会受到生活态度的影响，启发学生以积极的态度对待生活。
（2）教师出示材料，请学生猜猜 TA 是谁。 TA 很聪明，最喜欢研究一些小发明，班级里的电脑要是有什么问题，准是 TA 帮忙去解决。最近 TA 在全国青少年航模比赛中获得了一等奖。田径赛场上你总能看到 TA 矫健的身影，每次学校运动会，TA 都是 1 000 米长跑冠军。但上次由于意外，比赛过程中 TA 腿部受伤，不过 TA 还是坚持完成了比赛。	

续表

教学活动	设计理由
教师提问： TA 的哪些特质值得我们欣赏和学习？说出一个让你欣赏的特质。 请学生思考并回答。 （3）教师展示上海 48 岁海归硕士回国后整天"宅"在家无所事事，"啃老"6 年的事例。 教师提问：你觉得这样的生命有意义吗？为什么？ 学生思考并回答。 教师归纳总结：生命贫乏的生活枯燥、单调、乏味，我们要让自己的生命得到滋养，不断充实自己的生活，让自己的生命变得充盈。	通过两种生命状态的对比，引导学生拓展自己生命的阅历，让生命变得充盈，延展生命的价值。

2. 开展"拒绝冷漠，传递生命的温暖"的教学活动

（对应要点 2：消融冷漠，关切他人）

教学活动	设计理由
（1）教师出示情境选择：今年夏天，你去四川游玩，突然感觉有震感。从新闻中得知不远处九寨沟发生地震的你会怎么做？A. 立刻回家，安全第一位。B. 好不容易来一趟，"剪刀手"比一个，自拍完发个朋友圈走人。C. 留下来看看能不能做些什么。 请学生现场表决：你的选择是_____。 教师展示真实情境：2017 年 8 月 8 日，九寨沟突如其来的灾难让他从一个旅行者变成志愿者。踩着余震，他和同行的领队来到了最近的受灾地区，协助救援组织发放物资，成为当地最早一批志愿者。他是南京某中学最美中学生。 提问：看了他的事迹介绍，你有什么问题想要问他？ 教师播放采访视频。 教师总结归纳：我们不仅需要关注自身发展，而且要关切他人的生命，设身处地地思考并善待他人。	借助情境体验让学生做出选择，也为下面的活动做铺垫。 榜样的力量是无穷的。通过学生身边的典型案例帮助学生认识到：我们在关注自身发展的同时，也要关切他人的生命。
（2）教师提问：在生活中，你感受过哪些来自他人的温暖，你又是怎样传递温暖的？ 学生思考并进行分享交流。 教师提炼学生发言关键词，并总结：让我们用真诚、热情、给予去消融冷漠，营造友善和谐的社会。	回归学生自身实际生活，引导学生从生活中的点滴小事做起，传递生命的温暖。

3. 开展"在平凡中创造伟大"的教学活动

(对应要点3:感受平凡,创造伟大)

教学活动	设计理由
(1) 教师播放两段视频。 视频一 《乔布斯,一个改变世界的人》 (视频简介:通过文字和图片,展示了乔布斯伟大的一生。其中很多乔布斯语录,都向世界宣告了他的与众不同。比如"活着就是为了改变世界,难道还有别的原因么?"等。) 视频二 《好人就在身边》 (视频简介:在我们的周围,有许多多在平凡的岗位上默默奉献的人。他们就敬业业,任劳任怨。他们可能是我们的邻居,可能是素不相识的陌生人,也可能是在自己的岗位上辛勤工作的劳动者,他们用自己的一点一滴,铸成和谐社会坚不可摧的基石。) 教师提问:视频代表两大类不同的人,你认为哪一类人的生命更有价值?请说明你的理由。 (2) 请学生开展小组讨论,并汇报成果。 教师提炼学生发言的关键词,归纳总结:每个人的生命都有价值。视频一中乔布斯代表的是对全人类产生巨大影响的伟大的人,而视频二中都是普通人,但普通人同样可以创造伟大。只要能把个体生命与集体、民族、国家相联系,就能从平凡中闪耀出伟大,从而延展生命的价值。	引导学生认识到:无论是伟人还是普通人,每个人的生命都有价值。一个人的伟大在于对社会的贡献。作为平凡人,我们也可以用认真、勤劳等品质书写自己的伟大,不断延伸生命的价值。

七年级下册

第一课　青春的邀约

本课第一框"悄悄变化的我"的核心主题是"悦纳我的变化",第二框"成长的不仅仅是身体"的核心主题是"丰富思想和精神"。

核心主题的依据

一、课程依据

从初中道德与法治课程设计依据来看,本课核心主题的教育教学内容有如下依据:一是依据党的十九大报告中"勇于变革、勇于创新"的相关要求。二是依据《中小学心理健康教育指导纲要》《中国学生发展核心素养》《中小学德育工作指南》的相关要求,包括"认识青春期的生理特征和心理特征""批判质疑""科学精神""勇于创新"等。三是依据《课标》的相关要求,包括"悦纳自己的生理变化,促进生理与心理的协调发展""了解青春期心理卫生常识,体会青春期的美好,学会克服青春期的烦恼,调控好自己的心理冲动""形成热爱劳动、注重实践、崇尚科学、自主自立、敢于竞争、善于合作、勇于创新的个性品质""正确认识好奇心和从众心理,发展独立思考和自我控制能力"等内容。综合以上来看,引导学生悦纳青春期身心变化、丰富思想和精神,是初中道德与法治学科教育教学的重要内容和任务,是本课教学的核心主题,有助于培养有健康人格、积极心态的社会主义接班人。

二、教材依据

从新旧教材内容对比来看,旧教材在七年级上册第四课《欢快的青春节拍》第一框"走进青春"分别用两目"青春悄悄来"和"成长不烦恼"阐述了青春期的生理变化与心理矛盾,以及正确的态度与做法;在第二框"感悟青春"第一目"青春误读"中提出"彼此尊重是我们应遵循的基本准则""真正的独立是逐渐摆脱依赖,勇于为自己的行为负责"等观点。新教材将悦纳青春期变化的内容调整到本课,作为青春期教育的起始课,从身体—心理—精神的演进路径展示了青春期的变化与成长。第一框"悄悄变化的我"用"悦纳生理变化""直面矛盾心理"两个目题,明确对待生理和心理变化的态度,强调青春期生理和心理变化对学生的积极影响，引导学生用积极的姿态迎接青春成长。第二框"成长的不仅仅是身体"从思维独立性、批判性、创造性三个方面展示了青春期的思维发展，引导学生用逐渐成熟的思维方式独立地、批判地思考问题，开启勇于创造的青春生活。这一部分的视角和内容几乎都是全新的。

从七年级乃至整个初中阶段道德与法治课程内容设计来看，引导学生悦纳青春期的身心变化，发展思维的独立性、批判性和创造性，不仅是青春期生命教育的开端，也是学生发展精神世界的重要一环，有利于学生正确认识和完善自己，积极适应青春期变化，更好认识与改造世界，处理好与他人、集体、社会的关系。

三、学情依据

从社会来看，世界的开放，网络的普及，使得信息传播越来越快，但信息内容良莠不齐，多元价值观并存，其中不乏认识偏差和不良导向，这些会对思维不成熟的初中学生造成不良影响，使其误读青春，引发心理冲突与不适，甚至在价值判断与行为选择时陷入迷惘、迷失方向。而日渐繁重的学业压力、日益提高的家庭期待，也给初中学生面对青春期生理和心理的变化时增加了心理压力。如果不能得到正确有效的引导，初中学生容易走入误区，影响其健康成长。

从学生实际来看，逐渐步入青春期的学生，对自己和同伴的生理变化有一种自然而然的好奇心，对自己的心理变化虽有所觉察与感知，但还不能完全客观、正确地看待、接受与调适，甚至有部分学生受社会上错误观念的影响，出现因自己的生理变化而自卑、嘲弄同伴的生理变化，陷入矛盾心理甚至引发人际冲突等问题。同时，部分学生对独立思考和批判精神的认识不够全面，误认为独立思考就是"固执己见"，批判精神就是"非此即彼"，缺乏对事物系统、全面、深入的分析。而受应试教育的影响，部分学生的创造潜能没有被充分开发，甚至思维僵化。因此，有必要引导学生正确认识、积极悦纳青春期身心变化，正确认识并积极发展思维的独立性、批判性和创造性。

核心主题的育德价值

通过第一框核心主题的学习，学生能够悦纳自己的生理变化和心理变化，主动调控心理矛盾，以积极的心态面对青春期的变化；理解和尊重同伴之间生理变化的差异及心理变化，在同伴交往中学会自我调控，帮助同伴化解青春期烦恼；提高青春期适应能力，积极主动地融入社会，增强社会责任感。

通过第二框核心主题的学习，学生能够关注自身在青春期的思维变化与成长，用逐渐成熟的思维独立地、批判性地、创造性地分析问题与解决问题，做出正确的价值判断和行为选择;接受他人合理、正确的意见,批判时考虑他人的感受;以独立理性的态度参与社会生活。

核心主题的建构与实施

核心主题一 悦纳我的变化

一、内容建构

1. 教材内容简介

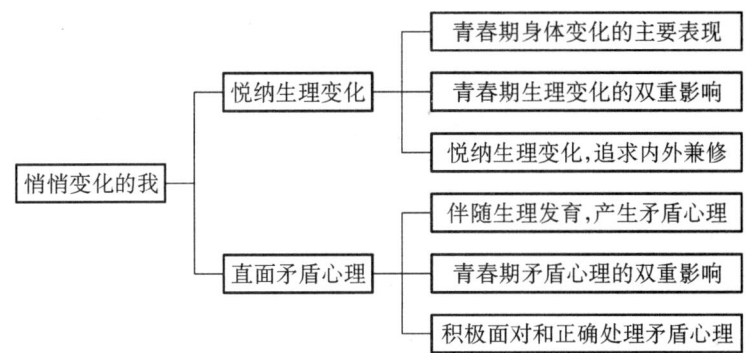

本核心主题相关的内容主要在本课第一框。围绕悦纳青春期的变化,教材主要分为两部分:一是悦纳生理变化,主要介绍了青春期生理变化的主要表现和双重影响,指出要悦纳青春期的生理变化、追求内外兼修的青春之美;二是直面矛盾心理,介绍了青春期矛盾心理的产生原因和双重影响,指出了积极面对和正确处理青春期矛盾心理的重要性,介绍了一些常见的应对方法。

以上内容构成"悦纳我的变化"的文本,内容丰富,逻辑清晰。从"悦纳我的变化"这一核心主题的目的和追求看,具体教育教学应努力培养学生对青春期身心变化的积极心态,使其掌握一定的调适方法,这就需要发掘文本内容所蕴含的教育价值,在课堂教学中着力让学生认同和内化这一教育价值,这样才能使学生悦纳青春期的生理变化、主动调适青春期的矛盾心理。

要使学生认同和内化"悦纳我的变化"这一核心主题的内容,应当遵循"源于生活、高于生活、回归生活"的原则,从生活中的真实问题、真实需求出发,但又不仅停留于生活场景的重现,而是抓住其中的关键问题,深入探讨,使学生能通过学习对青春期的身心变化有更深入的思考、更智慧的应对;应当遵循"直面困惑、剖析困惑、解开困惑"的思路,直面学生的真实困惑,在课堂的场域中,引导学生自主探究、合作学习,分析困惑产生的原因,寻找解开困惑的钥匙;应当遵循"始于感知、重在思考、导向践行"的路径,通过合作交流提升学生的认识,通过情境探究使学生体验感悟,通过教师引导使学生悦纳青春期的生理变化、积极调适矛盾心理。

2. 教学要点及其确定理由

本框两目从生理与心理两个维度展开对青春期变化的探讨,而实际生活中,学生的心理变化往往与生理变化联系在一起,身心变化的影响均具有双重性,都需要学生以积极的心态和正确的方法应对。依据以上思考,我们对上述文本做了相应的整合,提炼出本核心主题的相关教学要点。

要点1:青春期的身心变化有何表现?

这一要点主要整合和扩展了本课引言、第一框第一目第一段正文和第二目第一段正文及"相关链接"的内容,主要让学生知晓青春期生理变化的主要表现,伴随着生理发育产生的心理变化及矛盾心理的主要表现。这是探讨"悦纳我的变化"的逻辑起点。学生感知、观察、描述、梳理青春期有哪些生理和心理变化,是客观认识、欣然接受、正确处理青春期身心变化的认知起点,有助于从共性与个性两个角度看待同伴与自己的身心变化,有助于正确认识自己、平等尊重他人,同时增强进一步探讨这些身心变化对自己有何影响及应如何对待这些变化的意愿。

这部分的教学应突出两点:生理变化的三个主要表现,以及由此带来的矛盾心理的主要表现。突出第一点,是让学生从生命成长的视角客观看待青春期的身体变化,知道进入青春期后同伴和自己的各种身体变化主要表现为身体外形的变化、内部器官的完善、性机能的成熟,为后面悦纳生理变化打下认识基础。突出第二点,是让学生知道心理变化伴随生理变化而产生,将平时朦胧的、感性的对青春期矛盾心理的感受,上升为理性认识,把握青春期矛盾心理的主要表现,为后面积极面对、正确处理这些矛盾心理提供认知前提。

要点2:青春期的身心变化有何影响?

这一要点主要整合和扩展了本课第一框第一目第二、三段正文和第二目第二段正文的内容,主要让学生感悟青春期身心变化的影响。这部分旨在让学生体会到青春期身心变化在带来烦恼的同时,更带来了旺盛的生命力和成长的契机。学生只有认识和感悟到青春期身心变化为成长带来的积极影响,才能以积极的心态欣然接受生理变化、正确处理矛盾心理,达到指导其行为的目的。

这部分的教学应突出两点:青春期的生理变化,有时会带来烦恼,但更带来旺盛的生命力;青春期的矛盾心理有时让学生烦恼,但也为学生的成长提供了契机。突出第一点,是让学生辩证看待青春期生理变化带来的影响,尤其是要以积极的心态感受其带来的积极影响,体会青春的活力。突出第二点,是让学生全面认识青春期矛盾心理带来的影响,尤其是体会到其带来的积极影响,以便为能积极面对和正确处理矛盾心理奠定认识和情感基础。

要点3:如何对待青春期的身心变化?

这一要点主要整合和扩展了本课第一框第一目第四、五段正文和第二目第二、三段正文的内容,主要引导学生以积极的心态对待青春期的身心变化,悦纳生理变化,直面矛盾心理。这一要点旨在进行观念培育和行动指导,使学生进一步体会青春期身心变化的积极影响,从而以更积极的心态面对"我的变化"。这是前面两个要点学习的逻辑延续,也是本核心主题的重要落脚点和归宿,是发挥本核心主题教育价值的关键点和重点。

这部分的教学应突出两点:要正视并悦纳生理变化,尊重自己和他人,追求内外兼修的青春之美;要积极面对和正确处理心理矛盾,学会基本的调适方法。突出第一点,是引导学生不仅悦纳自己的生理变化,而且尊重同伴的生理变化,既追求外在美,又追求内在美。突出第二点,是引导学生激发直面矛盾心理的勇气,增长调适矛盾心理的智慧,将矛盾心理转化为成长的契机。

二、教学实施

在本核心主题的教学实施上,要坚持主导性与主体性相统一,要在教师的教育指导下,充分发挥和调动学生的主体性,引导学生积极主动地关注自身身心变化和健康,培养其自主维护身心健康的意识和能力;要坚持价值性和知识性相统一,寓正确的价值观引导于知识传授之中,充分发挥教学内容的教育教学价值,使学生树立正确对待青春、生命、他人等的价值观念;要坚持理论性与实践性相统一,既使学生懂得青春期身心变化的相关知识,又引导学生将所学知识运用于生活中,指导自己的观念与行动。依据以上思考,可以通过以下教学活动进行这一核心主题的教学。

1. 开展"感知我的变化"的教学活动

(对应要点1:青春期的身心变化有何表现?)

教学活动	设计理由
(1)教师展示同学们在寒假中听到的亲朋好友遇到自己后的感叹,如"都长这么高啦!""长小胡子啦!"等等,请学生说说一年来自己在身体方面的各种变化。 教师展示人的生命发展阶段图,总结青春期的生理变化的三个主要表现。	从感性认识到理性认识,从个体感受到群体特征,学生从生命成长的视角,从身体外形、内部器官、性机能等三个维度,认识青春期的生理变化。

续表

教学活动	设计理由
（2）教师展示七年级学生常见的几种矛盾心理的行为表现，请学生说一说自己类似的心理感受。 　　教师在学生分享的基础上，概括出青春期矛盾心理的三种主要表现，简要分析矛盾心理形成的原因。	通过分享交流，让学生产生一种情感共鸣：原来很多同伴都会有青春期的矛盾心理。通过梳理出矛盾心理的三种主要表现，让学生初步了解到矛盾心理的产生是与生理变化相伴随的。

2. 开展"探讨我的变化"的教学活动

（对应要点2：青春期的身心变化有何影响？）

教学活动	设计理由
教师以图文、视频等方式，展示青春期生理和心理变化带来的不同烦恼，展示感叹——"青春期，就是烦！"请学生就此感叹分小组讨论：青春期带来的都是烦恼吗？请举例说明。 　　教师组织学生充分发表自己的意见，通过追问引导学生发现青春期身心变化给自己带来的积极影响。 　　教师补充展示青春期身心变化尤其是矛盾心理带来积极影响的事例，如与父母冲突后反思自身言行等，请学生总结青春期身心变化对自己的影响。教师提炼概括：青春期的身心变化有时会给我们带来一些烦恼，但带来的更多的是旺盛的生命力，是成长的契机。	通过自主学习、合作探究、链接生活等方式，引导学生自主发现青春期身心变化给自身带来的积极影响，从而以辩证的眼光、积极的心态看待"我的变化"。

3. 开展"悦纳我的变化"的教学活动

（对应要点3：如何对待青春期的身心变化？）

教学活动	设计理由
教师回顾第二个教学活动中展示的几个青春期身心变化带来的烦恼，请学生分组讨论：如何解决这些烦恼？建议学生结合自己的经历，提出解决方案。 　　请学生交流分享解决这些烦恼的方案，教师在此基础上，总结对待青春期身心变化的态度和方法：正视并悦纳生理变化，尊重他人和自己，追求内外兼修的青春之美；积极面对和正确处理矛盾心理，可以采取参加集体活动、求助他人、培养兴趣、自我调节等方法。	让学生在探究具体情境中、在调动自身体验中，寻找到正确对待青春期身心变化的态度与方法，既形成正确的价值观念，又掌握恰当的处理方法，从而指导自己的生活。

核心主题二 丰富思想和精神

一、内容建构

1. 教材内容简介

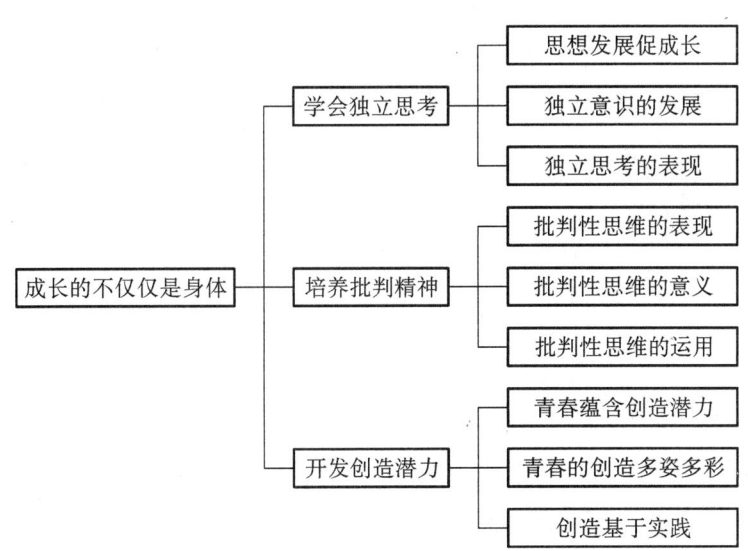

本核心主题相关的内容主要在本课第二框。围绕思想和精神的发展，教材主要分为三个部分：一是从思想成长的意义出发，探讨和辨析独立意识的发展与独立思考的表现；二是探讨与独立思考相伴随的批判性思维的表现、意义和运用；三是探讨青春的创造潜力，强调创造的源泉在于实践。

以上内容构成"成长的不仅仅是身体"的文本，内容丰富、逻辑清晰。从培养独立意识和批判精神、开发创造潜力的目的和追求看，具体教育教学应努力促使学生对思维的独立性、批判性和创造性做到正确认识和恰当运用，这就需要发掘文本内容所蕴含的教育价值，课堂教学应着力让学生认同和内化这一教育价值，这样才能让学生独立地、批判性地分析和解决问题，开启创造的青春生活。

要使学生准确认识和熟练运用独立意识和批判精神，并能以此作为基础发掘出创造潜能，教师必须遵循体验—辨析—践行的德育思路。简单的概念解读与分析，无法实现培养学生独立意识、批判精神和创造性思维的目的，无法真正帮助学生树立"不唯书，不唯上，只唯实"的意识；而简单灌输更可能阻碍学生独立意识、批判精神的养成和创造潜力的开发，让学生精神世界的成长受到教条主义的束缚，导致其思维僵化。只有在真实的情境中体验，在复杂的问题中辨析，在实际的生活中践行，才能真正实现本核心主题的教育价值。

2. 教学要点及其确定理由

本框的三目,分别从学会独立思考、培养批判精神、开发创造潜力三个维度,探讨了青春期思维与精神的发展与丰富。这三个维度,既有区别,也有联系。从这三个维度出发,我们对上述文本进行整合,提炼出本核心主题的相关教学要点。

要点1:思维独立性的发展与表现

这一要点主要整合和扩展了本课第二框第一目的内容,主要是让学生知晓青春期独立意识的发展,对独立思考形成正确的认识。一方面,让学生认识到青春期不仅仅有身体的成长,还有独立意识的不断发展,这是对本课前一个核心主题"悦纳我的变化"的延续,要使学生理解生理上的变化引发思维和精神世界的变化,能够欣然接受思维独立性的发展。另一方面,让学生明确独立思考的正确表现,纠正学生对独立思考的错误认识,指导学生正确看待和运用独立意识。

这部分的教学应突出两点:明确独立思考的正确表现和纠正对独立思考的认识误区。突出第一点是为了让学生明确思维独立性的科学界定,为辨别哪些是独立思考的认识误区奠定认知基础,提供辨识工具。突出第二点是为了让学生在培养思维的独立性时避免一些常见的错误,不陷入过分追求独特的求异心理中,使学生能正确理解和运用独立意识,达到导行的目的。

要点2:思维批判性的意义和运用

这一要点主要整合了本课第二框第二目的内容,主要是让学生知晓什么是思维的批判性及其在社会生活中的实际意义与运用,即从知识、情感、行为三个层次对学生进行有关批判性思维的教育。要帮助学生认识到思维的批判性与思维的独立性的关系,正确理解思维的批判性的表现,充分认识批判性思维的积极意义,学会在实际生活中运用批判性思维解决问题的具体方法,避免对批判性思维的错误认识与运用。

这部分的教学应突出两点:批判性思维作用大和思维批判有方法。突出第一点,是为了通过引导学生充分认识批判性思维对学习、生活、工作的积极意义,使其认同批判性思维,增强培养批判性思维的主动性和积极性。突出第二点,是为了帮助学生认识到批判性思维不是简单的否定,而是有智慧的质疑和建议,同时还要考虑被批判者的感受,考虑批判的真正目的,避免因为不当的批判而影响人际关系、阻碍问题解决。第二点对学生的意义重大,是对学生进行具体的行动指导,有利于学生在实际生活中正确、有智慧地运用批判性思维解决问题。

要点3:思维创造性的表现与开发

这一要点主要整合了本课第二框第三目的内容,主要是让学生知道青春蕴含伟大的创造力,青春的创造多姿多彩、人人可为、意义非凡,创造离不开实践。这一要点能让学生体会到青春时光里的创造十分美好,对个人成长、国家和社会发展有着重大意义;同时也让学生认识到创造根植于实实在在的劳动实践,激励学生在实践中开发自己的创造潜力,改变自己,影响世界。

这部分的教学应突出两点:青春的创造处处都有、人人可为和创造离不开实践。突出第一点是让学生体会青春蕴含创造潜力,生活中处处有创造,人人可创造,引导学生敢于打破常规,做对国家和社会有用的创造者,激发学生创造的积极性。突出第二点是让学生理解社会实践是创造的源泉,把握实践对创造的重要价值,找到创造的途径与方法,同时明白创造出来的新事物也应投入实践,影响世界。第二点是创造性思维教育的归宿和落脚点。

二、教学实施

在本核心主题的教学实施上,必须坚持教学内容和活动形式相统一,让活动为内容服务,努力实现动静结合,做到集生动、活泼、思辨于一体,使学生在活动中辨析和澄清独立思考、批判精神和创造潜力;必须坚持教师正确引导与学生自主探究相统一,引导学生运用所学知识对现实生活中的现象和问题进行分析和解决,教师懂得适时放手,让学生在自主探究过程中学会运用思维的独立性和批判性,开发创造潜力;必须坚持理论性和实践性相统一,书本上获得的理论知识必须可以转化为现实生活中可检验的具体行为,只有这样才能彻底、充分地帮助学生理解和运用思维的独立性、批判性与创造性。依据以上思考,可以通过以下教学活动进行这一核心主题的教学。

1. 开展"成长中的独立思维"的教学活动

(对应要点1:思维独立性的发展与表现)

教学活动	设计理由
(1) 教师展示学生在成长过程中语言的变化,如由小时候的"我爸爸说""我妈妈说""老师说"逐渐转变为现在的"我觉得""我不太同意"。 请学生思考:这些语言习惯的变化说明自己的思维方式发生了哪些变化?	让学生从生活中直观感受到伴随着身体的成长,青春期的思维也在悄悄地发生着变化,思维的独立性开始得到发展,自我意识不断觉醒。
(2) 教师展示学生在生活中出现的一些语言表达,如"我有自己的想法,不用你操心""同学们都……我也要……""我就是要和别人不一样"。 请学生思考:这些是独立思维的表现吗? 教师提炼、总结,让学生形成对独立思维的正确认识,同时肯定学生在发言中的独立思考,指出这是独立思维的表现。	在讨论和辨析中既帮助学生正确认识独立思维的表现,又调动和发展学生的独立思维,使其直观感受到自身独立思维的发展。

2. 开展"辨析中的批判精神"的教学活动

（对应要点2：思维批判性的意义和运用）

教学活动	设计理由
（1）教师展示一个当前社会生活中具有争议的真实案例，请学生针对这一案例发表看法，阐述理由。教师注意观察、记录学生在讨论和辨析过程中的不同表现。 （2）教师肯定学生对事情有自己的看法，敢于表达不同观点，从而归纳思维的批判性表现。 （3）教师请学生思考：经过讨论，你对该事件有什么新的认识和思考？ 教师总结出批判性思维的意义。 （4）教师选择学生讨论乃至辩论过程中不同观点针锋相对的情境，请学生思考：怎样的批判更容易被人接受、更有利于解决问题？	基于学生自主探讨的真实情境，让学生体验、思考批判性思维的表现和意义，感受不同的批判方式带来的不同结果，懂得如何更好地运用批判性思维解决问题，从而提高践行批判的能力。

3. 开展"实践中的创造潜力"的教学活动

（对应要点3：思维创造性的表现与开发）

教学活动	设计理由
（1）教师展示生活中的一些小发明和小创造，请学生说一说自己在生活中制作出的具有创新意义的物件或观察到的打破常规的处事方法。 教师在学生交流的基础上总结：青春蕴含着创造潜力，青春的创造多姿多彩；我们要敢于打破常规，努力做一名对国家和社会有用的创造者。	结合学生的实际生活，列举真实案例，引导学生认识到青春蕴含创造潜力，创造处处都有、人人可为，激发学生创造的热情。
（2）结合前面学生列举的创造实例，请学生谈谈自己或他人是如何创造出新事物、新方法的。 教师在学生交流的基础上，归纳出创造离不开实践的观点。	让学生从生活中进一步发现、分析创造是如何出现的，从而认识到创造离不开实践，提高其在实践中创造的能力。

第二课　青春的心弦

本课第一框"男生女生"的核心主题是"认同性别角色",第二框"青春萌动"的核心主题是"正确处理异性情感"。

核心主题的依据

一、课程依据

从初中道德与法治课程设计依据来看,本课核心主题的教育教学内容有如下依据:一是依据《中小学心理健康教育指导纲要》的相关要求,包括"把握与异性交往的尺度,建立良好的人际关系""正确对待和异性同伴的交往,知道友谊和爱情的界限"等。二是依据《课标》的相关内容,包括"悦纳自己的生理变化,促进生理与心理的协调发展""能够客观地认识自我,积极接纳自我,形成客观、完整的自我概念""认识自己生命的独特性""学会用恰当的方式与同龄人交往,建立同学间的真诚友谊,正确认识异性同学之间的交往与友谊,把握原则与尺度""体会青春期的美好,学会克服青春期的烦恼,调控好自己的心理冲动"等内容。综合以上来看,认同性别角色、正确认识和处理异性情感是初中道德与法治学科教育教学的重要内容和任务,是本课教学的核心主题。

二、教材依据

从新旧教材内容对比来看,旧教材在七年级上册第四课《欢快的青春节拍》第二框"感悟青春"中简要阐述了男女同学正常交往的意义;在八年级上册第三课《同侪携手共进》第二框"男生·女生"中阐述了异性交往和异性情感问题,介绍了异性交往的意义和原则,指出男女同学之间的情感需要慎重对待、理智处理,在与异性交往时,要学会保护自己。新教材将以上内容整合到本课《青春的心弦》,作为青春期教育的一部分。第一框"男生女生"详细、系统地阐述了性别角色的表现、影响及学生应有的态度,提出"在接受自己生理性别的同时,不要过于受性别刻板印象的影响"的观点,强调男生女生要优势互补。第二框"青春萌动"在阐述异性交往的意义与方法、客观分析异性情感的基础上,创造性地增加了爱情观教育,弥补了以往青春期教育的不足。总体而言,新教材站在"青春生命成长"的高度来定位性别角色和青春期情感教育,增加了"性别角色"、"性别刻板印象"、爱情观等新内容,对道德与法治学科教师提出了更高的要求。

从七年级乃至整个初中阶段道德与法治课程内容设计来看,认同性别角色是正确认识自己的重要内容,正确处理异性情感是青春期成长的必修内容,两者都有利于学生处理好与他人的关系,形成对自己与他人尊重、负责的态度,培养积极的情绪情感,增强社会适应能力,对学生成长和社会发展都有着重要意义。

三、学情依据

从社会背景来看,现在的人们对男性与女性,既有传统的印象与期待,也有突破传统性别印象的现代观念,这些都不可避免地对学生造成影响,冲击着学生对性别角色的认识,甚至可能造成学生对性别角色认识的混乱,如果引导不当,可能影响学生自身潜能的开发或社会化的过程,不利于学生的自我发展和对社会的适应。而充斥着各种情感纠葛的影视作品,相亲寻友的综艺节目,闪婚闪离现象,"剩男剩女"的讨论,离婚率的逐渐提高,等等,影响着青春期学生的异性交往观和爱情观。如果缺乏正确的引导,学生可能在关键时期形成不良的交友观和爱情观,影响其将来的交友与择偶、婚姻与家庭,不利于人际交往,影响社会和谐稳定。

从学生实际来看,青春期的学生已经形成了一定的性别角色认知,了解自己与异性的不同特点,大部分学生形成了比较符合社会期待的性别角色行为,但部分学生受到性别刻板印象的影响,束缚了自身潜能的发挥;也有部分学生存在性别角色混淆、错位的现象,易造成人格发展和人际交往上的问题。同时,他们逐渐对异性产生关注和兴趣,渴望与异性交往,但有些学生却表现出对异性的故意疏远或排斥;他们对什么是真正的爱情以及爱情所包含的社会责任知之甚少,但有些学生却出现朦胧状态下的"狂热初恋",影响正常学习。因此,有必要引导青春期学生认同性别角色,发展健康向上的异性友谊,正确处理青春期的朦胧情感。

核心主题的育德价值

通过第一框核心主题的教学,引导学生认同性别角色,让学生接受自己与异性的性别差异,认识自己的性别优势与欠缺,不自卑、不自傲,有利于塑造自我新形象;欣赏与学习异性的性别优势,以恰当的方式与异性同学相处,建立积极向上、互帮互助的异性同伴关系;以健康的性别角色心理,参与社会生活,投身国家建设。

通过第二框核心主题的教学,让学生学会欣赏和悦纳异性同伴,满足自我成长过程中与异性同学之间交往的需求,提高爱的能力;正确认识与异性同学的友谊及相互欣赏,把握原则与尺度,建立积极向上、健康发展的异性同伴关系;自觉遵守社会道德规范和国家法律,弘扬社会正能量。

核心主题的建构与实施

核心主题一 认同性别角色

一、内容建构

1. 教材内容简介

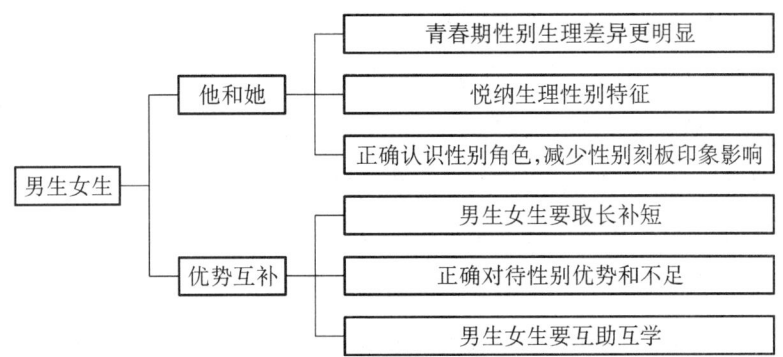

本核心主题相关的内容主要在本课第一框。围绕认同性别角色,教材主要分为两个部分:一是从青春期男生女生的性别差异更加明显入手,引导学生正确对待男生女生的性别差异,包括悦纳生理性别特征,正确认识性别角色,不要过于受性别刻板印象的影响;二是从男生女生的性别优势入手,指出男生女生要取长补短、互助互学,正确对待自己的性别优势与不足。

以上内容构成"认同性别角色"的文本,内容丰富,层次清楚。从"认同性别角色"这一核心主题的目的和追求看,具体教育教学应努力培养学生对性别角色的认同和内化,包括正确对待性别差异与性别优势。这就需要发掘文本内容所蕴含的教育价值,在课堂教学中着力让学生认同和内化相关教育价值,这样才能使性别角色纳入学生的认知体系,指导和调适其行为。

要使学生认同性别角色,一方面要使学生客观认识、坦然接受男生女生的性别差异与性别优势,另一方面要以此为基础,引导学生辩证看待性别角色、性别刻板印象的影响,从而使学生正确认识性别角色,不过于受到性别刻板印象的影响,还要引导学生理解、欣赏、学习异性的性别优势,从而完善自己,最终实现从提升认识到促进行动的进阶。这就必须将认清现在与服务未来联系起来,引导学生在认清当下的自己的基础上,通过提高认识、相互学习、优化行为,塑造更好的自己,创造更美好的未来。

2. 教学要点及其确定理由

本核心主题从性别差异与性别优势两个维度展开探讨,基本遵循了由知到行的原则。由于性别优势也是性别差异的一个方面,两者常常交织在一起,为了让学生对性别角色有循序渐进的认识与行为转变,我们对上述文本做了相应的整合,提炼出本核心主题的相关教学要点。

要点1:认识性别角色

这一要点主要整合和扩展了本课第一框第一目第一段正文和第二目第一段正文的内容,主要让学生认识进入青春期后男生女生的性别差异更加明显,在生理和社会行为方面表现出各自的特点,拥有各自的性别优势。这是认同性别角色的认知起点。只有学生清楚、全面、客观地认识男生女生的性别差异和性别优势,才能接受、认同现实的性别差异和性别优势,才能正确对待。这一要点是本核心主题首先要学习的、不可缺少的内容。

这部分的教学应突出两点:男生女生存在性别角色方面的差异和拥有各自的性别优势。突出第一点,是让学生从生理性别特征认识男生女生的性别差异,明确"性别角色"的概念,为认同性别角色做好思想准备。突出第二点,是让学生基于不同的性别角色,认识到男生女生拥有各自的性别优势,从另一视角更深入地看待性别角色,进一步为认同性别角色、正视自己的优势与不足、欣赏和学习异性的优势奠定认知基础。

要点2:正视性别角色

这一要点主要整合和扩展了本课第一框第一目第三、四段正文的内容,主要让学生全面看待性别角色的积极影响和性别刻板印象可能带来的消极影响,从而能在接受性别角色的同时,弱化性别刻板印象的影响。这是认同和内化性别角色的重要内容,也是学生在认识到性别差异与性别优势后,随之而来必须解决的问题。其中,"性别角色"与"性别刻板印象"这两个概念很容易混淆,"正确认识性别角色,不要过于受性别刻板印象的影响"是一个教学难点。开展好这一要点的教学,对培养学生的辩证思维、科学精神大有裨益。

这部分的教学应突出两点:正确认识性别角色,不要过于受性别刻板印象的影响。突出第一点,是让学生通过认识性别角色的积极意义而主动接受自己的性别角色,选择相应的性别角色行为,促进个人的社会化。突出第二点,是让学生体会到人们对性别的认识通常会受到性别刻板印象的影响,而这可能在某种程度上影响自身潜能的发挥并束缚自我成长,从而形成一种思想自觉,主动去突破性别刻板印象对自己的束缚,开发自己不同的层面与可能性,拓展生命的宽度。

要点3：完善性别角色

这一要点主要整合和扩展了本课第一框第一目第四段正文和第二目第一、二段正文的内容，主要让学生正视自己的性别优势与不足，欣赏与学习异性的性别优势，与异性共同进步。这是在正确认识自己的性别角色的基础上，对性别角色的进一步发展和完善，有助于培养完整人格，塑造更完美的自我形象，促进自身多元发展，提高社会适应性，符合现代社会对人才的需求。这是认同性别角色的较高要求。

这部分的教学应突出两点：正视自己的性别优势与不足，欣赏与学习异性的性别优势。突出第一点，是引导学生从个体角度出发，理解性别差异与优势，正确认识自己的优势和不足，形成客观、完整的自我概念，在积极接纳自我的基础上增强完善自我的意愿。突出第二点，是引导学生以欣赏的眼光看待异性的性别优势，并且在悦纳性别角色行为的基础上，主动学习异性的性别优势，在与异性的取长补短、互帮互学中完善自我、共同进步。

二、教学实施

在本核心主题的教学实施上，要将学生的困惑作为教学的关注点，在课前把握学生的真实困惑，了解学生的认知盲点与误区，如"女生就是理科不好，男生就是文科薄弱"等；要将这些盲点与误区作为教学的关键点，通过价值辨析、话题讨论、情境分析等多种方式，帮助学生解决困惑、扫除盲点、提升认识；要将学生的体验作为教学的开发点，如学生在生活中体验到的性别差异与优势，重视对学生自身资源的开发，使学生的生活体验和实践过程成为课程资源的重要组成部分，使课堂教学内容变得可感可亲可近，使知识习得、观念培育成为自然而然的过程；要将更好的自己作为教学的落脚点，要让学生通过客观认识男生女生群体的性别差异与优势及自身个体的优势与不足，激发向他人、向异性学习的热情，主动完善自己，让自己更加优秀。依据以上思考，可以通过以下教学活动进行这一核心主题的教学。

1. 开展"他和她不一样——认识性别角色"的教学活动

（对应要点1：认识性别角色）

教学活动	设计理由
（1）教师展示几个典型的男生或女生的行为表现，请同学猜一猜这一行为的主人公是男生还是女生。 教师引导学生发现，进入青春期，男生女生在性格特征、兴趣爱好、思维方式等方面越来越多地表现出各自特点，进而归纳出"性别角色"的概念。	通过典型的行为表现，使学生更直观地感受到男生女生的性别差异，理解"性别角色"的概念，为本核心主题的教学搭建认知的台阶。

教学活动	设计理由
（2）创设一个具体的任务情境，如班级参加校运动会过程中需要完成的各种任务，请学生安排男生女生各承担什么任务，并说说这样安排的理由。 教师引导学生发现男生女生拥有各自的性别优势。	在具体的任务情境中，调动学生的认识和经验，使学生在活动中发现男生女生各自的性别优势，为后续欣赏与学习异性的性别优势奠定认知基础。

2. 开展"他和她都可以——正视性别角色"的教学活动

（对应要点2：正视性别角色）

教学活动	设计理由
（1）教师呈现某位同学的行为表现，如某女生大大咧咧、不拘小节，说话大声，粗犷豪放，常引来异样的目光。有人对她说："你不能改改吗？" 请学生谈一谈：她应该改一改吗？ 教师小结：认识性别角色有积极意义，但性别刻板印象也可能在某种程度上影响我们自身潜能的发挥。因此，我们要正确认识性别角色，但不要过于受性别刻板印象的影响。	通过生活中的真实案例，引发学生的思考和讨论，使学生辩证看待性别角色和性别刻板印象的影响，从而正视性别角色。
（2）请学生列举生活中性别刻板印象的具体表现，搜寻突破性别刻板印象、成就自我或他人的人物，与同学们进行交流。教师也可以做相应补充，如口红达人李佳琦、退役军人宋玺、《摔跤吧！爸爸》中的父亲等。	透过学生的自我观察，通过更多鲜活的现象和事例，使学生认识到突破性别刻板印象对完善个性、发展自我、拓展生命的意义，从而提升其突破性别刻板印象的认识和意愿。

3. 开展"他和她互借鉴——完善性别角色"的教学活动

（对应要点3：完善性别角色）

教学活动	设计理由
（1）组织学生评选出最受欢迎的性别优势。 教师引导学生总结最受欢迎的男生特质和女生特质，学会欣赏异性的性别优势。	通过评选的方式调动学生经验，形成共识，引导学生有意识地发现和欣赏异性的优势，同时也对比自己的个性品质进行反思，为完善性别角色奠定基础。
（2）开展"自我设计"活动。 样例：作为_____（男或女）生，我现在拥有的优势是_____，我想进一步拥有的优势是（可以是男生的也可以是女生的性别优势）_____，为此我将这样努力_____（具体做法）。 教师小结：我们要正视自己的性别优势与不足，善于学习异性同学的优势，不断完善自己。男生女生应互学互助，共同进步。	引导学生将对性别优势的共性认识转化为自我认识，从性别角色的角度客观认识自己，并在此基础上，采取具体行动完善自己的性别角色，化认知为行动。

核心主题二　正确处理异性情感

一、内容建构

1. 教材内容简介

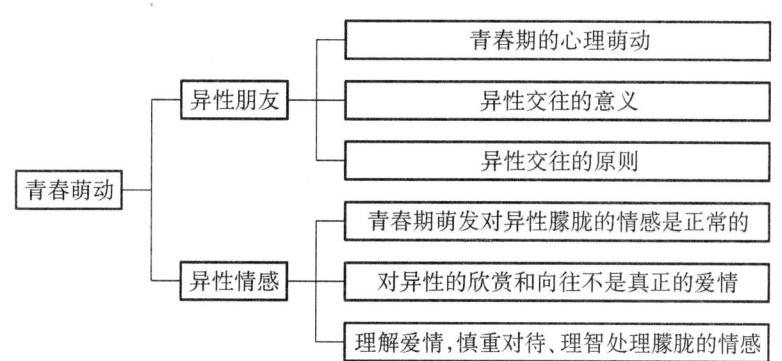

本核心主题相关的内容主要在本课第二框。从教材内容来看,主要分为两个部分:一是正确对待异性交往,介绍了青春期的心理萌动,阐述了异性交往的意义与原则;二是正确对待异性情感,既肯定了萌发对异性朦胧的情感是青春成长的正常现象,又指出对异性的欣赏和向往不是真正的爱情,引导学生理解爱情的真谛,慎重对待、理智处理出现的朦胧的情感。

以上构成"正确处理异性情感"的文本,内容层层递进。从"正确处理异性情感"这一核心主题的目的和追求看,具体教育教学应指导学生建立积极向上、健康发展的异性同伴关系,学会慎重对待、理智处理对异性可能出现的朦胧情感。这就需要发掘文本内容所蕴含的教育价值,在课堂教学中着力让学生认同和内化相关教育价值,这样才能使学生正确认识与异性同学的友谊与情感,把握与异性同学交往的原则与尺度。

要使学生认同和内化"正确处理异性情感"这一核心主题相关内容,必须遵循青少年身心发展规律,紧密联系学生思想和实际,抓住青春萌动这一特殊的心理现象,使学生产生情感共鸣,增强教育的针对性;必须运用有效的教学方式,将教学内容变得真实、具体而又直观,让学生产生强烈的代入感,主动参与、积极体验;必须抓住学生的困惑点和矛盾点,如"如何对待异性同学的表白",善于利用和创造教育场景,引导他们通过对话展开心灵重塑,在质疑、讨论、释疑、认同中生成异性交往与情感处理的智慧,提升道德水平。

2. 教学要点及其确定理由

本框从异性交往与异性情感两个维度展开阐述。对学生而言,难点在于后者,因此,有必要对异性情感的相关内容进行重点探讨。因此,我们对上述文本做了相应的整合,提炼出本核心主题的相关教学要点。

要点1:异性同学如何交往?

这一要点主要整合和扩展了本课第二框第一目第二、三段正文的内容,主要是让学生知晓异性交往有助于我们了解异性的思维方式、情感特征,学习对方的优秀品质,在与异性的交往中要做到内心坦荡、言谈得当、举止得体。正确认识异性交往,是帮助学生建立正常异性关系的前提。学生只有学会感知并欣然接受性别差异及优势,才能正确认识自己,尊重异性同学,同时增强与异性同学正常交往的主观意愿。

这部分的教学应突出两点:异性交往对学生成长的意义,以及异性交往应把握的原则和尺度。突出第一点,是要让学生学会客观地看待性别差异及优势,在与异性的交往中互相学习、取长补短,从而使各自的发展更加充分、更加完善,也为长大后与异性的相处和美满的感情生活奠定基础。突出第二点,是要让学生学会正确与异性交往,能坦然面对和正确处理异性交往中出现的问题。这些问题可能来自对与异性交往问题处理不当带来的烦恼,也可能来自外界的压力和质疑,需要教师的具体行动指导。

要点2:异性情感如何认识?

这一要点主要整合和扩展了本课第二框第一目第一段和第二目第一、二、三段正文的内容,主要是让学生在对青春期性心理发展的特点有一定认识的基础上,知道萌发朦胧情感是青春期生理、心理发展过程中的正常现象,认识到对异性的欣赏和向往并不是真正的爱情,了解什么是真正的爱情。学生只有对青春期的异性情感形成正确的认识,才能进行理性处理。

这部分的教学应突出三点:对异性萌发朦胧的情感是成长中的正常现象,对异性的欣赏和向往不是真正的爱情,树立正确的爱情观。突出第一点,是要让学生认识到异性相吸是性心理发展的一个重要阶段,是青春期生理和心理趋于成熟的标志,不必因此感到害怕或自责。突出第二点,是要引导学生理性看待青春期的朦胧情感,分清这种朦胧情感与爱情的区别,为正确处理异性情感奠定认识和情感基础。突出第三点,是要直面学生对爱情的理解与追求,引导学生正视爱情、审视人生,寻找生命的价值和意义。

要点3:异性情感如何处理?

这一要点主要整合和扩展了本课第二框第二目第三段正文的内容,主要是引导学生正确处理异性交往中可能出现的朦胧情感。这一要点是要在学生对异性情感形成正确认识的基础上,培育其正确观念,进行行动指导。这是对前两个要点的延伸和深化,也是本核心主题的重要归宿和落脚点。

这部分的教学应突出面对异性交往中的朦胧情感,应该慎重对待、理智处理。突出这一点,是为了引导学生反思自己的情感选择,在选择中把握青春,在承担责任中长大成人。

二、教学实施

在本核心主题的教学实施上,要创设情境,让学生在情境体验中激发道德情感,体验和感悟有助于唤醒学生热爱青春、珍惜友谊的情感,激发学生主动思维,增强感召力和说服力,促进正确价值观的内化;要激趣引思,调动学生参与课堂的积极性,突出学生的主体地位,引导学生敞开心扉,关注并探讨青春期的情感世界;要回归生活,坚持理论与实践的统一,在使学生了解异性交往和异性情感相关知识的基础上,引导学生将所学知识与生活实践相结合,用理论指导自身与异性的交往行为。依据以上思考,可以通过以下教学活动进行这一核心主题的教学。

1. 开展"青春如花绽放"的教学活动

(对应要点1:异性同学如何交往?)

教学活动	设计理由
(1)请学生欣赏诗歌《男孩女孩》,并谈谈对诗歌的感悟。	通过诗歌赏析,感受男生与女生的性别差异与优势,为认识异性交往的必要性奠定认知基础。
(2)开展"我为他/她代言"活动,请学生夸一夸自己的异性同学或朋友。	帮助学生理解异性交往的意义,引导学生大方地与异性同学交往,互相取长补短,促进自身的全面发展。
(3)展示学生在与异性同学交往中的顾虑和烦恼,请学生讨论这些顾虑和烦恼产生的原因和解决方法,从而总结出异性交往中要遵循的原则和须把握的尺度。	结合学生的真实烦恼展开讨论,引导学生在判断、辨析中学会选择,更好地指导自己的人际交往。

2. 开展"青春如雨朦胧"的教学活动

(对应要点2:异性情感如何认识?)

教学活动	设计理由
(1)教师展示图表"不同年龄组学生对异性向往情况",请学生分析图表中的数据,说一说从图表中获得的信息。 教师引导学生懂得进入青春期后,对异性产生好感和向往,甚至萌发对异性的朦胧情感,都是成长中的正常现象。	通过客观的数据分析,引导学生正视青春期萌发的对异性的朦胧情感,能坦然面对。

续表

教学活动	设计理由
（2）教师展示学校心理辅导老师收到的一封求助信。写信的男生说他"深深地爱上了"班上的一位女同学，想表白却又没有勇气。 请学生思考：这位男生对女同学的欣赏和爱慕是真正的爱情吗？ （3）教师展示周恩来和邓颖超的爱情故事，引导学生结合故事思考：真正的爱情需要具备哪些要素？ 教师小结：青春期对异性的欣赏和向往并不是真正的爱情，爱情不仅意味着欣赏与尊重，更需要责任和能力。	通过对两则材料中的情感的对比，使学生学会区分青春期对异性的欣赏与真正的爱情，树立正确的爱情观，为理智处理青春期的朦胧情感建立认识基础。

3. 开展"青春如梦方醒"的教学活动

（对应要点3：异性情感如何处理？）

教学活动	设计理由
（1）学生结合第二个教学活动中的求助信内容，分小组讨论：假如他鼓起勇气向女生表白了，可能会产生哪些后果？	通过引导学生对可能出现的每一种结果进行分析，让学生懂得，面对青春期的朦胧情感，不恰当的处理方式往往会带来不良后果。
（2）教师展示学校心理辅导老师给求助男生的回信，引导学生分析讨论回信内容：老师在信中给这位男生提了哪些建议？如果你就是这位男生，你会怎样做？ 教师小结：面对生活中可能出现的朦胧的情感，要慎重对待、理智处理。	通过探究具体情境和分析来自专业老师的建议，引导学生懂得如何正确处理生活中可能出现的朦胧情感，引导学生珍惜与异性同学的友谊，把对彼此的好感化作塑造更完美的自己的动力，提高承担责任和拥有爱的能力。

第三课　青春的证明

本课第一框"青春飞扬"的核心主题是"自信自强让青春飞扬",第二框"青春有格"的核心主题是"谨守青春戒律"。

核心主题的依据

一、课程依据

从初中道德与法治课程设计依据来看,本课核心主题的教育教学内容有如下依据:一是依据党的十九大报告中的"培育自尊自信、理性平和、积极向上的社会心态""广大青年要坚定理想信念,志存高远……在实现中国梦的生动实践中放飞青春梦想""推进……全民守法""深入实施公民道德建设工程""强化社会责任意识、规则意识"等相关要求。二是依据《中国学生发展核心素养》中的相关要求,包括"自信自爱""有自制力……具有抗挫折能力""能明辨是非,具有规则与法治意识"等。三是依据《课标》的相关内容,包括"养成自信自立的生活态度,体会自强不息的意义""自尊、自爱,不做有损人格的事""能够分辨是非善恶,学会在比较复杂的社会生活中作出正确选择"等。四是依据《大纲》指出的初中阶段的法治教育目标,即"进一步强化守法意识……初步具备运用法律知识辨别是非的能力,初步具备依法维护自身合法权益、参与社会生活的能力"。综合以上来看,培养学生自信自强的品质,教育学生谨守青春戒律,是初中道德与法治学科教育教学的重要内容和任务,是本课教学的核心主题。

二、教材依据

从新旧教材内容对比来看,旧教材在七年级下册第二课《扬起自信的风帆》用三框阐述自信的内涵、意义及方法,在第四课《人生当自强》用两框阐述自强的意义及方法,但没有专门针对青春的规则和底线教育。新教材将自信自强、规则意识、底线意识等内容统整到本课,作为青春期教育中精神成长的一部分。在第一框"青春飞扬"的第二目"飞翔的力量"中阐述了青春的探索需要自信自强,在内容上对自信自强进行高度提炼,着重阐明自信自强与青春飞扬间的联系；在第二框"青春有格"第一目"行己有耻"和第二目"止于至善"中以知廉耻、懂荣辱，有所为、有所不为作为主要教学内容，帮助青少年谨守青春戒律。一方面是更加凝练、指向青春的自信自强的内容，另一方面是几乎全新的谨守青春戒律的内容，都对广大教师提出了新的要求和挑战。

从七年级乃至整个初中阶段道德与法治课程内容设计来看，学生在青春时光乃至一生中，将面临各种各样的问题与挑战、诱惑与选择，都需要凭借自信自强的青春态度积极地面对，都需要凭借明确笃定的规则意识做出判断，为自己创设一个积极健康的精神世界。同时，现在的青少年能否自信自强，能否谨守青春戒律，将决定未来的中华民族的精神面貌、文明程度和在世界民族之林的地位。因此，培养学生自信自强的优秀品质，教育学生谨守青春戒律，关系到青少年的健康成长，也关系到民族和国家的未来。

三、学情依据

从社会来看，还存在与自信自强、守法合规相背离的思想及言行：消极的自我认识，过高的自我评价，不思进取的思想，丢失的羞耻之心与底线意识，淡薄的道德观念与法治意识……一些错误言行与认知偏差通过网络、影视等各种途径进行传播。在家庭中，有的家长对孩子过分赏识，有的要求过高，有的过度溺爱，有的存在不当示范。这些社会环境与家庭教育的不利因素，都可能对学生造成不良影响，使其对自己缺乏正确认知、缺乏自立自强的品质，是非感、善恶感、荣辱感、义利观等模糊不清，甚至缺乏一些基本的规则和底线，需要正确引导。

从学生实际来看，初中时期的青少年正处于人格成长和个人意识觉醒的关键期，渴望有更多机会证明自己，但还没有建立起独立的个人评价系统和稳定的自我价值体系。他们在自我证明的过程中遭遇困难、失败或成功时，容易对自己产生不客观的认识，失去持续进取的动力；在面对多元的价值观念或复杂的情境选择时，可能出现价值观混乱、是非模糊、善恶不明、荣辱错位的问题，甚至可能在情绪冲动下做出"出格"的事情。因此，引导学生培养自信自强的品质以助力青春成长，增强规则和底线意识，形成正确的荣辱观，谨守青春戒律，应是本课教学中的核心主题。

核心主题的育德价值

通过第一框核心主题的教学，让学生认识到青春的探索需要自信自强，理解自信自强的意义，掌握自信自强的方法，增强自信自强的品质；让学生以健康的心理品质更好地与他人交往，构建和谐的人际关系；让学生积极主动地融入社会，承担建设祖国的重任。

通过第二框核心主题的教学，让学生珍惜青春的美好，反思并规范自己的言行，自觉做到"行己有耻";让学生学会正确地与他人交往,在自我调整、自我省察中建立和谐的人际关系,助力各自的成长;让学生树立底线意识,预防不良行为,不做违背道德与法律的事情,增强社会责任感,用正确的姿态投身社会实践和国家建设。

核心主题的建构与实施

核心主题一 自信自强让青春飞扬

一、内容建构

1. 教材内容简介

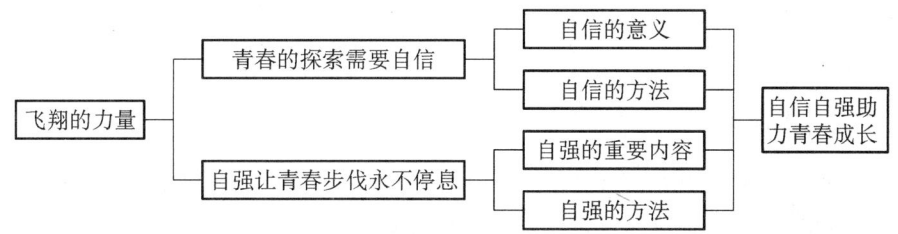

本核心主题相关的内容主要在本课第一框第二目。围绕"自信自强让青春飞扬",教材主要分为两个部分:一是青春的探索需要自信,阐述了自信对青春的意义和获得自信的方法;二是自强让青春奋进的步伐永不停息,阐述了自强的重要内容和方法。最后再次强调自信、自强对青春的重要意义。

以上内容构成了"自信自强让青春飞扬"的文本,内容凝练,逻辑清晰。从"自信自强让青春飞扬"这一核心主题的目的和追求来看,具体教育教学应努力帮助学生在面对青春成长中的困难和挑战时,学会树立自信,以坚强的意志、进取的精神和不懈的坚持,克服困难,获得成长的正能量。这就需要发掘文本内容所蕴含的教育价值,在课堂教学中着力让学生认同和内化这一教育价值,这样才能逐步培养学生的自信自强的品质。

教师在开展自信自强的教育教学时,要紧密结合学生的生活经验,着力解决学生生活中遇到的此类烦恼。唯有如此,教学才真正有益于学生成长,才是具体可感的"真"教学。"思想品德是人在对生活的认识、体验和实践过程中逐步形成的",所以教师在开展这部分内容的教学时,要帮助学生体验自信自强及其重要意义,掌握自信自强的具体方法,并尝试着将这些方法运用于实际生活中,努力做一个自信自强的人,助力青春成长,在此过程中,逐步让自信自强纳入个体人格系统。

2. 教学要点及其确定理由

"飞翔的力量"分别从两个方面阐述了自信和自强对青春成长的重要意义,并对自信、自强的形成方法做了相应的介绍。在具体教学中，为了更符合学科逻辑和学生的认识规律，我们对上述文本进行整合，提炼出本核心主题的相关教学要点。

要点1：青春的探索需要自信

这一要点主要整合和扩展了本课第一框第二目的第一段、第二段和第四段部分正文以及"探究与分享：自信者的风采"的内容，主要是让学生懂得自信的含义、意义以及获得自信的方法。其中自信的含义在教材中没有明确阐述，但准确理解自信的内涵，是学生进一步理解自信的意义、掌握树立自信的方法的认知前提，因此有必要通过相应的活动，如"探究与分享：自信者的风采"，引导学生归纳出自信的含义。

这部分的教学应突出两点：自信的意义和树立自信的方法。突出第一点是为了让学生明确自信与青春成长之间的联系，有助于学生从个体生命成长的角度理解和认同自信，这也为学生学习树立自信的方法增强学习动力。突出第二点是为了让学生掌握树立自信的途径和方法，在实践中不断培养自信的品质，努力做自信少年。

要点2：青春的奋进需要自强

这一要点主要整合和扩展了本课第一框第二目的第三段、第四段部分正文的内容，主要是让学生知晓自强的内涵、意义以及如何实现自强。这需要适当调整教材内容的顺序，使学生明确：在学习和生活中，不断克服自己的弱点，战胜自己、超越自己，是自强的重要内容和主要表现；自强，让青春奋进的步伐永不停息，这是自强的重要意义；坚强的意志、进取的精神和不懈的坚持，是自强的途径和方法。

这部分的教学应突出三点：自强的内涵、意义以及方法。突出第一点是为了帮助学生准确理解自强的内涵，澄清"英雄伟人才能自强、残疾人才要自强"等错误认识，帮助学生形成普通人在日常生活中也可以自强的观念。突出第二点是为了帮助学生充分认识自强与青春成长之间的联系，帮助学生从个体生命成长的角度理解和认同自强。第一、二两点为后面学生掌握自强的方法奠定认知基础、积累实践动力。突出第三点是为了让学生掌握自强的方法和智慧，在实践中不断培养自强的品质。

二、教学实施

在教学实施上，道德与法治课程教育教学必须立足于现实生活，以生活逻辑统合知识逻辑。生活是意义生成之源，我们的教学不仅要从学生生活出发，而且要致力于回到学生生活中去，以生活世界为其归宿，使学生通过课程、教材、教学所学得的一切回到他们自己的生活中去，用以解决他们生活中的问题，提升他们对生活的认识、态度、价值观等。因此，本核心主题在具体教学时，要避免选用过于"高大上"、远离学生的素材，应努力从学生的生活中寻找教学资源，通过调动学生的经验，鼓励学生思考，组织学生探究，帮助学生体验和感悟自信自强,理解自信自强对青春成长的重要意义,激发学生增强自信、培养自强品质的强烈愿望,鼓励学生在生活中养成自信自强的品质。依据以上思考,可以通过以下教学活动进行这一核心主题的教学。

1. 开展"扬起自信的风帆"的教学活动

（对应要点1:青春的探索需要自信）

教学活动	设计理由
（1）教师展示雄鹰图片,请学生思考:如果你是一只振翅欲飞的雄鹰,需要怎样的羽翼才能独立飞翔? 教师小结:自尊、自信、自立、自强……这些美好的品质有助于青春成长。	帮助学生从宏观上认识青春的成长需要哪些美好的品质,再聚焦到本核心主题——"自信自强让青春飞扬"。
（2）开展"自信之星"评选活动:请学生在班级中、校园内推荐一位"自信之星",并说出推荐理由。 教师小结:自信是自我肯定与相信,是对自身力量的确信。	通过挖掘学生资源,使学生感受到何为真正的自信,为学生认识自信的意义、学习增强自信的方法奠定认知基础。
（3）请学生思考和分享:你对自己哪方面的能力最自信呢?这样的自信对你有什么影响? 教师小结:青春的探索需要自信。自信的人有勇气交往与表达,有信心尝试与坚持,能展现优势,能获得更多的实践机会和创造可能。	调动学生自身经历与体验,使学生真切体会到自信对个人成长和青春探索的积极意义,从而激发增强自信的热情与积极性。
（4）请学生思考和分享:你是一开始就对这方面有自信吗?如果不是,你是怎样增强对这方面的信心的呢? 教师小结:我们在不断克服困难、战胜自我、获取成功体验的过程中,逐步树立自信。自强可以让我们更自信。	通过调动学生自身的真实经历,帮助学生梳理、归纳树立自信的方法和途径,进行具体的行动指导,增强学生践行的信心。

2. 开展"凝聚自强的力量"的教学活动

（对应要点2:青春的奋进需要自强）

教学活动	设计理由
（1）"自强榜样"大搜寻:请从你身边的同学、朋友、家人、亲戚中寻找一位"自强榜样",说说他（她）的自强表现。从"自强榜样"的身上,你感受到自强可以带给人哪些力量? 教师小结:不断克服自己的弱点,战胜自己、超越自己,是自强的重要内容。青春的奋进需要自强。	挖掘学生身边的资源,帮助学生发现自强的美好品质就在身边,明确自强的重要内容,同时切实体验到青春的奋进、生命的成长需要自强,激发学生培养自强品质的美好愿望。

教学活动	设计理由
（2）"我的青春我做主"活动：青春，就是在充满泥泞的道路上背着信仰追逐梦想，摔倒了，爬起来，再摔倒了，再爬起来…… 示例：我对自己的_____不满意，或者想改掉自己的_____（一个缺点），我打算这样做_____，我估计自己可能会遇到_____（困难或问题），我可以这样做_____。 请学生仿照以上示例，结合自身实际，填写相关内容，并与小组其他成员分享交流，也可邀请小组其他成员为自己的问题的解决提出建议。 教师小结：自强，要靠坚强的意志、进取的精神和不懈的坚持。	引导学生将自强精神落实在自己的生活中，在与同伴分享彼此克服弱点、改变缺点、战胜自我的规划与智慧中，增强践行自强的能力和信心。

核心主题二 谨守青春戒律

一、内容建构

1. 教材内容简介

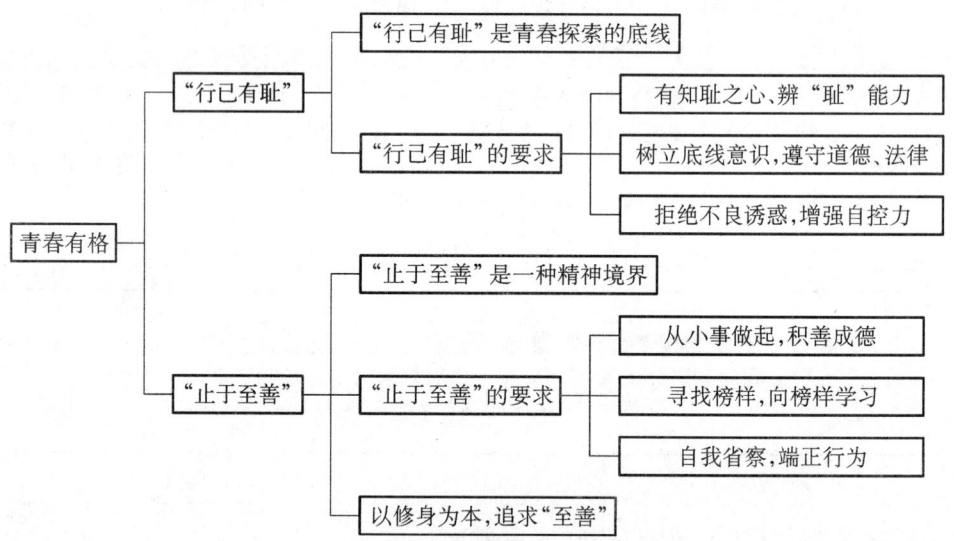

本核心主题相关的内容主要在本课第二框。从教材内容来看，"青春有格"主要分为两部分：一是"行己有耻"，阐明青春并不意味着肆意放纵，要做到"行己有耻"，同时具体阐述了"行己有耻"的要求；二是"止于至善"，提出我们应有对"至善"的追求，并具体阐述了如何做到"止于至善"，提出以修身为本，追求"至善"，是对青春最好的证明。

以上内容从两个维度展开阐述,内容丰富,逻辑清晰。"行己有耻"是青春探索和人之为人要遵循的基本底线,而"止于至善"则是更高的精神境界。从"谨守青春戒律"这一核心主题来看,更多地体现为遵守基本的规则和界限,有所为,有所不为,因此第一目"行己有耻"的内容和第二目中的"自我省察,端正行为"等内容更符合本核心主题的教育要求。

要使学生认同和谨守青春戒律,必须帮助学生准确理解青春戒律的内涵、意义和要求,只有这样才能更好地引导他们遵守青春戒律。缺乏对核心主题的明确的、有针对性的把握,容易使学生的认知流于表面,从而缺乏行动力。因此要引导学生准确理解戒律即行为的底线和界限,任何时候都不能逾越,这对自己、他人、国家和社会都有着重要意义;同时要明确谨守青春戒律的具体要求和做法,提高学生践行的意愿与能力。

2. 教学要点及其确定理由

通过前面的分析,为了突出本核心主题的内容,使之更符合学科逻辑和学生认知规律,我们对上述文本做了相应的调整和扩展,整合提炼出本核心主题的相关教学要点。

要点1:谨守青春戒律的内涵

这一要点主要整合了本课第二框第一目第一段正文的内容,主要是让学生知晓,青春的活力、成长的渴望,使其乐于实践、敢于尝试,但青春并不意味着肆意放纵,而是有基本规则要遵守,要做到"行己有耻"。这一观念的建立,是学生能在日后谨守青春戒律的前提,也是对中国优秀传统文化的一种传承。

这部分的教学应突出"行己有耻"的含义,即一个人行事,凡自己认为可耻的就不去做。突出这一点是为了强化学生的荣辱观,将"可耻"的事作为判断青春戒律的一个重要标准,为之后做到"行己有耻"、谨守青春戒律奠定认知基础。

要点2:谨守青春戒律的意义

这一要点是对教材内容的补充和增加,旨在让学生深入了解谨守青春戒律对国家、社会发展,对他人和对自身成长的导向和引领作用。学生只有清晰把握谨守青春戒律的重要价值,才能主动认同和内化。青少年德育工作中,只有概念的阐释是远远不够的,还需要沿着概念内涵去探寻其意义,让学生知其然,更知其所以然。因此,既要用我们的教育帮助学生了解什么是谨守青春戒律,还要帮助学生深刻理解为什么要谨守青春戒律,要用其重大、深远的意义引导学生将其内化于心、外化于行。

这部分的教学应突出谨守青春戒律对自己、对他人、对国家与社会三个方面的重要意义。突出谨守青春戒律对自己的意义,是为了帮助学生从认知自身开始,认识到规则、底线的重要性,督促自己规范言行,提升自身的道德修养。突出谨守青春戒律对他人的意义,是为了引导学生关注同伴、师长等,拓宽成长的视野,从尊重他人的角度,约束自我,从而建立和谐的人际关系,也为周围的人提升生活幸福感。突出谨守青春戒律对国家与社会的意义,是本部分教学内容的升华,给青少年学生以更高境界的引领,努力增强青少年的社会责任感和使命感。

要点3:谨守青春戒律的要求

这一要点主要是对本课第二框第一目第二、三、四段正文内容和第二目第四段正文内容的整合。主要是让学生知道谨守青春戒律最终要落实到行动中,要在生活中去落实,才能真正让青春戒律为青少年的健康成长助力。这一要点旨在引导学生积极践行,因为只有在践行中才能进一步内化对青春戒律的认同,只有在践行中才能真正发挥本核心主题的教育价值。这一要点是本核心主题的深化环节,也是教育青少年谨守青春戒律的重要归宿。

这部分的教学应突出"羞恶之心""底线意识""自控力""自我省察"四个关键教学点。突出第一点主要是让学生在"知耻之心"的引导下,判断是非善恶,构建内心法庭,从而对自己的行为进行调整和矫正,使之合乎戒律的要求。突出第二点主要是引导学生发现生活中的规则,树立底线意识,自觉遵守道德与法律,明确青春最基本的戒律。突出第三点主要是让学生认识到"自控"对谨守青春戒律的重要意义,了解增强自控力的具体方法,提高遵守戒律的能力。突出第四点主要是渗透中国传统文化中"慎独"的思想与方法,引导学生通过自省和慎独,端正自己的行为,谨守青春戒律。

二、教学实施

在本核心主题的教学实施上,应当体现自主性,坚持以生为本,充分尊重学生的主体地位,让学生在全情参与、独立思考、合作探究、相互碰撞中,感受谨守戒律的重要意义与具体要求,激发践行的愿望和自觉性;应当体现生活性,教学要贴近学生的生活,围绕学生在生活实际中存在的问题,用青少年喜闻乐见的形式组织教学,从而形成满足学生道德发展需要、易于接受的教育内容,使学生理解、认同"谨守青春戒律"的教育价值;应当体现开放性,在开放的活动中,让学生自由展示他们的情感、体验和观点,使他们在开放的活动过程中加深体验,生成新的生活经验,从而学会自主、学会选择、学会谨守青春戒律。依据以上思考,可以通过以下教学活动进行这一核心主题的教学。

第三课　青春的证明

1. 开展"解读谨守青春戒律的内涵"的教学活动

（对应要点1：谨守青春戒律的内涵）

教学活动	设计理由
（1）课前要求学生搜集古今中外关于"廉耻""羞耻心""底线"等内容的名言或典故，制作成资料卡。 课堂上开展名言或故事分享会活动，提炼古今中外人士对知廉耻、懂荣辱所秉持的态度的共通之处。 教师归纳：谨守青春戒律体现为遵守基本的规则，明确界限，知廉耻、懂荣辱，不触碰行为底线。	通过学生的搜集与分享，归纳出谨守青春戒律的内涵，明确"行己有耻"是青春的底线；同时，也使学生感到"知廉耻、懂荣辱"是从古至今，从中华文化到西方文化始终不变的价值认同。
（2）请学生课后将课堂交流的成果补充到资料卡上，并把资料卡张贴到班级宣传栏中。	既有利于学生对谨守青春戒律的内涵有更深刻的理解和把握，又可以丰富班级文化生活，为德育工作助力。

2. 开展"体会谨守青春戒律的价值"的教学活动

（对应要点2：谨守青春戒律的意义）

教学活动	设计理由
（1）展示情景剧：丁丁和明明约定要在期末考试中比个高低。丁丁数学考了99分，他得意地嘲笑数学成绩一向很好、但这次只考了95分的明明。明明很不服气，他知道丁丁的成绩是靠作弊得来的。 教师提问： ① 丁丁和明明到底谁赢了这场"比赛"？为什么？ ② 得意的丁丁如果一直无法认识到自己的错误，会带来哪些危害？ （2）引导学生结合情景剧中丁丁的行为表现，从无视规则对个人成长、集体建设、国家和社会发展等的影响的角度续写故事。 教师小结：谨守青春戒律对青少年自身、对他人、对集体、对国家和社会有着重要意义。	通过情景剧讨论和故事续写，激发学生参与的热情，锻炼学生多角度思考的能力，同时也让学生感受和把握谨守青春戒律的重要价值，激发学生谨守青春戒律的愿望，为以后的自觉践行奠定认知和情感基础。
（3）教师展示材料：2018年度十大反腐热词之一——"蜗牛奖"。"蜗牛奖"，向政府不作为、慢作为问题"亮剑"。 请学生思考："蜗牛奖"的设置有何意义？	引导学生从国家和社会发展的高度，理解"行己有耻"、遵守规则的重要价值，激发学生遵守规则的自觉性。

3. 开展"落实谨守青春戒律的行动"的教学活动

(对应要点3:谨守青春戒律的要求)

教学活动	设计理由
(1)教师展示素材:"不一样"的青春。 ▲这款手机游戏太好玩了,小明不知不觉玩到凌晨。 ▲小磊昨晚没有复习,课堂上老师检查背诵,他一句也背不出。 ▲小林在几个同学怂恿下,与他们"合作",偷拿校外小店的饮料和零食。 (2)教师提问:你是否也有类似的经历?当你也想玩手机里的游戏时,当你被检查出不会背诵时,当有同学怂恿你做不正确的事时……你会怎么做?请选择一种情况说一说。 教师小结:谨守青春戒律的要求,即有知耻之心,树立底线意识,增强自控力,养成自我省察的习惯等。	通过行为辨析与联系自身,使学生掌握谨守青春戒律的要求和方法,给予学生具体的行动指导,激发学生践行的热情与信心,让学生在谨守青春戒律中体味青春的美好。

第四课　揭开情绪的面纱

本课第一框"青春的情绪"的核心主题是"正确认识青春期情绪波动",第二框"情绪的管理"的核心主题是"学会调节情绪"。

核心主题的依据

一、课程依据

从初中道德与法治课程设计依据来看,本课核心主题的教育教学内容有如下依据:一是依据党的十九大学习和贯彻新时代中国特色社会主义思想的相关重要要求。二是依据十九大报告中"深入实施公民道德建设工程,推进社会公德、职业道德、家庭美德、个人品德建设"的要求。三是依据《课标》中"学会调控自己的情绪,能够自我调适、自我控制""理解情绪的多样性、复杂性"的规定。综合以上来看,正确认识青春期情绪波动并学会调节情绪是道德与法治课程设计的重要组成部分,也是初中道德与法治学科公民素质教育的重要内容和任务,是本课教育教学的核心主题。

二、教材依据

从新旧教材内容对比来看,旧教材七年级上册第六课《做情绪的主人》第一框"丰富多样的情绪"由"情绪万花筒"和"情绪与生活"两目内容组成。其逻辑是:从情绪万花筒即什么是情绪、情绪的种类、人类有多种多样的情绪谈起,接着讨论情绪与生活的关系,说明不同情绪对个人行为和生活有不同的作用。第二框"善于调控情绪"由"情绪是可以调控的""排解不良情绪""喜怒哀乐,不忘关心他人"三目内容组成,表明情绪与个人的态度是紧密相连的,人们可以通过改变自己的态度来控制自己的情绪。相比较旧教材,新教材用一课的篇幅,详细介绍了什么是情绪,情绪管理对个人、对社会、对国家的作用以及如何调控情绪。尤其是激发正面的情绪感受、正确对待负面情绪及学会情绪调节等内容,让学生关注青春期的情绪,关注当下的情绪波动,是学生学习的重中之重,也是道德与法治学科教师教学中需要注意的地方。由于篇幅有限,教材中关于青春期情绪波动的理论讲解与具体做法的内容较少,这一部分还需要教师深入思考,精准理解,延伸教材。这些内容与要求在学生的学习和教师的教学中都存在一定的难度,这也是这一教学内容成为核心主题的重要原因之一。

从整个初中阶段道德与法治课程内容设计来看,情绪对青少年健康成长具有重要影响,本课是对七年级下册第一单元热爱青春、珍惜青春和把握青春等内容的延续,也是对后续过好集体生活、社会生活等内容的铺垫。这些内容不仅是课程标准的要求,也是对学生的德育教育的重要内容,其独特作用不言而喻。

三、学情依据

从社会来看,随着现代科技的发展,大众传媒的影响深入社会生活的各个层面,信息传播速度加快,影响着人们精神价值的构建;大众传媒对青少年的心理和行为的影响也越来越突出,给未成年人的成长环境带来重要变化。各种思想和文化影响着青少年的价值观和人生观。社会上因情绪管理不当而造成的负面新闻频发,也对学生有着不同程度的影响。因此,青少年正处在价值观形成的关键时期,对其加强道德教育刻不容缓。

从学生实际来看,他们的心理发展还较为不成熟,他们的情绪容易受他人影响,冲动、多变、强烈、不协调,两极性明显,再加上学习压力,学生容易出现情绪困扰。如何正确地认识自己的青春期情绪,并且驾驭好自己的青春期情绪,是学生的现有困惑。

核心主题的育德价值

通过第一框核心主题的教学,让学生认同和内化青春期情绪的相关知识点,体验青春期情绪的特点,努力养成良好的道德品质,进而更好地规范和约束自己的行为;让学生理解合理表达自己的情绪对他人和社会的影响;让学生正确对待身边的各类情绪,加强构建社会主义和谐社会的责任意识。

通过第二框核心主题的教学,让学生学会调节情绪,保持积极乐观的心态,合理表达自己的情绪,学会善解人意,尊重他人,安慰他人;让学生学会正确对待各类情绪,并理性分析,善于激发正面的情绪,传递社会正能量,促进社会和谐发展。

核心主题的建构与实施

核心主题一 正确认识青春期情绪波动

一、内容建构

1. 教材内容简介

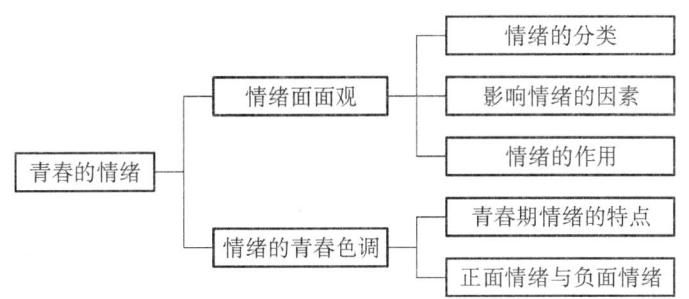

从教材内容来看,一是介绍情绪的基本知识点,即什么是情绪,情绪的影响因素,情绪的作用;二是挖掘青春期情绪的基本特点,让学生感受青春期情绪的特点,正确对待可能产生的正面情绪与负面情绪。以上内容构成"青春的情绪"的文本,内容宽度大,外延广。从核心主题的具体教学来看,应努力促进学生对正确认识青春期情绪波动这一观点的认同和内化,并引导学生主动剖析自己的青春期情绪,这就需要发掘文本内容所蕴含的教育价值。课堂教学应着力让学生认同和内化这一教育价值,这样才能使其将正确认识青春期情绪波动这一道德要求内化为规范自己言行的准则之一。

2. 教学要点及其确定理由

要点1:为什么需要认识青春期的情绪?

这一要点来自本课第一框第一目的内容,主要是让学生知道我们为什么要对情绪的相关知识进行学习。情绪的作用非常神奇,影响着我们的观念和行动。它可以激励我们克服困难、努力向上,也可能让我们因为某个小小的挫折而止步不前。让学生清楚为什么需要正确认识青春期的情绪是使其认同和内化情绪相关知识的起点和必不可少的环节,也有利于澄清学生思想上关于情绪的误区,这是做到情绪管理的重要思想基础。

这部分的教学应突出情绪对个人、对社会进步的意义。突出这一点是为了让学生明确正确认识自己的情绪是对自身的道德要求之一,不仅关系到个人发展,而且关系到维系良好人际关系,使社会生活和谐融洽,从而促进社会进步,提高社会文明程度。学生只有深刻理解为什么需要正确认识青春期的情绪,才能从内心深处对情绪的相关知识点形成认同和内化,进而指导自己的行为。

要点2:剖析学生当下的青春期情绪波动的表现

这一要点源于本课第一框第二目的内容,主要是让学生知晓自己在生活中的情绪波动的表现。青春期情绪具有一些共性,但每个学生的表现会有所不同。这一要点旨在引导学生在实际生活中发现自己的情绪波动的表现,更好地剖析自己的情绪表现,在践行中进一步内化对于情绪的认识。这一要点是引导学生内化情绪相关知识的重要节点。

这部分的教学应突出真实性、实践性。这一要点主要是帮助学生发现并剖析在不同情境中自己的情绪特点,树立践行信心,从而为情绪相关知识的内化打下基础。

要点3:如何对待自己青春期的情绪波动?

这一要点主要是对本课第一框内容的扩展,主要是让学生知道:情绪的特点是丰富多样的;每个学生的青春期的情绪会有相同之处,也会存在不同之处;青春期的情绪处于不断的波动中;如何对待自己青春期的情绪是极其重要的。这一要点旨在引导学生理性地践行情绪知识。通过对复杂情境的辨析,教师在适时引导的过程中传递人生智慧,指导学生的具体生活,让学生能够将所学用于指导自己的行为,提高自己的道德素养。这一要点是本核心主题的深化环节,也是引导学生在生活中正确对待青春期情绪波动的重要环节。

这部分的教学应突出对正面情绪感受和负面情绪感受的学习,让学生明确情绪是复杂的,要增强自己的控制能力,在复杂的情境中做出正确的情绪选择,能够有智慧地对待自己的青春期情绪表现。这一要点不仅有助于澄清学生的一些思想误区,而且也是对学生具体生活和实际行动的指导。教师在引导学生的过程中,帮助学生健康成长。

二、教学实施

在具体的教学实施上,教学活动应尊重学生学习发展规律,体现青少年文化特点,关怀学生精神成长需要。教师要用初中生喜闻乐见的方式组织课程内容,实施教学。因此教学必须贴近学生生活,充分挖掘各种课程资源,如历史上、社会上的各种情绪案例,并尽可能发掘学生身边的真实案例;必须引导学生自我探究、合作分析,努力实现生动活泼的课堂、有滋有味的课堂、意味深长的课堂这三种课堂样态的互融,提高课程内在的吸引力,提升德育课堂的教育教学实效。依据以上思考,可以通过以下教学活动进行这一核心主题的教学。

第四课　揭开情绪的面纱

1. 开展"以生活为例,走近情绪"的教学活动

　　　　（对应要点1:为什么需要认识青春期的情绪?）

教学活动	设计理由
（1）教师呈现生活中粗心医生弄错两位病人的诊断报告的事例,让学生思考病人拿到报告后会有何反应,并对该生活事例进行续写。	将社会生活中的事例作为背景材料,让学生在情境中通过续写对情绪的作用进行思考和想象,充分挖掘学生对知识点的兴趣和期待。
（2）教师介绍医生弄错两位病人的诊断报告所带来的变化——原本没有癌症的病人因为错误的诊断报告而极度伤心、痛苦、焦虑,情绪极不稳定,没过多久竟真的患上了病。而那位原本患有癌症的病人,由于心情愉悦,病情有所好转。	通过医生弄错两位病人的诊断报告的事例,让学生在事件的发展过程中感受到情绪会影响人们的行为和生活。
（3）教师介绍与情绪相关的历史典故"哀兵必胜""诸葛亮空城计",让学生思考战争结局改写的原因。	基于学生的"已知"——情绪会影响人们的行为和生活,帮助学生进一步感悟到情绪对社会、对国家的作用,为接下来的学习奠定情感价值观基础。

2. 开展"绘制我的情绪日记"的教学活动

　　　　（对应要点2:剖析学生当下的青春期情绪波动的表现）

教学活动	设计理由
（1）教师展示基于大数据搜索的青春期情绪图,让学生观察分析图片上青春期学生的情绪波动表现,并让学生进行适当概括和总结。	理论教学以大数据为基础,紧密联系学生生活实际,青少年情绪波动的表现一目了然。
（2）进行情境个性化教学,邀请学生制作自己的情绪日记,回忆和记录当下自己的情绪表现,并与大数据中的青春期情绪表现进行对照。	学生个体会存在差异,在每个学生具体的生活情境中让学生发现自己的情绪波动特点,更能凸显学生的主体地位,帮助学生内化青春期的情绪特点的相关知识,从而找出自己个性化的情绪特点。

3. 开展"分享情绪日记,伙伴帮帮帮"的教学活动

　　　　（对应要点3:如何对待自己青春期的情绪波动?）

教学活动	设计理由
（1）分享情绪日记,提出困惑。 教师指导学生通过记录一段时间的情绪日记,发现自己的青春期情绪波动特点,并对自己的情绪日记所记录的现象提出自己的困惑。	通过学生自己的困惑,反映学生自己的真问题:我的青春期情绪波动特点是否符合教材内容?我有没有自己更想知道的内容?每个学生提出的困惑有所不同,这也能够让学生进一步深化对于如何对待自己的情绪的理解。

续表

教学活动	设计理由
（2）伙伴帮帮帮。 教师在学生提出困惑的基础上，请其他同学予以解答，再请提出困惑的学生谈谈感受。	学生提出困惑是一个自省的过程，而同学的帮助，则是从别人的角度对其进行审视，也更有助于学生从多个角度发掘和尝试解决自己所存在的问题。在学生已有认知的基础上，对学生认知误区和错误观点的澄清，有助于学生树立正确的观念，提升思维能力，从而在今后的生活中能更好地对待自己青春期的情绪。

核心主题二　学会调节情绪

一、内容建构

1. 教材内容简介

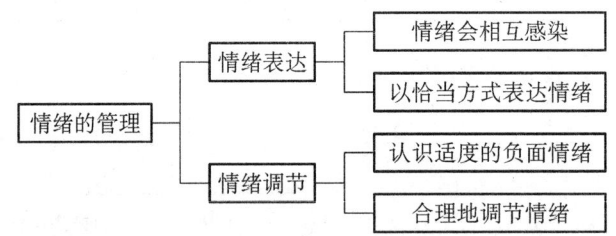

从教材内容来看，本课第二框主要包括两部分：一是介绍情绪表达的重要性以及情绪表达的方式方法，二是讲解关注身边的负面情绪及调节情绪的方式方法。以上内容构成本核心主题的文本，符合"实践—理论—更深层次实践"的知识逻辑。从这一核心主题的具体教学来看，应该引导学生充分认识到调节情绪的重要性，并且能够结合自身的实践经验，对自身的不同情绪进行合理有效的调节。在具体做法方面，教材详细介绍了如何恰当地表达情绪、认识适度的负面情绪以及调节情绪。在处理文本知识和教材案例时，教师应当注意适当调动学生积极性，以激趣为背景，辅以理论知识和方式方法的介绍，并鼓励学生尝试将其运用于自身的生活实践。

2. 教学要点及其确定理由

要点1：为什么需要关心情绪的表达？

这一要点来自本课第二框第一目的内容，主要是让学生知道我们为什么要关注情绪的表达，同时为学习如何调节情绪做理论铺垫。人与人之间的情绪会相互感染。情绪的表达不仅与自己的身心健康有关，而且关乎人际交往，也会影响到社会与国家的发展。在人际交往中，我们需要了解自己的情绪，接受它们，并学会以恰当的方式表达出来。让学生清楚为什么需要认识和关心情绪表达是使其认同和内化情绪管理相关知识的起点和必不可少的环节，也有利于澄清学生情绪表达方面的思想误区，这是做到调节情绪的重要思想基础。

这部分的教学应突出情绪表达对个人、对社会、对国家进步的意义。突出这一点是为了让学生明确情绪表达不仅关系到个人发展，而且也关系到维系良好人际关系，使社会生活和谐融洽，从而促进社会进步，提高社会文明程度。

要点2：走近学生的负面情绪

这一要点内容源于本课第二框第二目的内容，主要是让学生知晓在生活中负面情绪的表现及作用。青春期的学生情绪表现中存在负面情绪。发现自己的负面情绪并进一步分析负面情绪、探寻负面情绪对我们的意义，对学生的健康成长具有重要作用。这一要点是引导学生内化负面情绪相关知识的重要节点。

这部分的教学应突出真实性、实践性。这一要点主要是帮助学生发现在不同情境中自己的负面情绪并予以剖析，为后续的学习情绪调节相关知识打下基础。

要点3：调节情绪的好方法

这一要点主要是对本课第二框内容的扩展，主要是让学生知道调节情绪的好方法。每个人都有调节情绪的方法，如改变认知评价、转移注意力、合理宣泄和放松训练等。除此之外，学生也会有自己的小妙招，或者学生在运用调节方法后仍然觉得存在难以调节的情绪。这一要点旨在引导学生理智地调节情绪，教师聚焦学生的实践，借助心理学相关理论研究指导学生的具体生活，让学生能够将所学用于指导自己的行为。这一要点是本核心主题的深化环节，也是引导学生在生活中进行情绪管理的重要环节。

这部分的教学应突出怎么做。学生学习情绪理论的最终目的，是要增强自己的行动能力，采取正确的情绪调节行动，理智地对待遇到的青春期情绪困惑。这一要点不仅有助于澄清学生的一些思想误区，而且也是对学生具体生活和实际行动的指导。

二、教学实施

在具体的教学实施上，教学活动要围绕情绪调节的重要性、方式方法等内容展开。教师要充分挖掘各种关于情绪调节的课程资源，提高课程内在的吸引力，努力让学生对教学内容产生兴趣，做到善于观察自身的情绪；同时，要利用学生的质疑和相互间的帮助，突破调节情绪的教学难点。依据以上思考，可以通过以下教学活动进行这一核心主题的教学。

1. 开展"情绪镜子游戏"的教学活动

（对应要点1：为什么需要关心情绪的表达？）

教学活动	设计理由
（1）教师呈现生活中的常见情绪词汇，由学生两人一组开展活动，一人用表情与动作表演，另一人同样用表情与动作模仿，并猜出所表演词汇。	用游戏激趣导入，让学生在游戏中感受情绪表达的趣味，充分挖掘学生对于知识点的兴趣和期待。
（2）教师介绍美国心理学家保罗·埃克曼的研究理论。 保罗·埃克曼在研究人类情绪变化时曾做过一个实验。他与同事做出六种面部表情，分别表示六种特别的情绪。当表演者表现出某种情绪时，观看的志愿者也会不由自主地出现同样的情绪感受。	通过心理学研究理论，让学生理解游戏的意图，明白情绪会传染是有理论依据的。
（3）教师介绍与情绪表达相关的新闻——"萨德入韩"并引导学生分析如何表达情绪。	基于学生的"已知"——情绪会传染，帮助学生进一步感悟到情绪表达对社会、对国家的影响，认识到我们应找到恰当的方式表达情绪。

2. 开展"追踪负面情绪"的教学活动

（对应要点2：走近学生的负面情绪）

教学活动	设计理由
（1）教师布置负面情绪追踪项目的具体任务，让学生追踪自己一个月以来的负面情绪表现。	紧密联系学生生活实际，抓住学生的不同与共同之处，让学生先在日常生活中感受负面情绪。
（2）教师邀请学生根据自己负面情绪的记录，就负面情绪进行辩论。	面对负面情绪，每个学生都有自己真实的经历，在经历的全过程中，自然会对负面情绪产生一定的认识。这样的知识来自于学生自己的实践认识与探索，更易被认同和内化。

3. 开展"情绪小课堂"的教学活动

（对应要点3：调节情绪的好方法）

教学活动	设计理由
（1）教师指导学生进行小组探究：改变认知评价、转移注意、合理宣泄和放松训练。	通过小组探究，让学生深入理解教材中改变认知评价、转移注意、合理宣泄和放松训练的方法。
（2）学生分小组进行相关案例汇报，可以是身边的例子，也可以是相关的新闻案例。	小组汇报的形式，有利于学生寻找日常生活中经常遇到的情境，这比起教师举的例子会更好地适用于青春期学生的情绪调节。
（3）情绪妙招再探索。学生可以交流自己的情绪妙招或者提出对书上妙招的再思考。	帮助学生树立正确的观念，提升思维能力，在今后的生活中更好地对待自己青春期的情绪。

第五课　品出情感的韵味

本课第一框"我们的情感世界"的核心主题是"走进情感世界",第二框"在品味情感中成长"的核心主题是"塑造积极情感"。

核心主题的依据

一、课程依据

从初中道德与法治课程设计依据来看,本课核心主题的教育教学内容有如下依据:一是依据党的十九大培育和践行社会主义核心价值观的相关重要要求。二是依据十九大报告中"深入实施公民道德建设工程,推进社会公德、职业道德、家庭美德、个人品德建设"的要求。此外,当前,我国社会主义事业进入新时代,对青少年也提出了新的要求。在《树立五种崇高情感》这篇短评中,习近平同志具体谈到了要学习和树立五种崇高的情感:一要学习邓小平同志的情怀感。二要学习雷锋同志的幸福感。三要学习孔繁森同志的境界感。四要学习郑培民同志的责任感。五要学习钱学森同志的光荣感。这里的"五种崇高的情感"贯穿着心怀大众、情系人民的主线。综合以上来看,走进情感世界并塑造积极情感是道德与法治课程设计的重要组成部分,也是初中道德与法治学科公民素质教育的重要内容和任务,是本课教育教学的核心主题。

二、教材依据

从新旧教材内容对比来看,旧教材在七年级上册第七课《品味生活》中提及本课教学内容,但是旧教材并没有严格区别情绪与情感这两个概念,而是将情感简单地等同于情绪,因此旧教材中并没有关于走进情感世界的专门内容。在旧教材七年级上册第七课第二框"追寻高雅生活情趣"第四目"提升情趣,陶冶情操"中,提到了情感、情操,但只是点到为止,并没有关于塑造积极情感的专门内容。新教材则用一课的篇幅,详细介绍了什么是情感,情感与情绪的关系,情感的作用,并介绍了什么是美好情感,美好情感有何作用,如何获得美好情感,如何传递美好情感等主要内容。尤其是"情感的作用""传递情感正能量"的内容,能够帮助学生认识情感对于自身生命成长的重要价值,引导学生从自身体悟到追寻美好情感,再到以实际行动传递美好情感,有助于学生的责任意识的增强,是来自生活、回归生活的价值体现,也是值得我们不断追寻的目标。

从整个初中阶段道德与法治课程内容设计来看,新教材在七年级下册中将"情感"单独作为一课,体现了对学生情感教育的重视。道德与法治学科教师需要对情绪与情感的概念进行严格区分,加强对情感相关资料的收集与分析,这对教师的教育教学是一个挑战。

三、学情依据

从社会来看,中国社会的转型发展给青少年的生活方式带来极大的变化,在一定程度上造成青少年情感发展的阻碍,如亲情的缺失导致的冷漠、亲人的溺爱导致的自私等,需要学校教育予以关注。情感生活是初中生青春成长的重要领域,与学生的道德修养、法治学习密切相关。

从学生实际来看,学生通过现实生活获得的安全感、归属感、信任感、责任感等基础情感是学生丰富生命体验、获得道德成长、参与法治基础建设的重要基石。学生的社会性发展包含着情感层面的需求,学会适当地表达情感,有助于学生的社会化发乎自然、情出于心。

核心主题的育德价值

通过第一框核心主题的教学,让学生关注广泛意义上的情感生活,着力引导学生了解情感在生活经验的不断扩展中变得更加丰富、深刻;融入社会主义核心价值观,倡导学生不断创造、积累美好的情感体验,传递情感正能量。这也正是青少年时期将社会主义核心价值观植入心灵,形成健全人格、完善性格,涵养情怀的重要基础,将有助于促进学生精神发展和生命成长。

通过第二框核心主题的教学,让学生关注广泛意义上的情感生活,激发学生对自身情感状况的自我察觉,让学生在人际交往中,向他人传递美好的情感,传递情感的正能量,同时用积极情感影响周围环境,让世界更美好。

核心主题的建构与实施

核心主题一　走进情感世界

一、内容建构

1. 教材内容简介

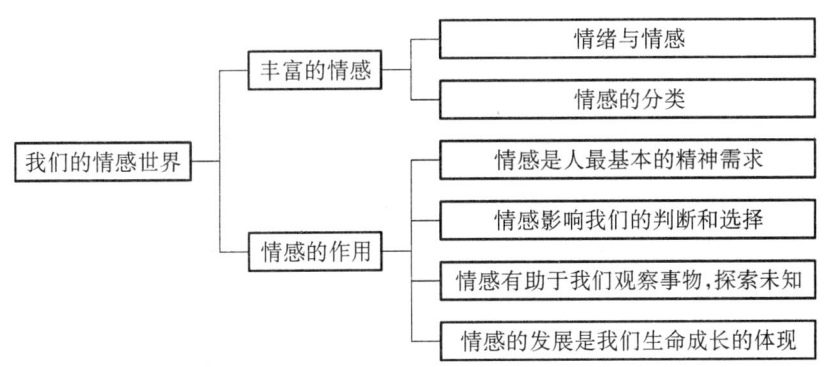

从教材内容来看，一是介绍情绪与情感的关系，并对情感进行基本的认知，二是阐述情感对我们的作用。以上内容构成本核心主题的文本，内容丰富，知识新颖，逻辑清晰。从这一核心主题的具体教学来看，教师应该重点引导学生在切身的情感体验中了解、感受情感与情绪的联系与区别，理解情感像情绪一样也是复杂的，既有基础的情感也有高级的情感，既有正面的情感也有负面的情感，还有两方面混杂的情感；同时也要告诉学生情感随着我们的生活经历不断地积累和发展这一特点；还要通过案例资料补充和学生的实际感悟及讨论探究，让学生明白情感的作用，反思自己的情感世界，进行自我评价，理解只有在生活经验的不断扩展中，情感才可能更加丰富、深刻。

二、教学要点及其确定理由

要点1：情感从何而来？

这一要点主要整合和扩展了本课第一框第一目第二段、第三段正文的内容，主要是让学生清楚情感的由来。理解情感从何而来是认同情感的价值和作用的必不可少的环节。学生只有正确认识到情感从何而来，才能为后续的情感的作用的学习打下理论基础。

这部分的教学应该突出情感是每个人必不可少的体验。教师要让学生从自己的视角观察身边的情感世界,初步感受情感世界,让学生体会人类情感的多种多样,从而认识到情感存在于每个人身上,在每个人的成长过程中都必不可少。

要点2:情感有何特点?

这一要点主要整合和扩展了本课第一框第一目第一段、第四段和第二目第四段正文的内容,主要是让学生知晓情感的复杂性。初中学生由于自身阅历较浅,在成长中容易遇到困惑、矛盾和冲突,经常会经历情感的波动,教师应帮助学生认识到情感的丰富多彩,关注自己的情感状态,正视自己的各种情感体验,从而认识到正是丰富多彩的情感使我们的内心世界更加丰富。

这部分的教学应该突出三点:情感不是单一的,是复杂的;既然有正面情感体验,也就会有负面情感体验;情感不是固定不变的,是随着生活经验的扩展不断丰富的。突出第一点是为了让学生感受自己丰富多彩的情感体验,明白正是丰富的情感构成了我们内心世界。突出第二点是为了帮助学生正视并且理智面对负面的情感体验。突出第三点旨在引导学生通过不断丰富自己的人生经历来丰富自身的情感,从而让情感远离偏执,变得更加宽广、博大。

要点3:情感有何作用?

这一要点内容主要整合和扩展了教材第五课第一框第二目第一、二、三段正文的内容,主要是让学生感悟情感的作用。这一要点旨在引导学生在与他人交往的过程中用合理的方式表达情感,做到换位思考、与人为善,同时培养关心他人、社会、国家的情感。

这部分的教学应该突出情感影响我们的思维和行动,让学生知道,在我们的日常生活和学习中,情感起到至关重要的作用。情感是人最基本的精神需求,影响我们的判断和选择,驱使我们做出行动,有助于我们更全面地观察事物,探索未知,是生命成长的体验。

三、教学实施

在教学实施上,初中道德与法治课程具有实践性、人文性等课程性质,提倡尊重学生学习发展规律,体现青少年文化特点,关怀学生精神成长需要,用学生喜闻乐见的方式组织课程内容,实施教学。教师应尝试将情感知识教学融入学生的日常生活,通过让学生观察生活,科学思考,交流经验,研讨案例,有效地构建课堂的教学体系,层层递进,突破教学重难点,从而提升德育课堂的教育教学实效。依据以上思考,可以通过以下教学活动进行这一核心主题的教学。

第五课　品出情感的韵味

1. 开展"探究情感"的教学活动

　　（对应要点1：情感从何而来？）

教学活动	设计理由
（1）教师课前让学生以小组为单位搜集相关资料，如身边的自然风光、有趣的旅途、难忘的景点、喜欢的名画美文等，为通过图片或视频的形式在课堂上展示相关内容做准备。	让学生通过自己的视角观察身边的情感世界，初步感受情感世界，为后续的教学打下实践基础。
（2）教师课上让学生分组展示本组搜集的资料，通过介绍，观赏美、感受美；通过对取自学生的具体资料的分析，引导学生体会自己的收获与感受，从情绪上升到情感，直至能够完整地说出自己的情感体验。基于学生的交流和感悟，教师可再展示一些情境，让学生谈谈自己的情感体验。	选择学生自己的资料，既可以让学生参与过程性教学，也可以让学生在彼此的交流中有探究性收获。这样既可以提升学生的兴趣，使其愿意和教师一起探索身边的情感，也能帮助学生慢慢学会完整地表达出自己的情感体验，从而更好地通过情感来体验生活。

2. 开展"交流情感"的教学活动

　　（对应要点2：情感有何特点？）

教学活动	设计理由
（1）教师讲述自己的情感体验，从而引发学生的交流。	教师的情感体验能够激发学生的兴趣，起到抛砖引玉的作用。
（2）学生结合自己的生活实际，与大家分享一个自己印象深刻的情感故事，并说说这个故事对自己的影响。（可选择正面的情感体验或负面的情感体验。） 教师结合学生的交流，归纳阐述情感是丰富多彩的，是复杂的。	让学生通过自己的切身体会去发现情感不是单一的，是丰富多彩的；并且选取学生的情感故事让其感受到每个人的情感体验都是不一样的，我们要学会正视自己的情感体验，同时也要善于理解他人的情感。

3. 开展"感悟情感"的教学活动

　　（对应要点3：情感有何作用？）

教学活动	设计理由
（1）组织学生观看诺贝尔奖获得者屠呦呦的采访视频。	通过现实生活中的榜样的事例，阐述情感的深刻作用。
（2）观看视频后，教师组织现场心理体验活动，进行讨论：是什么样的情感"成就"了她？ 教师结合学生的交流归纳总结情感的作用。	一方面，让学生通过视频直观感受到情感是人最基本的精神需要，会影响我们的判断和选择，有助于我们更加全面地观察事物、探索未知；另一方面，诺贝尔奖获得者屠呦呦的采访视频将更加激发学生的爱国之情，让学生感悟到作为新时代的接班人，更应该与祖国一起奋斗，热爱祖国、报效祖国，让祖国变得更加强大！

核心主题二　塑造积极情感

一、内容建构

1. 教材内容简介

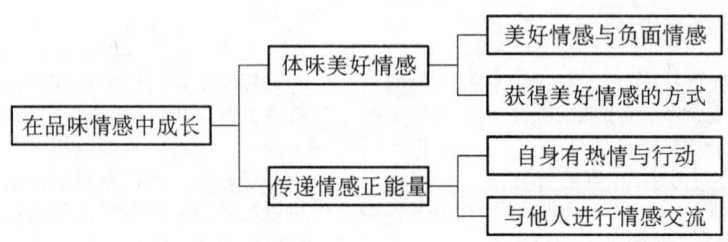

从教材内容来看,一是介绍美好情感,引导学生学会获得美好情感的方法,同时学会辩证地看待负面情感,善于将负面情感转化为成长的动力;二是引导学生积极创造美好的情感体验,并乐于用这样的情感体验传递情感正能量。以上内容构成本核心主题的文本,内容丰富,逻辑清晰。这部分内容重在实践,美好情感最终要落实在学生的主体行为上,学生只有学会自主地去追求美好情感,才能充分实现美好情感在其成长中的积极作用。但青春期的孩子情感敏感而丰富,容易被各种负面情感所困扰。因此,掌握积极创设美好情感的方法,增强对于负面情感的应对能力,同时乐于用美好情感向他人和社会传递正能量,最终形成健全人格是塑造积极情感的真正目的。

2. 教学要点及其确定理由

要点 1:体会美好情感的意义

这一要点主要整合和扩展了本课第二框第一目第一段正文的内容,主要是让学生体会美好情感给我们的生活带来的快乐。学生只有感受到美好情感的价值,才会加深对美好情感的向往,才会不断付出努力去获得这样美好的体验,这一要点为要点 2 奠定了基础。

这部分的教学应突出美好情感的意义,让学生能够从生活里美好的人、事、物中体会身心愉悦的感受,从而更加珍惜这样的美好情感体验并愿意努力不断获得这样的情感体验。

要点 2:如何获得美好情感?

这一要点整合和扩展了本课第二框第一目第二、三、四段正文和"方法与技能"中的内容,主要是让学生学会获得美好情感的方法并善于用这些方法创造积极正面的情感体验,让生活更加幸福。

这部分的教学应突出两点:可以多途径获得美好情感,善于将负面情感转化为成长助力。其中第一点是让学生在实践中总结获得美好情感体验的方法,不断学会通过各种途径获得、积累、发展美好的情感,促进精神发展、生命成长。第二点主要是让学生认识到无论是哪种情感其实对我们的成长都有意义,负面的情感体验尽管不那么美好,但是如果我们能够用合理的方法将负面的情感转化为成长的助力,同样可以获得美好的情感体验,同样对成长有意义。

要点3:如何传递美好情感?

这一要点主要是对本课第二框第二目正文和"方法与技能"内容的整合,主要是让学生懂得美好情感只有在分享传递中才会更有价值。这一要点旨在引导学生在体会美好情感的同时不忘关怀他人,乐于向他人传递美好的情感,用正能量感染他人,在传递美好情感的过程中使自己的生命更有力量,也让社会更加美好。

这部分的教学应突出两点:情感传递的价值,情感需要表达和共鸣。第一点主要是让学生明白我们从美好的外部环境中获得美好情感,也应该用美好情感来影响环境,只有这样,我们每个人才更易于获得美好情感。第二点主要是引导学生要善于将自己的美好情感传递给身边的人,让整个社会越来越美好,人与人之间越来越和谐。这也是新时代青少年应有的责任和担当。

二、教学实施

道德与法治学科是一门综合性课程,教材体现了综合性、过程性、实践性等特点。在本核心主题教学过程中,塑造积极情感是一个理论与实践相结合的主题。教师应该多开展双向平等的交流与开放的对话,多设计贴近青少年生活的情感素材用于课堂交流活动,培养学生的科学精神和参与意识,促进核心素养生成。依据以上思考,可以通过以下教学活动进行这一核心主题的教学。

1. 开展"品味美好情感"的教学活动

(对应要点1:体会美好情感的意义)

教学活动	设计理由
(1) 欣赏公益广告片《筷子》。	以感人的视频加深学生对美好情感的领悟。
(2) 学生交流:在广告片中你感受到了哪些美好的情感? 教师在学生交流的基础上,再展示一些情境,让学生谈谈自己的情感体验。	贴近真实生活的美好的人和事物,让学生联想到自己的真实生活场景,让学生更加体会到美好情感是生活中必不可少的部分,表达着愿望,促进精神发展。

2. 开展"寻找美好情感"的教学活动

（对应要点2：如何获得美好情感？）

教学活动	设计理由
（1）开展小组竞赛活动，让学生根据自己的生活经历思考可以通过哪些方法获得美好的情感体验。	以生活的实际经历为素材，有利于激发学生的兴趣，让课堂更具有真实性。
（2）教师在学生交流后继续提出问题供学生思考探究：有没有人能够只获得美好的情感体验而没有负面的情感体验？ 组织辩论会，让学生分成正、反两方进行辩论。 正方：负面情感是成长的助力。 反方：负面情感是成长的阻力。 教师结合学生的辩论，归纳阐述：负面情感是一种正常的情感，人人都可能经历，我们不能逃避也不能惧怕，要直面它并善于将它转化为成长的助力，丰富我们的人生阅历。	通过小组竞赛和辩论的形式，激发学生思考讨论的积极性；同时各种观点进行碰撞，火花四射，这让学生更加深刻地认识到，每个情感主体自身的主动性才是最重要的，不管是正面的情感还是负面的情感，归根到底都要落实到主体的自身行动中来。

3. 开展"传递美好情感"的教学活动

（对应要点3：如何传递美好情感？）

教学活动	设计理由
（1）学生课前搜集为他人、为社会、为国家传递正能量的人物的事迹。（可以是身边的人，也可以是名人。）	以人物事例加深学生对传递积极情感的领悟。
（2）学生交流分享课前搜集的人物事迹。 学生分小组探讨：是否只有名人才可以传递正能量？我们可以通过什么样的方式传递正能量？ 教师归纳总结：每个人作为整个社会的一员，都可以也都有责任传递美好情感，传递情感正能量。	通过一个个感人的故事，激发学生传递情感正能量的热情与勇气，让学生在讨论中发现，每一个人都可以将自己的积极的情感传递给周围的世界，这不仅可以让自己得到成长，同时也能让这个社会越来越有爱。

第六课 "我"和"我们"

本课第一框"集体生活邀请我"的核心主题是"感受集体的力量",第二框"集体生活成就我"的核心主题是"在集体中成长"。

核心主题的依据

一、课程依据

从初中道德与法治课程设计依据来看,本课核心主题的教育教学内容有如下依据:一是依据社会主义制度的价值准则。二是依据党的十九大报告中关于集体主义的重要论述。三是依据《中共中央国务院关于进一步加强和改进未成年人思想道德建设的若干意见》中关于"深入进行爱国主义、集体主义、社会主义和中华民族精神教育"的要求。四是依据《课标》中关于"做负责任的公民"这一课程基本理念和"热爱集体、热爱祖国、热爱人民"这一课程目标的要求。综合以上来看,集体主义是道德与法治课程设计的重要价值取向,帮助学生感受集体的力量和在集体中成长是初中道德与法治学科教育教学的重要内容和任务。

二、教材依据

从新旧教材内容对比来看,旧教材在九年级第二课《在承担责任中成长》中阐述了集体主义以及集体力量的重要性,而新教材则用了三课六框来阐述集体主义,用了两框分别来阐述集体的重要性和集体对个人成长的作用,这足以体现新教材对集体主义这一重要价值观的重视。这部分内容比旧教材更加全面、更加深入。因此,对于道德与法治学科教师来说,我们需要依据新的教材,站在新的认识高度上来认识集体主义,这给教师提出了新的要求,也是对我们教育教学的一个新的挑战。

本课第一框从集体的温暖和集体的力量两个角度阐释集体存在的价值和意义。个人在集体中感受到的温暖,也是集体带给个人的一种力量,所以我们把"感受集体的力量"作为本框的核心主题。第二框主要阐述了集体对个人品质培养和个性发展的重要作用,但教材并没有将"集体为个人搭建平台""个人在集体中能够更好地认识自己""个人能够在集体中成为更好的自己"等问题分开阐述,而是将其融为一体。从认识逻辑和顺序来说,教师需要对教材的内容进行重新梳理,帮助学生认知"在集体中成长"这一核心主题的价值。

从七年级乃至整个初中阶段道德与法治课程内容设计来看,本单元聚焦集体,接续前面所学内容,将道德学习从自我认识、与他人交往方面扩展到集体生活;同时,通过在集体生活的学习中逐渐渗入公共生活的要素,进一步拓展青春生命成长的学习资源,为第四单元聚焦法治生活,以及在八年级展开关于社会公共生活的学习奠定基础。而本课是达成这一目的的基础和前提。

三、学情依据

从外部环境看,改革开放以来我国在经济、政治、文化、社会生态等各个方面都与其他国家建立了深度的合作与交流,越来越多的外国文化、思想和价值观进入中国,其中一些给中国青少年的世界观、人生观和价值观带来了不良影响。特别是西方国家的一些个人主义的思潮,以各种各样的形式影响着当代的青少年。

从学生实际看,初中生正处于由家庭生活向集体生活过渡的关键时期。相比于小学,进入初中以来,学生需要越来越多地面对集体生活,参与集体生活。但是,有部分学生还不能很好地适应集体生活,表现在他们不知道如何和集体中的其他人进行交往,不知道如何处理在集体中发生的矛盾和冲突,甚至会因此产生焦虑感和紧张感。另一方面,当代初中生,独生子女居多,他们个性张扬,做事情时往往只会考虑自身利益而忽视集体利益。同时,初中生的自我意识越来越强,从对师长较为依赖慢慢走向独立,有了强烈的自我意识和个性化需求。因此,引导学生感受集体的温暖,理解集体对个人成长的作用,是本课的重要任务。

核心主题的育德价值

通过第一框核心主题的教学,让学生在集体中感受温暖和力量,不断地提高自己的认识,增强自己的能力,开阔自己的视野;让学生在感受集体的温暖和力量的过程中,学会与他人相处,学会处理个人和集体的关系;让学生发扬集体主义精神,坚持集体主义原则,自觉地让个人利益、局部利益服从社会、国家的要求,在感受到集体的温暖和力量的同时,为集体做出力所能及的贡献。

通过第二框核心主题的教学,让学生学会在集体中展示自己的个性、发展自己的个性,不断认识和完善自己;让学生学会在集体中包容他人的不同,学习他人的优点;让学生学会发扬集体主义精神,共建美好集体。

核心主题的建构与实施

核心主题一　感受集体的力量

一、内容建构

1. 教材内容简介

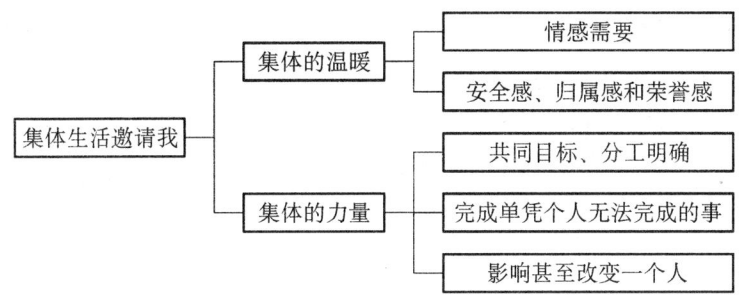

本核心主题相关的内容主要在本课第一框。从教材内容来看,主要分为以下两个部分。第一目"集体的温暖"主要表达了两层意思:其一,每个人都有过集体生活的情感需要;其二,个人在集体中能够获得安全感、归属感和荣誉感。第二目"集体的力量"主要表达了三层意思。其一,集体是有共同目标、分工明确的整体;其二,集体可以完成许多单凭个人的力量无法完成的事情;其三,集体在某种程度上可以影响甚至改变一个人。教材着力引导学生学会处理个人与集体的关系。

以上内容构成本核心主题的文本,内容丰富,逻辑清晰。从"感受集体的力量"这一核心主题的具体教学来看,应当首先引导学生充分认识集体的含义、集体和个人的关系,这样才能使其从理性上充分感受集体的力量。因此,相应地,在处理文本知识和教材案例时,需要对文本内容进行适当的调整和裁剪,让其更符合学生的思考逻辑和教师的教学逻辑。

2. 教学要点及其确定理由

本框从集体的温暖和集体的力量这两个角度阐述了集体的重要价值和意义,而在具体教学中教师应当有的放矢地进行整合和充实,将抽象概念讲具体。据此,我们提炼出本核心主题的相关教学要点。

要点1:集体的内涵

这一要点主要整合和扩展了本课第一框第一目第一段正文、"相关链接"和第二目第三段正文的内容,主要是让学生知晓集体的内涵。学生只有在理解集体内涵的基础之上,才能够理解集体的特点,更重要的是能够认同和内化"感受集体的力量"这一核心主题。

这部分的教学应突出三点:集体是人们联合起来的有组织的整体;集体中个人之间的

关系、成员之间相互交流的频率会影响到集体的联结度;集体并不是成员的简单相加,而是有共同目标、分工明确的整体。

突出第一点是为了让学生明白集体的基本含义,理解集体是由人们联合起来的、是有组织的,这为学生以后理解集体的特点以及集体的作用打下了一个很好的基础。突出第二点是为了让学生能够从联结度这一角度深化对集体概念的理解。集体的联结度通常与以下几个因素有关:成员间相互关联的程度,集体对成员的重要性,成员间相互交流的频率,成员对共同目标的共识程度,成员间的默契程度,集体存在的时间长短,等等。通常情况下,集体成员之间互相关联的程度越高,那么集体成员感受到的温暖也就越多,过集体生活的情感需要就越容易得到满足。因此,在让学生理解集体的特点以及集体的作用之前,应该先让学生理解联结度这个概念。突出第三点,旨在让学生理解集体是有共同目标的、分工明确的,每一个个体在集体当中都应该发挥自己的作用,也只有人人都发挥自己的作用,集体的力量才能发挥出来。

只有对以上三点进行整合,才能让学生形成对集体概念的全面了解:集体是有组织的,有联结度的,有共同目标和明确分工的。学生在理解了集体是什么以后,才能够更好地理解集体的特点以及集体的作用,这是学生的认知逻辑的第一步。

要点2:集体与个人的关系

这一要点主要整合和扩展了本课第一框第二目第一段、第二段正文的内容,主要是让学生了解集体是如何由个人组成的,集体与个人之间的关系是什么。学生只有在理解了集体与个人之间的关系是什么以后,才能够真正地理解集体对于个人的作用。

这部分的教学应突出三点:集体是由个人组成的,离开了个人,集体也就不复存在;当个人以有序的结构组成集体的时候,集体的功能才能够得到最大限度的发挥,集体的功能并不是各部分的简单相加;集体居于主导地位,统率着个人,能够完成许多单凭一己之力无法完成的事情,我们应该树立全局观念,立足整体,统筹全局,以优化组合的方式组成集体,只有这样才会产生强大的力量。

突出第一点是为了强调个人在集体中的重要作用,没有个人,也就没有了集体。突出第二点是为了强调集体的力量并不是个人力量的简单相加,强调个人要以有序的结构、以优化组合的方式组成整体,让集体的力量得到最大限度的发挥。第一点和第二点强调个人对集体的作用,第二点更加强调个人对集体的积极作用。突出第三点是为了强调在集体和个人的关系当中,集体处于主导的地位,因为集体能够完成许多单凭一己之力无法完成的事情,这也是我们坚持集体主义原则的理由。学生只有真正地理解了这一点,才能够从内心认同和内化集体主义原则,感受集体的力量,否则集体主义只能浮于表面,难以走进学生的心灵。

要点3:集体对个人的作用

这一要点主要整合和扩展了本课第一框引言、第一目和第二目第三段正文的内容。

这部分的教学应突出两点:集体能够满足个人的情感需要,比如安全感、归属感和荣誉感;集体的力量是强大的,在某种程度上可以影响甚至改变一个人。

突出第一点是为了强调情感的需要是一种基本需要。中学生在集体生活中感受到的安全感、归属感和荣誉感是处于青春期的学生需要感受和传递的情感正能量,能够满足学生内心成长的情感需要和精神需求。激发和传递这些情感正能量,是集体发挥作用的关键所在,也是教师教学过程中所要关注的重要方面。突出第二点是为了强调集体在满足个人情感需求的基础之上,还能够发挥更大的作用,比如个人在集体生活中会自觉地产生与集体要求相一致的态度和行为,集体有助于个人获得安全感和自信心,集体有助于个人学习他人的经验,开阔视野,获得成长,等等。

二、教学实施

在具体的教学实施上,教学活动必须引导学生理解集体的含义,特别是要理解集体与个人之间的区别,只有站在区别的角度才能更好地去理解集体的内涵;必须引导学生理性地思考集体和个人的关系,才认识到个人离不开集体,从而为感受集体的力量铺垫好理论的基础;必须通过贴近学生实际的案例,让学生能够结合自己的生活理解集体的作用和力量。依据以上思考,可以通过以下教学活动进行这一核心主题的教学。

1. 开展"认识集体"的教学活动

(对应要点1:集体的内涵)

教学活动	设计理由
(1)教师展示图片:地铁乘客、超市人群、班级、学校、军队、国家。 学生上台把这几张图片与"集体""非集体"这两个概念连接起来。 教师在学生交流的基础上,解释集体与非集体的区别,从而展示集体的概念。	这样可以直观地展示"集体"的概念,同时通过对比"集体"与"非集体"的区别,让学生了解集体的一个重要的特点就是集体的联结度。非集体是没有联结度的,集体才会有联结度,联结度越高,这个集体的特征就越强。
(2)教师组织"你说我画"的游戏。 每小组派两名同学参赛。一名同学要蒙住眼睛,根据另一名同学的语言描述画出黑板上头像轮廓中的眉毛、眼睛、鼻子、嘴。用时最短、画得最快最好看的小组获胜。 学生思考并交流:为什么有的小组会成功,而有的小组不成功? 在学生参与活动并进行交流之后,教师总结出集体的力量来源于成员共同的目标和团结协作。	这样让学生对集体的理解又增加了一个维度,那就是集体除了具有联结度、是有组织的之外,更重要的是可以通过成员的分工协作达成共同的目标。

2. 开展"反思集体"的教学活动

（对应要点2：集体与个人的关系）

教学活动	设计理由
（1）教师播放视频《郎平——中国女排再攀世界之巅》。 学生辩论：没有郎平就没有国人引以为傲的中国女排吗？ 教师在学生交流的基础上，让学生理解集体能够完成很多单靠个人无法完成的事。	通过辨析关于郎平和中国女排的观点，让学生理解集体所具有的主导地位。
（2）教师组织学生阅读教材第56页"阅读感悟"。 学生分小组讨论"专业音"和"团队音"之间的关系。 教师小结："专业音"强调每个人都要发挥个性、特长和优势，为集体做出贡献；"团队音"强调个人的力量再大，如果不能通过优化组合实现优势互补，也不会产生强大的合力。	通过辨析"阅读感悟"，让学生知道个人的力量对于集体的作用，同时强调个人只有以优势互补的方式产生合力，才会让集体的力量变得更大，从而让学生全面地认识集体和个人之间的关系：个人与集体是相辅相成的，个人离不开集体，集体也离不开个人。

3. 开展"感悟集体"的教学活动

（对应要点3：集体对个人的作用）

教学活动	设计理由
（1）教师展示中国女排队长惠若琪的一篇日记。 学生思考：中国女排是一个什么样的集体？ 教师追问：同学们，你们身边有没有像中国女排这样的集体呢？你感受到哪些集体的温暖呢？ 学生分组分享。 教师小结：集体能给我们带来安全感、归属感和荣誉感，我们每个人都有过集体生活的情感需要。	通过分析惠若琪的日记和分享学生自己的生活，让学生理解集体可以满足我们基本的情感需要。
（2）教师展示三个个人在集体中慢慢成长的情境。 学生讨论分析三个情境说明集体对个人的作用有哪些。 教师小结：集体的力量是强大的，在某种程度上可以影响甚至改变一个人。这种改变可以是扩大视野、学习他人经验，可以是获得安全感和自信心，也可以是产生与集体要求相一致的态度和行为。	通过这三个情境，让学生更好地理解个人在集体中所汲取的养分，以及集体对个人的作用。
（3）教师请学生思考：在感受集体温暖和力量的同时，我们能带给集体什么？ 学生分享。 教师小结：集体带给我们很多的温暖，我们也要为集体做出贡献。	让学生在充分感受到集体温暖的同时，也学会反思个人能够为集体做什么，从而更全面地看待集体和个人之间的关系。

核心主题二 在集体中成长

一、内容建构

1. 教材内容简介

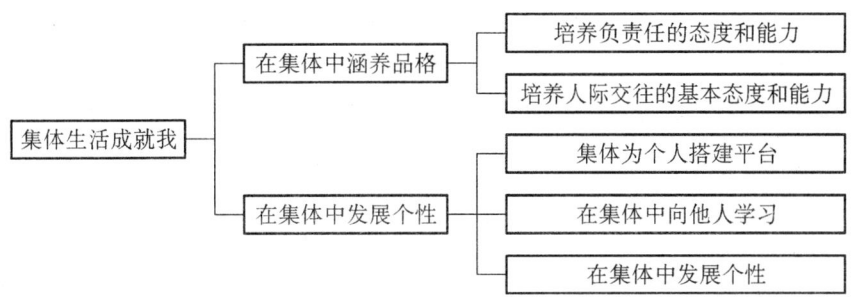

本核心主题相关的内容主要在本课第二框。从教材内容来看,主要分为以下两个部分。第一目"在集体中涵养品格"主要表达了两层意思:其一,集体生活可以培养学生负责任的态度和能力;其二,集体生活可以培养我们人际交往的基本态度和能力。第二目"在集体中发展个性"主要表达了三层意思:其一,集体生活为个性发展搭建平台;其二,集体中人与人之间的差异是我们完善个性的重要资源;其三,努力实现集体的共同目标有利于自己的个性发展。

以上内容构成本核心主题的文本,从"在集体中成长"这一核心主题的具体教学来看,应当首先引导学生充分认识到集体能够为个人的发展提供平台,让学生感悟到个人是离不开集体的;在此基础上,必须引导学生理解集体能够让个人更好地认识自己、集体能够让个人更好地成为自己等相关内容。更好地认识自己是更好地成为自己的前提,更好地成为自己是更好地认识自己的结果。

2. 教学要点及其确定理由

本框从在集体中涵养品格和在集体中发展个性两个角度,分析集体对学生成长的作用。而在具体教学中教师应当有的放矢地进行整合和充实,将抽象概念讲具体。基于以上思考,我们提炼出本核心主题的相关教学要点。

要点1:集体为个人的发展提供平台

这一要点主要整合和扩展了本课第二框第二目第一段、第三段正文的内容,主要是让学生理解集体在个人的发展中所发挥的重要作用。学生只有在理解集体对个人的重要作用的基础之上才有可能去理解集体到底发展了个人的哪些品质和能力。所以这一要点是本核心主题的整个逻辑的前提和基点,只有在这个基础之上,才能够进行后续的教学。

这部分内容应该突出三点：集体为我们搭建起与他人交往的平台；集体为我们搭建起与社会和国家交往的平台；集体为我们搭建起不断认识和完善自我的平台。

突出第一点是为了让学生明白只有在集体中，只有在集体生活中，我们才能够与他人展开合作和交往，也只有在与他人的合作与交往中，我们才能逐步地学会如何与他人进行正确的交往，我们才有生存和发展的可能。突出第二点是为了强调集体的概念包含了社会、国家，甚至是世界，我们只有在集体中才能够与社会、国家和世界产生联系，并在这个过程当中不断地寻求自我价值和人生意义。突出第三点是为了强调在集体为我们搭建的平台上，在与他人、社会、国家，甚至是世界的交往当中，我们会不断地认识和完善自我。

突出强调集体的这三个平台的作用，是为了让学生进一步深刻理解集体对于个人发展的作用和意义。在本课第一框中，学生已经从感性上了解了集体的力量是强大的，在某种程度上可以影响甚至改变一个人，但是并没有具体深入地去理解为什么集体的力量能够影响、改变一个人。那么在第二框当中，教师要具体解释集体所具备的这样的平台的作用。其中，有些内容是教材上所没有的，教师要进行增加和整合，这样才能够让学生更好地理解集体和个性的关系，为下面两个教学要点打下逻辑基础。

要点2：集体能够让个人更好地认识自己

这一要点主要整合和扩展了本课第二框第二目第二段正文和七年级上册第三课《发现自己》第一框"认识自己"的相关内容。这一要点主要是让学生了解只有在集体当中，在我们与他人的交往当中，我们才能够更好地认识自己、了解自己、发展和完善自己；个人只有在与集体发生联系时，才能更好地提高自己。

这部分内容应该突出三点：个人在集体的人际交往和集体活动中不断地加强对自己的认识；人与人之间的差异是我们发展和完善个性的"明镜"，也是集体生活中重要的学习资源，包容他人的不同，学习他人的优点，有助于我们完善个性；集体中的他人评价有助于我们形成对自己更为客观、完整、清晰的认识。

突出第一点是让学生理解如果不在集体这一平台上，不与他人交往，我们就没有办法更好地认识自己。突出第二点是让学生明白他人的优点也是我们的一种学习资源，正所谓"取长补短"；个人在和他人的竞争、合作和比较当中，能够更容易地找到自己的优势和不足，并且逐步去弥补自己的不足，增强自己的长处，善于利用自己的优点和长处，最大限度地展示自己的才华。突出第三点是让学生理解他人评价是我们认识自己的一面镜子。想要了解自己，最好先问问别人。当然我们一方面要重视他人的态度与评价，另一方面也不能盲从，而应该用理性的心态面对他人的评价，这是走向成熟的表现。

要点3：集体能够让个人做更好的自己

这一要点主要整合和扩展了本课第二框第一目、第二目第三段正文和七年级上册第三课《发现自己》第二框"做更好的自己"的相关内容。这一要点旨在让学生理解只有在集体中，在与集体中的他人、社会和国家以至于世界的联结中，才能做更好的自己，活出生命的精彩。

这部分内容应该突出四点：集体生活可以培养我们负责任的态度和能力；集体生活可以培养我们人际交往的基本态度和能力；集体生活可以培养我们的多元智能，完善我们的个性；集体生活能够帮助我们实现人生价值，活出生命的精彩。

突出第一点是为了让学生明白责任与角色同在，树立责任意识。在集体中，每个人有不同的角色，承担不同的责任。这有利于学生培养责任心和责任感，使其明白，在不同的环境和条件下，在不同的身份下，应该承担相应的责任，也使其明白，责任来自对他人的承诺、职业的要求、道德的规范、法律规定等等。突出第二点是为了让学生知晓在集体中，每个人来自不同的家庭，有不同的生活经历和性格特点，我们应该在交往中学会接纳、尊重、理解、包容，学会友好相处。这是一种人际交往的能力，而这种人际交往的能力，在一定程度上影响了学生目前的学习和生活的状态，也会影响其走上社会、走上工作岗位以后的状态。可以说人际关系好的人，更容易做出一番成就。而人际交往的能力主要是在集体当中获得和培养的。突出第三点是为了让学生明白只有在集体中，我们才能够更好地做自己。我们能够学会接纳，接纳自己的全部，既接纳自己的优点，也接纳自己的不完美。我们能够学会欣赏，欣赏自己的独特，欣赏自己的努力，欣赏自己为他人的奉献。我们也能够主动改正缺点。更重要的是，我们能够不断激发自己的潜能。在集体的生活当中，我们会发现自己的兴趣爱好，会和他人积极合作，共同完成任务。我们会培养自己的语言、逻辑、体育、艺术等方面的多元智能。总之，只有在集体的生活当中，我们才能够做更好的自己。突出第四点是为了让学生感悟到要实现人生价值，活出生命的精彩，需要把自己个人的生活和集体的生活结合起来。这是一个更高层次的目标，是在讲述完以上三点之后的一种升华。当然，这一升华并不是本框的教学重点，而是为下一课奠定理论和情感的基础。

二、教学实施

在具体的教学实施上，教学活动必须引导学生理解我们只有在集体当中才能够更好地展示自己，集体为个人才华的展示提供了一个非常好的平台；必须引导学生理解只有在集体中，在与他人相处的过程当中，才能更好地通过自我评价和他人评价来认识自己；必须引导学生理解只有在集体中，在不断实践和反思的过程中，才能够更好地完善自己，做更好的自己。依据以上思考，可以通过以下教学活动进行这一核心主题的教学。

1. 开展"在集体中展示自己"的教学活动

（对应要点1：集体为个人的发展提供平台）

教学活动	设计理由
（1）教师播放电子相册，展示学生在学校的运动会、艺术节、达人秀、英语节、书法节、爱心义卖等各种各样的活动中的风采。 学生分享：参加过哪些集体活动？这些集体活动带来哪些成长和进步？ 教师小结：集体为我们搭建起与他人交往的平台，在这个平台上我们能够不断地认识和完善自己。	电子相册的方式，能够激发学生的兴趣，让学生回想起在各种集体活动中自己所展示的风采。再让学生通过理性思考，知道只有在集体这样一个平台上，个人才能不断地发展和完善自己的个性。
（2）教师展示材料：某校社会调查社团的成员发现该市某社区老年人较多，但没有老年人文化和娱乐活动场所。于是他们各司其职、分工合作，联名向社区居委会提交了一份"建立老年人活动站"的建议书，该建议得到了当地媒体的报道，引起了较大的反响。 学生分组讨论：学生参与社团活动的意义。 教师小结：集体为我们搭建起个人发展的平台。	通过社会调查社团这一案例的分析，让学生明白，个人只有在与集体的结合中，才能够做更好的自己，才能不断地完善自己。

2. 开展"在集体中认识自己"的教学活动

（对应要点2：集体能够让个人更好地认识自己）

教学活动	设计理由
（1）教师模拟开展一次招聘文艺晚会的策划的活动。 学生活动：学生根据自己的特长，来应聘这次策划活动的岗位，并且在应聘的时候说出自己的特点和优势。 学生讨论：自己这一次应聘成功或失败的原因。 教师小结：个人在集体的人际交往和集体活动中，不断地加强对自己的认识，并在此基础之上进行自我改进。	通过模拟应聘的活动，让学生理解集体有助于我们个性的发展，只有在集体的活动当中，我们才能更加清晰、全面地认识自己。
（2）教师开展"点赞他人和反省自己"的活动。 学生活动：① 对其他同学的优点进行点赞，并说明应该向他们学习什么。 ② 自我反省——对自己身上存在的缺点进行反思，并思考如何改进。 教师小结：我们要在集体中学习他人的优点，择其善者而从之，其不善者而改之，不断地完善自己。	让学生深刻地理解，要想更好、更全面地认识自己，必须把他人的优点和缺点与自己的优点和缺点进行对比，并学习他人的优点。

第六课 "我"和"我们"

续表

教学活动	设计理由
(3) 教师组织学生进行综合素质的测评,其中有个人的自评,有小组的评价,也有老师的评价。 学生进行评价。 学生分享自己对他人评价的看法。 教师小结:只有在集体当中认真思考他人的评价,我们才能够对自己形成更为客观的认识。	通过这种测评活动,让学生从他人的视角来认识自己,明白自己只有在集体当中才能够更加完整、清晰地认识自己。

3. 开展"在集体中提升自己"的教学活动

(对应要点3:集体能够让个人做更好的自己)

教学活动	设计理由
(1) 教师请学生选举若干"贡献之星",这个"贡献之星"的标准可以包括德、智、体、美、劳等多个方面。 学生开展选举活动。 在选出"贡献之星"后,教师请这些同学上台。 学生分享:这几位同学为班级做了哪些贡献以及我们应该向他们学习什么。 教师小结:集体可以培养我们负责任的态度和能力。	通过学生身边的案例,让学生理解,在集体生活中,我们可以培养一种负责任的态度和能力;更重要的是让学生树立一种责任意识,让他们知道每个人有不同的角色,不同的角色要承担不同的责任,我们要做一个有担当的人、有责任感的人。
(2) 教师展示自己在初中、高中、大学时的集体毕业照,并讲述自己在集体中的成长。 学生讨论:老师在集体中获得了哪些成长? 教师小结:集体生活可以培养人际交往的态度和能力。	把教师自己的生活和成长的经历分享给学生听,能够激发学生的兴趣,同时让学生理解集体生活的磨炼能够使个人获得不断的成长,尤其是能够提高在人际交往方面的能力。
(3) 学生分组讨论自己在集体生活当中的一些困惑,并且思考如何才能够解决这些困惑。 教师小结:集体生活可以培养我们的多元智能,完善我们的个性。	通过释疑解惑,让学生明白在集体当中所遇到的困难,正是我们个人成长的契机,有利于我们发展语言、逻辑、人际交往等各个方面的多元智能,有利于完善我们自己的个性。

第七课　共奏和谐乐章

本课第一框"单音与和声"的核心主题是"正确处理集体利益和个人利益的关系",第二框"节奏与旋律"的核心主题是"反对小团体主义"。

核心主题的依据

一、课程依据

从初中道德与法治课程设计依据来看,本课核心主题的教育教学内容有如下依据:一是依据《课标》中关于"过积极健康的生活,做负责任的公民"的基本要求。二是依据《大纲》中"引导学生在学校生活的实践中感受法治力量,培养法治观念""初步树立法治意识,养成规则意识和尊法守法的行为习惯"等内容。三是依据《中小学德育工作指南》中关于"培养学生爱党爱国爱人民,增强国家意识和社会责任意识"的目标要求。综合来看,集体主义价值观处于非常重要的地位,是培养合格的社会主义建设者和接班人的必然要求,是深化制度自信、文化自信、理论自信、道路自信的必然要求,是青少年健康成长与成才的至关重要的因素。

二、教材依据

从新旧教材内容对比来看,旧教材对个人与集体的关系、小群体与集体的关系等知识的阐述是比较宏观的,而新教材专门用了两框解释和厘清了这些具体知识。因此,对于广大的道德与法治学科教师来说,这部分内容比旧教材更加全面、更加深入。

新教材本课第一框"单音与和声"力图让学生正确认识和处理个人与集体的关系。在这个问题上,往往存在两种错误认识:一种是过分强调集体利益,过于强调个人要大公无私,以致遮蔽甚至无视个人的正当利益;另一种则是以自我为中心,过分强调个性发展和个人权益,缺乏互生和谐理念,轻视甚至无视集体的存在。因此,本框需要帮助初中生正确认识并妥善处理个人与集体之间的关系。第二框"节奏与旋律"旨在引导学生正确解决局部利益和整体利益的冲突,其实质还是如何正确处理个人利益和国家利益的关系。在现实生活中,不少学生没有认识到任何部分都离不开社会和整体,在选择和确立个人价值目标时,没能考虑到集体利益和个人利益之间的统筹兼顾,没能考虑到局部利益和整体利益之间的统筹兼顾,当局部利益和整体利益之间发生矛盾和冲突的时候,不会平衡二者之间的关系,甚至坚持小团体主义。因此本框将"反对小团体主义"作为核心主题是非常重要的。

从七年级乃至整个初中阶段道德和法治课程内容的设计来看,本课是对集体主义原则的具体阐述,是站在学生的立场上设想学生会遇到哪些问题,帮助学生具体地理解和处理在集体中会遇到的困惑,是对第三单元《在集体中成长》的具体注解,有助于学生更加全面、更加深入地理解集体主义,为接下来的第八课《美好集体有我在》的学习打下基础。学生只有正确处理整体利益和局部利益的关系,才能够真正坚持集体主义,成为社会主义合格的建设者和接班人。

三、学情依据

从外部环境来看,尽管集体主义原则是党和国家对青少年健康成长特别是德行成长的要求,是青少年践行社会主义核心价值观的具体表现,但是改革开放以来,多元的价值观和思想体系不断冲击着广大青少年,个人主义思潮有所抬头。

从学生的角度来看,很多学生对集体的认识比较模糊,对集体的建设不以为然,甚至有一些错误的观念,特别是在个人意愿和集体规则发生矛盾、冲突的时候,不能从他人或集体的角度去思考问题,过度强调个人意愿,对于如何建设和谐集体缺乏方法。因此,教师需要给予学生正确的指导。另外,还有部分学生对集体的认识存在一定的偏差,对于集体中的一些小群体的利益往往更加重视,有的甚至沾染上江湖义气,使小群体沦落为小团体主义,不明是非,甚至导致违纪违法的事情发生;同时,面对分属于不同集体的利益时往往也是强调小集体,缺乏大集体的概念。对此,教师需要给予思想、观念以及行为上的具体帮助。

核心主题的育德价值

通过第一框核心主题的教学,引导学生懂得集体规则的重要性,懂得正确处理集体规则与个人意愿的关系;引导学生懂得处理好与集体中其他成员的关系,懂得处理好与小群体内成员的关系;引导学生懂得发扬集体主义精神,自觉地让个人利益、局部利益服从国家、社会的要求。

通过第二框核心主题的教学,引导学生在不同的集体中扮演不同的角色,承担不同的责任,并在此过程中提高自己的能力,让自己的节奏与集体的旋律保持和谐,能够顺利地融入集体;引导学生在不同的集体中处理好角色之间的冲突,能够和集体中的他人和睦相处,坚决地反对小团体主义。

核心主题的建构与实施

核心主题一 正确处理集体利益和个人利益的关系

一、内容建构

1. 教材内容简介

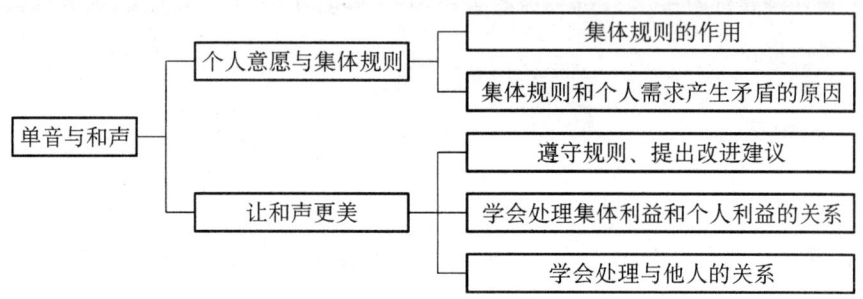

本核心主题相关的内容主要在本课第一框。第一框由"个人意愿与集体规则"和"让和声更美"两目组成。第一目主要讲述个人意愿和集体规则有相一致的地方,但并非总是一致。在二者产生矛盾的时候,要反思、理解个人意愿与集体要求的合理性并寻找解决冲突的平衡点。第二目主要介绍让集体更和谐的做法。从集体角度来说,集体对于不合理的内容和要求要进行适时的修订,要兼顾个体诉求;从个体角度来说,个体在集体中要学会处理好和集体中的其他个体的关系,要做到心中有集体,识大体、顾大局,坚持集体主义。

以上内容构成本核心主题的文本。从正确处理集体利益和个人利益关系这一核心主题的具体教学来看,教师应当引导学生充分认识到集体规则的重要性,为下面讨论集体规则和个人意愿之间的矛盾打下基础;应当引导学生理解集体规则和个人意愿产生冲突的原因,只有学生理解了两者之间产生矛盾的原因,才能够对症下药,找到解决办法;最后应当引导学生理解如何正确处理集体利益和个人利益之间的关系,这是本框的重点。

2. 教学要点及其确定理由

本框从个人意愿和集体规则间的辩证关系的角度,分析了集体利益和个人利益产生冲突的原因以及解决措施。而在具体教学中教师应当有的放矢地进行整合和充实,将抽象概念讲细。基于以上思考,我们提炼出本核心主题的相关教学要点。

第七课　共奏和谐乐章

要点1：集体规则的重要性

这一要点主要整合和扩展了本课第一框第一目第一段正文内容，主要是让学生理解集体利益的重要性。

这部分内容应该突出三点：集体规则有哪些重要性；当个人不服从集体的要求和规则的时候，会给集体和个人带来哪些不良影响；当集体的规则被个人打破的时候，我们应该怎么办。

突出第一点是要让学生明白集体的规则的重要程度。突出第二点是要让学生理性地思考，当个人的意愿和集体的规则发生冲突时，会产生哪些危害，既包括对集体的危害，也包括对个人的危害。特别是对个人危害的思考，能从感性以及理性两个角度，让学生认识到这个问题的严重性。突出第三点是要启发学生初步思考，当个人的意愿和集体的规则产生冲突，同时个人又不服从集体的要求和规则的时候，我们应该怎么办。这一要点为要点2和要点3的教学打下基础。

要点2：集体规则和个人意愿产生冲突的原因

这一要点主要整合和扩展了本课第一框第一目第二段、第三段正文的内容，主要是让学生理解虽然集体利益和个人利益本质上是一致的，但并不是完全一致的，集体利益和个人利益之间会产生一定的矛盾和冲突。

这部分内容应该突出三点：个性化的需要是什么；个性化的需要与集体规则之间会产生矛盾和冲突；个性化的需要与集体规则之间产生矛盾和冲突的原因有哪些。

突出第一点是要让学生反观自己的个性化的需要。个性化的需要，有合理的，也有不合理的，对于合理的个性化的需要，我们应该予以照顾和满足；对于不合理的个性化的需要，在个性化的需要与集体规则之间发生矛盾的情况之下，我们需要慎重处理。突出第二点是要让学生明白个性化的需要和集体规则之间常常会产生冲突，面对这样的冲突，不能听之任之，不能用一种不合理的发泄情绪的方式，甚至不合法的方式来解决，而应该用一种理性的方式去解决。突出第三点是要让学生明白个性化的需要与集体规则之间产生矛盾以及冲突的原因，这可能是因为集体或个人有不正当或不合理的要求，也有可能仅仅是因为个人和集体的需要不同而已。学生只有理性分析两者之间产生冲突背后的原因，才有可能采取理性的行动去解决冲突，为下一个要点的学习打下良好的基础。

要点3：如何正确处理集体利益和个人利益之间的关系？

这一要点主要整合和扩展了本课第一框第一目第三段正文和第二目的内容，主要是让学生懂得如何处理集体利益和个人利益之间发生的冲突，如何正确认识集体利益和个人利益之间的关系，以及如何树立集体主义的价值观。

这部分内容应该突出四点：个人意愿服从集体的共同要求，坚持集体主义，反对极端个人主义;在坚持集体主义的前提下,承认个人的合理的利益;理解集体要求的合理性,反思个人意愿的合理性;对集体中存在的不合理的要求,提出积极的改进意见,正确处理集体中个人的矛盾。

突出第一点是要让学生明确我们所倡导的集体主义的要求,即当个人利益和集体利益发生冲突的时候我们应该把集体利益放在个人利益之上,坚持集体主义。突出第二点是要让学生理解,强调集体主义不是说不保护个人的正当利益,而是承认个人利益的合理性,保障个人正当利益的实现。突出第三点是要让学生掌握处理个人利益和集体利益之间的矛盾的一些具体策略。比如让学生思考集体要求的合理性和不合理性、个人意愿的合理性和不合理性,在处理这些合理和不合理的因素的过程中,找到解决冲突的平衡点。另外,在这个过程当中,学生也要从理性上去理解集体主义承认个人利益的合理性,保障个人正当利益的实现,保证个人利益与集体利益的结合和协调,促进集体利益与个人利益在辩证统一中不断发展。突出第四点是要让学生理解,在遇到集体中的矛盾和冲突的时候,应该慎重考虑,冷静选择适当的方式,无论个人之间有多大的矛盾和冲突,都应该心中有集体,识大体、顾大局,不得因个人之间的矛盾而做出有损集体利益的事情。

二、教学实施

在具体的教学实施上,教学活动必须引导学生理解集体规则的重要性,特别是集体规则被破坏时会对社会和个人产生不良影响;必须引导学生理解个人意愿和集体规则之间会产生冲突以及为什么会产生冲突;必须引导学生正确地处理集体和个人之间发生的矛盾和冲突,从而真正地坚持集体主义的原则。依据以上思考,可以通过以下教学活动进行这一核心主题的教学。

1. 开展"感悟和声中的美妙"的教学活动

（对应要点1：集体规则的重要性）

教学活动	设计理由
（1）教师请学生列举一些常见的集体规则。 学生分享集体规则对集体的重要性,特别是对个人的重要性。 教师小结：集体规则对于集体和个人都很重要。	让学生通过列举身边的实例来感受集体规则的重要性。
（2）教师追问：如果我们不遵守这些集体规则,会带来哪些影响？ 学生从集体和个人两个角度思考并分组讨论不遵守这些规则所带来的负面影响。 教师小结不遵守集体规则所带来的负面影响。	通过一正一反的思考,让学生明白遵守集体规则的重要性,以及不遵守集体规则所带来的负面影响。在这里要特别提醒学生注意,遵守还是违反集体规则,对于我们个人来说,都有十分重要的影响。

第七课　共奏和谐乐章

2. 开展"认识和声中的异响"的教学活动

（对应要点2：集体规则和个人意愿产生冲突的原因）

教学活动	设计理由
（1）教师根据要点1的教学活动中学生所列举的集体规则和个人意愿之间的冲突事件，让学生回忆当时自己面对冲突时的反应。 学生反思自己的需要以及集体的需要之间存在的矛盾。 教师提示：我们有时会感受到集体规则与我们的某些个性化需要之间存在矛盾甚至冲突，其原因可能是个人和集体的需求不一样。	让学生理性地去认知集体规则与个性化需要之间存在着矛盾甚至冲突。
（2）教师追问：个性化需要和集体规则之间存在矛盾和冲突的原因是什么？ 学生结合之前的案例，分别从个人和集体这两个立场进行思考。 教师小结：两者之间产生矛盾甚至冲突的原因，可能是基于一方有不正当或者不合理的要求，也有可能是基于双方合理但不同的需求。 教师提示：集体和个人的需要不同或者出现不正当、不合理的需要的时候，我们应该怎么办？应该如何去处理集体和个人之间的关系？	通过追问让学生思考集体规则和个人需要之间产生冲突的原因，并进一步思考如何根据冲突产生的原因去解决冲突。

3. 开展"化解和声中的矛盾"的教学活动

（对应要点3：如何正确处理集体利益和个人利益之间的关系？）

教学活动	设计理由
（1）教师展示要点1和要点2的教学活动中个人意愿和集体规则之间发生冲突的事件，比如"学校严禁带手机，可是住校生需要利用手机和家长沟通"。 学生分组讨论：面对这样的冲突，我们有哪些理智的处理办法？ 在学生充分地讨论和交流之后，教师根据学生的讨论进行有针对性的总结。	让学生在充分民主的氛围当中，理性地思考个人意愿和具体规则发生冲突时应该怎么办，从而让学生内化集体主义的价值要求，真正地理解集体主义的含义，学会正确处理集体利益和个人利益的关系。
（2）教师展示学生因为个人之间的矛盾而影响到集体利益的案例。 学生讨论案例中学生这样做的危害。 教师小结：在处理集体利益和个人利益的关系时，我们要正确处理自己与他人之间的矛盾和关系。不能因为自己和他人之间的矛盾和冲突，影响到集体的利益，应该识大体、顾大局。	让学生学会面对集体中个人之间的冲突并正确处理，让学生理解不能因为个人冲突和矛盾而影响到集体的利益。

核心主题二 反对小团体主义

一、内容建构

1. 教材内容简介

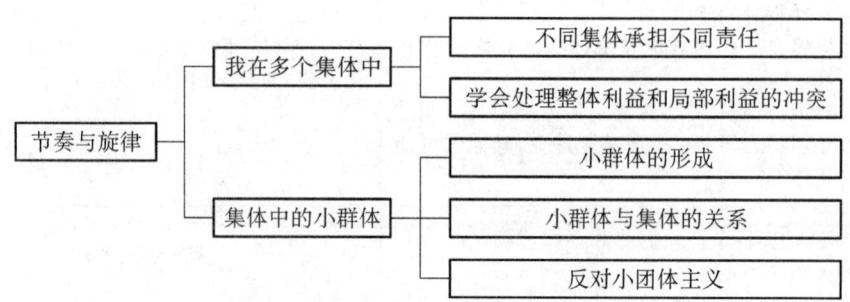

本核心主题相关的内容主要在本课第二框。从教材内容来看,"节奏与旋律"由"我在多个集体中"和"集体中的小群体"两目组成。第一目主要介绍我们都属于多个集体,在每个集体中都会扮演不同的角色,承担不同的责任,当不同集体之间发生矛盾时,我们要学会从整体利益出发,局部利益服从整体利益,个人利益服从集体利益。第二目介绍了在集体中会形成各种小群体,很多小群体会为我们的生活增添乐趣并促进个人发展。但我们也要认识到小群体之间以及小群体与集体之间也会发生矛盾和冲突,甚至有的小群体会沦为小团体主义,所有这些都要求我们遵守规则,遵守法律和道德,明辨是非,坚持集体主义。

以上内容构成本核心主题的文本。从"反对小团体主义"这一核心主题的具体教学来看,教师应当首先引导学生理解我们在不同集体中扮演不同的角色,承担不同的责任;然后引导学生学会正确处理角色之间的冲突,正确处理局部利益和整体利益的关系,坚持从整体利益出发;最后引出小群体与集体的关系,引导学生正确处理小群体与集体关系,坚持集体主义,反对小团体主义。

2. 教学要点及其确定理由

本课第二框两目内容主要阐述了整体利益和局部利益的冲突及其解决办法,集体和小群体的冲突及其解决办法。而在具体教学中教师应当有的放矢地进行整合和充实,将抽象概念讲细。基于以上思考,我们提炼出本核心主题的相关教学要点。

要点1:在不同集体中扮演不同的角色,承担不同的责任

这一要点主要整合和扩展了本课第二框第一目第一段正文和八年级上册第六课《责任与角色同在》第一框第一目第一段、第二段、第三段和第四段正文的内容。主要是让学

生理解我们在不同的集体中,需要扮演不同的角色,每一种角色都意味着承担相应的责任。只有人人认识到自己扮演的角色,承担应尽的责任,才能构建各尽其责、各得其所而又和谐相处的社会。

这部分内容应该突出三点:我们同时属于多个集体,在不同的集体中,我们扮演不同的角色;不同的角色需要承担不同的责任;当我们的角色符合集体的要求时,我们就能顺利融入集体,当我们的角色不符合集体的要求时,我们就有可能和集体产生矛盾和冲突。

突出第一点是让学生明白每个人的角色是多元的,我们现在是父母的儿女,是老师的学生,将来会为人父母,成为工人、农民、教师、公务员、科技工作者等。随着时代的发展和所处环境的变化,我们会不断变换自己的角色,调节角色行为。突出第二点是让学生理解每种角色都意味着相应的责任,不同的角色需要承担不同的责任。作为子女,孝敬父母是我们的责任;作为学生,遵守学校纪律,认真学习是我们的责任;作为社会的一员,遵守社会规则,维护公共秩序是我们的责任;作为中华儿女,位卑不敢忘忧国,心系祖国的前途和命运是我们的责任。对于责任的理解七年级没有重点提及,此处把八年级的相关内容整合到这一课当中,能让学生更好地理解个人和集体的关系,更好地理解个人在集体中所扮演的角色和承担的责任,也为八年级完整地学习责任与角色的关系、做负责任的人等打下基础。突出第三点是启发学生理解,当自己的角色符合集体的期待和要求的时候,就能够顺利地融入集体,自己也会感受到快乐和幸福,反之,当自己的节奏与集体的旋律,或者说自己的角色和集体的要求存在差异的时候,就需要调整自己的节奏,变换自己的角色,承担好自己的责任。

要点2:正确处理局部利益和整体利益的关系,坚持从整体利益出发

这一要点整合和扩展了本课第二框第一目第三段正文的内容,主要是帮助学生在遭遇角色冲突带来的烦恼时,学会依据自身情况理智对待,正确处理局部利益与整体利益、个人利益与集体利益的关系。

这部分内容应该突出三点:不同集体中的不同角色有可能会产生冲突;学会正确地处理不同集体当中的角色冲突;正确认识局部利益和整体利益、个人利益与集体利益的关系。

突出第一点是让学生了解每个人生活在不同的集体中,扮演着不同的角色,难免会产生冲突。突出第二点是帮助学生了解自己的各种需要,分析其中合理的需要和不合理的需要,远期需要和近期需要等,并在认识、理解、确认自己的需要的过程中,确定自己所扮演的主要角色和各角色之间的关系;帮助学生明确自己在角色中的权利与义务,协调各角色间的关系,以达到整合的目的,产生角色的认同感,增强自信。突出第三点是启发学生

正确处理局部利益和整体利益、个人利益和集体利益的关系,让学生理解,当遇到不同集体之间的矛盾时,我们应从整体利益出发,自觉地让局部利益服从整体利益、个人利益服从集体利益;最终让学生明白,只有在不断调整自己的节奏中学习过共同生活,在解决不同集体的角色冲突中学习过集体生活,让自己更好地融入集体,才能在集体生活中感受到成长的快乐。

要点3:正确处理小群体与集体的关系,坚持集体主义,反对小团体主义

这一要点主要整合和扩展了本课第二框第二目的内容,主要是让学生学会辩证地理解小群体的作用,学会正确地处理自己和小群体的关系,处理好小群体和大集体之间的关系,特别重要的是,学会坚持集体主义,反对小团体主义,防止把小群体变成小团体。

这部分内容应该突出三点:小群体的形成以及对个人的辩证作用;小群体和集体之间的关系;坚持集体主义,反对小团体主义。

突出第一点是让学生了解,一些志趣相投、个性相似或者生活背景类似的同学,往往会自觉或不自觉地形成小群体。在小群体当中,一方面,小群体成员可以相互接纳、相互欣赏,能够体验归属感和安全感,减少孤独感,能够充分挖掘自己的潜能,和同伴共同成长;但是,另一方面,小群体成员也有可能沾染上不良的气息,盲目从众地去做一些错误的事情,甚至迫于小群体的压力,做出违反道德和法律的事情。突出第二点是让学生理解小群体和集体之间的关系,当小群体的节奏能融入集体生活的旋律时,小群体成员就能够感受到集体生活的美好,更愿意参加集体的建设;当小群体不能很好地融入集体生活时,其成员就会与小群体之外的其他同学产生矛盾和冲突,甚至与集体的共同要求产生矛盾和冲突。突出第三点是让学生分辨小群体的性质:有的小群体是积极型的,有的小群体是中间型的,但有的小群体却是破坏型的,这种破坏型的小群体就是小团体主义。小团体主义往往把自身的利益置于集体之上,会与集体产生不可避免的矛盾和冲突。教师教学中要让学生坚定地坚持集体主义,反对小团体主义。

二、教学实施

在具体的教学实施上,教学活动必须引导学生正确认识到在不同的集体中个人会扮演不同的角色,承担不同的责任,有什么样的角色就应该承担什么样的责任;必须引导学生理解整体利益和局部利益的关系,特别是当两者之间出现冲突的时候,应该如何处理;必须引导学生理解小群体与集体之间的辩证关系,学会平衡自己在小群体当中和集体当中的角色,特别是当不同角色产生冲突的时候应该如何处理。依据以上思考,可以通过以下教学活动进行这一核心主题的教学。

1. 开展"认识集体中的角色责任"的教学活动

（对应要点1：在不同集体中扮演不同的角色，承担不同的责任）

教学活动	设计理由
（1）教师请学生梳理他们在不同集体当中的角色，看看哪一位同学所承担的角色比较多。 学生分小组进行分享和交流。 教师总结：在不同的集体中我们需要扮演不同的角色，不同的角色需要承担不同的责任。	学生在学习和社会交往过程中，逐渐认识、理解、领悟不同角色的规范，还学会动态地创造性地实践自己所扮演的角色。在角色构建的同时，学生需要意识到不同的角色所带来的是不同的责任。而初中生正处于青春期，处于学习扮演各种角色、实现角色自我认同的关键时期。因此，教师需要帮助学生建立角色意识，引导学生懂得不断调整角色的过程是自身不断成长的过程。
（2）教师请学生继续分享：自己在哪一个集体中所扮演的角色、承担的责任比较好，在哪一个集体中所扮演的角色、承担的责任不好，并分析其中的原因。 学生就自己扮演的角色进行反思。 教师总结自身的角色和集体的要求之间的关系。 （3）教师播放《保卫黄河》。 学生讨论音乐中节奏对于整个乐曲的作用。 教师引导学生在赏析歌曲《保卫黄河》中体会其中所渗透的爱国主义情感。	通过学生的分享，让学生理性地思考角色和责任之间的关系。通过赏析歌曲《保卫黄河》，让学生感悟自己的角色对于集体的重要作用。

2. 开展"审视集体中的局部利益"的教学活动

（对应要点2：正确处理局部利益和整体利益的关系，坚持从整体利益出发）

教学活动	设计理由
（1）教师展示在不同的集体中出现角色冲突的几组情境。 学生分析如何根据自己的实际情况来解决这些角色冲突。 教师总结：在排解角色冲突带来的烦恼时，我们通常会考虑自己更关注哪个集体，或在其中的角色和责任的重要性，也会考虑自己的兴趣爱好以及任务的紧迫程度等，根据自己的实际情况来化解冲突和矛盾。	通过让学生分析自己身边的案例和故事，引导学生根据自己的实际需求去处理在集体中出现的角色冲突，并且鼓励学生认识到，在自身人格形成的过程中，产生冲突、进行调整的过程，也是形成积极情感、顽强意志和挫折耐受力的过程，最终需要学生对自己的选择负责，在集体生活中扮演好自己的角色。
（2）教师展示小集体和大集体之间产生矛盾和冲突的情境：学生干部是否应该帮助班级销分？ 学生分享：如何才能解决这样的矛盾？ 教师总结：当我们遇到班级、学校等不同集体之间的矛盾时，我们应该从整体利益出发，自觉地让局部利益服从整体利益。	通过让学生分析在小集体和大集体之间的两难选择问题，促使学生树立集体主义观念，理解局部利益应该服从整体利益，整体利益处于主导的地位，发挥着统摄的作用。

3. 开展"反对集体中的不良团体"的教学活动

（对应要点3：正确处理小群体与集体的关系，坚持集体主义，反对小团体主义）

教学活动	设计理由
（1）教师展示几个小群体的案例。 　学生分享：在自己的集体当中有没有这样的小群体？这样的小群体是怎样形成的？在与小群体中的同学交往后，自己发生了怎样的变化？ 　教师追问：小群体除了给我们带来积极的影响之外，还有没有消极的影响？ 　教师在学生分享完之后引导学生对小群体进行辩证思考。	通过辩证地分析小群体的作用，让学生在感性地了解小群体的积极作用之余，理性地思考小群体有可能给个人带来的消极和不良影响。
（2）教师展示小群体和集体之间产生矛盾和冲突的案例，以及小团体主义和集体主义之间产生矛盾和冲突的案例。 　学生思考：如果在集体生活中遇到类似情形，会怎样想？会怎样做？ 　教师总结：我们要坚定地坚持集体主义，反对小团体主义，恰当地处理好小群体与大集体之间的矛盾和冲突。	通过介绍典型案例，并让学生分享身边的小团体主义的事件，警示学生坚持集体主义，反对小团体主义，同时妥善地处理好小群体和大集体之间的矛盾和冲突。

第八课 美好集体有我在

本课第一框"憧憬美好集体"的核心主题是"认识美好集体",第二框"我与集体共成长"的核心主题是"共建美好集体"。

核心主题的依据

一、课程依据

从初中道德与法治课程设计依据来看,本课核心主题的教育教学内容有如下依据:一是依据《课标》中"正确认识个人与集体的关系,主动参与班级和学校活动,并发挥积极作用。有团队意识和集体荣誉感,感受学校生活的幸福,体会团结的力量""知道责任的社会基础,体会承担责任的意义,懂得承担责任可能需要付出代价,知道不承担责任的后果,努力做一个负责任的公民"等要求。二是依据《大纲》中"要根据学生实际,引导、支持学生自主制定规则、公约等,逐步培养学生参与群体生活、自主管理、民主协商的能力,养成按规则办事的习惯,引导学生在学校生活的实践中感受法治力量,培养法治观念"等要求。三是依据党的十九大报告中关于集体主义的重要论述。四是依据《中共中央国务院关于进一步加强和改进未成年人思想道德建设的若干意见》中"深入进行爱国主义、集体主义、社会主义和中华民族精神教育"等要求。综合来看,"认识美好集体"和"共建美好集体"这两个核心主题,是道德与法治课程设计的重要教学目标和价值取向,是培养学生在认识和行动上坚持集体主义的重要基础,是践行社会主义核心价值观的必然要求。

二、教材依据

从新旧教材内容对比来看,旧教材在九年级第二课《在承担责任中成长》第一框"承担关爱集体的责任"中阐述了集体的作用和关爱集体的表现,但是并没有专门阐述美好集体的愿景、作用和特点,没有详细阐述如何建设美好集体,以及个人在建设美好集体的过程当中能够收获什么样的成长。新教材专门用了本课第一框来详细阐述我们对美好集体的憧憬,又用了第二框来详细阐述如何建设美好集体以及建设美好集体和个人成长之间的辩证关系。由此可见，新教材对这部分内容进行了全新的设计，内容比旧教材更加全面、更加深入。本课第一框借助学生建设集体的已有经验，让学生憧憬美好集体，发现美好集体的理想样态，总结美好集体所应具备的特征，从而让学生更好地认识美好集体。第二框帮助学生正确认识个人与集体的关系，在共建美好集体的过程中，培养担当意识，学会承担责任，促进自我成长。

从七年级乃至整个初中阶段道德和法治课程内容的设计来看，本课使学生在共同憧憬美好集体的基础上，积极参加集体的共同活动，遵守集体的行为规范，明确自己所要承担的责任，并最终将其上升为一种自觉的行为，共同建设美好集体。这既是本单元的落脚点，又为八年级中社会生活等方面内容的学习打下了基础。

三、学情依据

从外部环境看，改革开放以来，多元价值观逐步涌入中国，个人主义和拜金主义的思潮影响着青少年的世界观、人生观和价值观；应试教育的导向下，学生和家长往往以分数和升学作为学习的出发点和落脚点。这些都造成了部分学生个人意识较强，国家、社会意识较弱，在利益关系上表现为以"我"为中心，凡事从"我"出发，往往忽视他人和集体的存在，对于什么样的集体是美好的集体，美好集体的特征有哪些以及如何建设一个美好的集体在认识上不够清晰。

从学生日常生活来看，七年级学生的阅历还比较浅，参与集体建设的机会并不多，但随着年龄的不断增长，社会交往圈层不断扩大，接触和参与的集体也不断增多，因此需要逐步认识美好集体对个人成长的重要意义，这是后续教学的重要前提。大部分中学生都是独生子女，很多学生从小养成了一种以自我为中心的价值观，往往把学业看作自己最主要的任务，把集体的愿景，集体的规则和制度，以及集体的生活看作次要的事情；在集体的建设当中，缺少主人翁意识，不能勇于承担责任，即使承担责任也是基于外在荣誉和奖励，而不是基于内在的责任感和使命感；对于个人利益和集体利益的辩证关系不能正确而深刻地去理解。

核心主题的育德价值

通过第一框核心主题的教学，让学生增强主人翁意识，感受美好集体的温暖，增强集体荣誉感和归属感，做个对自己、对集体负责任的人；让学生处理好与集体中其他成员的关系，发扬团结合作的精神；当个人利益与集体利益发生冲突时，能做出正确选择，自觉维护集体荣誉和利益；让学生增强大局意识、协作精神和服务精神，为国家、社会做出自己的贡献。

通过第二框核心主题的教学,让学生增强作为集体中成员的意识,体会集体的力量,懂得集体生活对自己的意义,懂得怎样发展自己的个性,努力做一个对集体有益的人;让学生处理好与集体中其他成员的关系,尊重个体之间的差异,懂得包容他人的不同、学习他人的优点;让学生增强大局意识和规则意识,学会适应国家和社会的要求。

核心主题的建构与实施

核心主题一　认识美好集体

一、内容建构

1. 教材内容简介

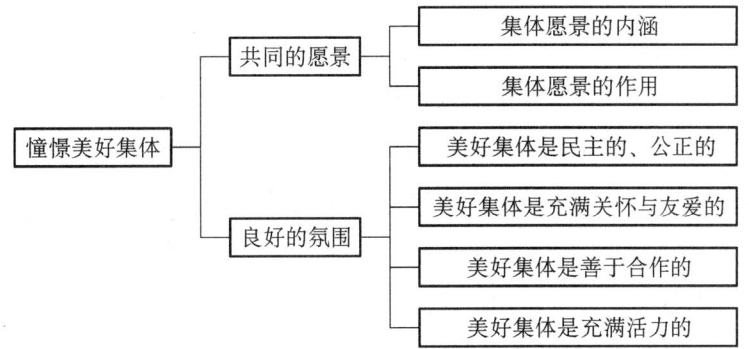

本核心主题相关的内容主要在本课第一框。第一框由两目组成,第一目"共同的愿景"主要讲述美好的集体都拥有共同的愿景,这是集体的精神动力之源,是推动集体发展的内驱力。第二目"良好的氛围"主要介绍美好集体的特质,即美好集体需要具备民主公正、充满关怀与友爱、善于合作、充满活力等特质。

以上内容构成本核心主题的文本,从"认识美好集体"这一核心主题的具体教学来看,应当首先引导学生感悟一个美好集体共同的愿景,在这个愿景的指引之下理解集体对个人成长所发挥的关键作用,从而指导学生认识到美好集体所具备的良好氛围与特征,为下一框"共建美好集体"的学习打下基础。这样的逻辑是对本框两目内容的整合和扩展,更加符合学生的认知逻辑和教师的教学逻辑,有利于核心价值的实现和达成。

2. 教学要点及其确定理由

本框的两目内容分别阐述了美好集体的愿景以及美好集体所具备的良好的氛围,为了使学生最终形成建设集体良好氛围的动机,并对学生建设美好集体的目标做出具体的指导,在具体教学中教师需要对本框内容进行有的放矢的整合和提炼。基于以上思考,我们提炼出本核心主题的相关教学要点。

要点1：美好集体的愿景

这一要点主要扩展了本课第一框第一目第一段正文的内容，主要是让学生理解集体愿景的内涵和集体愿景的作用，引导学生对集体的美好未来进行憧憬，感受共同愿景的感召力和凝聚力。

这部分内容应该突出两点：集体愿景的内涵，集体愿景的形成。

突出第一点是让学生明白设计共同的愿景是建设美好集体的前提，美好集体拥有共同的梦想，向往共同的美好前景，承担共同的使命，认同正确的价值观，形成一致的目标和追求，从而指引个人成长的方向。突出第二点是希望引导学生思考如何形成集体愿景，形成集体愿景的过程，也就是形成共同的价值观、承担共同的使命的过程，也就是个人认同集体、融入集体的过程。这一点是教材上没有阐述的，但是对于理解集体愿景却十分重要，同时对于指导学生在所处的集体中形成共同的愿景具有指引作用。

要点2：美好集体的作用

这一要点主要整合和扩展了本课第一框第一目第一段和第二段正文的内容，主要是让学生理解：一方面，愿景是集体的精神动力之源，是推动集体发展的内驱力；另一方面，共同的愿景引领集体成员团结一致，开拓进取。对于学生而言，集体拥有共同愿景，能使学生在学习和生活中遭遇困难和阻力时坚持不懈，从而发挥集体共同愿景的张力作用；能引导学生理解美好集体对个人的积极作用，从而激发学生建设美好集体的情感，引导学生融入自己的集体，为自己所在的集体做出力所能及的贡献。

这部分内容应该突出两点：集体愿景的作用，即导向功能、凝聚功能、激励功能和约束功能；美好集体的作用。

突出第一点是为了引导学生从集体愿景的角度来理解集体的作用。集体愿景对集体整体和集体每个成员的价值取向与行为取向具有引导作用，使之符合集体共同确定的目标，即发挥集体文化的导向功能；集体愿景被集体成员共同认可后，就会成为一种黏合剂，从各个方面将集体成员团结起来，产生一种巨大的向心力和凝聚力，即发挥集体文化的凝聚功能；集体愿景使集体成员从内心产生一种高昂情绪和发奋精神，激发集体成员的积极性，即发挥集体文化的激励功能；集体愿景的文化氛围，外显为集体群体行为规范和道德规范，对每个成员的思想、心理和行为具有约束和规范的作用，即发挥集体文化的约束功能。突出第二点是为了引导学生从整体上理解美好集体是我们共同学习、共同生活的精神家园，引领我们成长。

要点3：美好集体的特点

这一要点主要整合和扩展了本课第一框第二目的内容，主要是向学生展示美好集体所需要营造的良好氛围。以班集体为例,班集体是学生成长接触的主要环境,班集体的和谐稳定在一定程度上可以调节学生个体的外化行为。良好的班集体氛围,积极的情感支持,可以为学生提供和谐友好的发展环境,有利于改善师生关系、生生关系,有助于提高学生的集体认同感和归属感。在具有良好氛围的班集体中,教师可以通过民主管理,培养学生对集体的责任意识。在积极的班集体氛围的作用下,即使学生存在着某些外化行为的问题,依旧能感受到同伴的接纳和集体的温暖,对集体存在一定程度的认同感。

这部分内容应该突出三点:从管理上来说,美好的集体是民主、公正的;从情感上来说,美好的集体是充满关怀与友爱的;从关系上来说,美好的集体是合作与竞争并存的。

突出第一点是让学生理解:首先,集体中每个人都是鲜活的生命,是值得尊重的个体,只有强调尊重在集体民主管理中的重要作用,才能避免集体民主管理走入误区。其次,应将尊重人的行为和尊重规则统一起来。最后,集体民主管理的价值目标就是实现公平。要实现这一目标,就必须根据每个人的自身差异性,对集体管理进行改革,解决集体管理中存在的不公平现象,不但要让每一个人的自身优势在集体管理中尽情发挥,更要让每个人的身心都得到发展,最终达到完善集体管理的目的,实现实质性的公平。

突出第二点是让学生理解:首先,集体要关注人的生存状况,关心人的多元化需求,强调人的尊严,突出人的主体地位和个性差异。在集体中要把人文关怀放在第一位,让个体在和谐共生的集体环境中实现自身的健康成长和全面发展。其次,个体不仅需要有关怀和友爱之心,还需要有具体的行动和恰当的方法。实施人文关怀,就是要在以人为本的基础上,最大限度地尊重人、爱护人、依靠人,促进和谐发展。对他人的关爱,不是为了表现关心,而是为了真正促进他人的成长进步。

突出第三点是让学生理解:学校的集体生活是社会生活的缩影,学生应在集体生活中学习如何与他人沟通、交往和合作,为将来步入社会打下基础。与此同时,学生需要理解,集体创建良好的竞争机制,不仅可以使集体充满生机和活力,而且对激发学生的进取精神、培养学生参与竞争的能力大有裨益。这一点是对教材中美好集体是善于合作的、美好集体是充满活力的这两个教学内容进行了合并,目的是为了让学生更好地去理解合作与竞争之间的辩证关系,并且学会在集体生活中如何进行合作与竞争。

二、教学实施

在具体的教学实施上,教学活动必须引导学生正确认识美好集体的愿景,激发学生融入集体和为集体做出贡献的动机;必须引导学生感受美好集体对个人成长的作用,全面辩证地思考集体对个人的影响;必须引导学生了解美好集体的氛围和特点,目的是让学生知道应该把美好的集体建设成什么样。基于以上三点,教师就能够使学生对集体有一个完整的认识,从而实现本核心主题的教学。依据以上思考,可以通过以下教学活动进行这一核心主题的教学。

1. 开展"认识美好集体的愿景"的教学活动

（对应要点1：美好集体的愿景）

教学活动	设计理由
（1）教师请学生表达他们对美好集体的憧憬。 学生分享：列举相关的集体生活的经历,说明自己在集体愿景的激励下所收获的成长。 教师总结集体愿景的内涵和集体愿景的作用。	让学生通过列举自己身边的实例来理解集体愿景的内涵,即美好集体所拥有的共同梦想,美好的前景,共同的使命,正确的价值观,一致的目标和追求；理解集体愿景是集体的精神动力之源,是推动集体发展的内驱力,是影响个人成长和发展的重要因素；理解共同的愿景引领集体成员团结一致、开拓进取。
（2）教师引导学生思考：如此重要的集体愿景是如何形成的? 学生回答：列举出自己所在集体的愿景。 教师初步指出集体愿景的形成方式。	通过对集体愿景是如何形成的这一问题的追问,教师引导学生初步思考集体愿景的形成过程和原因,从而为学习第二框"我与集体共成长"中集体愿景、集体制度、集体规则的制定和形成的相关内容打下基础。

2. 开展"感受美好集体的作用"的教学活动

（对应要点2：美好集体的作用）

教学活动	设计理由
（1）教师向学生展示中国女排、中国航天等优秀集体。 学生思考并回答：在这些集体当中,个人为什么会获得成长？ 教师在学生发言之后,概括出集体愿景对个人的导向功能、凝聚功能和激励功能,总结出美好集体对个人成长的作用。 （2）学生分享：列举出自己身边的美好集体的案例。	通过展示优秀集体的案例和列举自己身边的案例,让学生理解集体的愿景以及美好集体所具有的正向的促进作用。
（3）教师向学生展示中国游泳队因为某游泳队员私自接广告而将其开除的案例。 学生分组就此案例进行分析和讨论。 教师总结：美好的集体也会对个人具有一种约束的作用。如果个人的行为违反了集体的愿景,阻碍了美好集体的发展,就可能会受到集体的惩罚。	通过一正一反的案例,让学生辩证地去理解集体对个人成长的作用：集体能够促进个人的成长,同时如果个人的行为违反了集体的要求,集体也会约束和规范个人的行为。这样学生就能够更加全面地认识集体的作用。

3. 开展"理解美好集体的特点"的教学活动

（对应要点3：美好集体的特点）

教学活动	设计理由
（1）教师让学生发表关于建设环保班级的合理化建议。 学生自由发言。 学生分组就班长需不需要打扫卫生进行讨论。 教师请学生概括出美好集体从管理上来说所具有的民主、公正的特点。	通过对如何建设环保班级以及班长是否需要打扫卫生等问题的讨论，让学生理解美好集体在管理上应该是民主、公正的，每个人的意见和建议都应该得到尊重和重视，同时每个人都应该遵守共同的规则，在规则面前没有特权；要保证每个人都有公平的发展机会，不应该有偏见与排斥。
（2）教师展示案例：小梁因父母离异而受到大家区别对待，有的同学很少关注他，有的同学欺负他，有的同学在精神上帮助他，有的同学在物质上帮助他。 学生讨论：分析这四种情境中同学们的做法以及我们应该为小梁提供哪些帮助。	通过分析情境，让学生沉浸在道德体验当中并设身处地地进行分析与思考，从而理解美好的集体应该是相互包容、相互关心、相互帮助的，不能以关爱之名行伤害之举，不能因外貌、性格、家境等歧视、侮辱他人；不仅要有关怀与友爱之心，而且要有具体的行动和得当的方法，应该让每一个人都感受到集体的温暖。

核心主题二　共建美好集体

一、内容建构

1. 教材内容简介

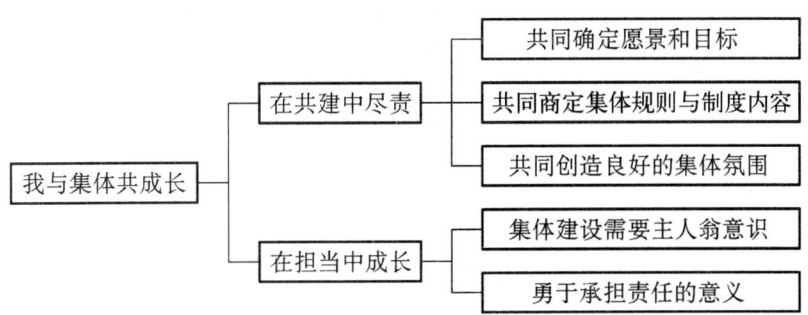

本核心主题相关的内容主要在本课第二框。从教材内容来看，第二框由两目组成。第一目"在共建中尽责"主要介绍如何共建美好集体。每个成员首先需要有自觉愿望和自主行动；其次要有对共同愿景、共同目标的理解和认同；再次要共同商定集体的规则与制度内容；最后要共同创造良好的集体氛围。第二目"在担当中成长"从个人角度谈如何创建美好集体，主要有两部分内容：第一是个人在美好集体建设中的担当，即集体的建设需要每个人的智慧和力量，集体的荣誉需要每个人的呵护和捍卫；第二是个人担当的意义和作用。第二框是在第一框的基础上谈如何创建美好集体，同时强调了个人的担当在美好集体建设中的重要性及做法，让学生乐于共建、共享美好集体，承担责任，与集体共成长。

以上内容构成本核心主题的文本，具有较大的深度和广度。教师应当引导学生首先理解如何进行集体的建设，然后在此基础之上，思考在集体建设的过程当中个人能够获得哪些成长和进步，最后对集体建设和个人成长的辩证关系进行一个理性的综合的思考。这能让学生从思想深处认同和内化共建美好集体的价值观并将其付诸行动。

2. 教学要点及其确定理由

要点1：集体建设

这一要点整合和扩展了本课第二框第一目第二、三、五段的相关内容，主要是引导学生在了解集体的愿景、集体的作用和特征之后，把憧憬落实到建设美好集体的行动上。

这部分内容应该突出四点：形成集体的愿景，制定集体的规则，营造集体的氛围，维护集体的荣誉。

突出第一点是为了让学生明白，在集体中，每个人对共同愿景、共同目标的理解和认同需要时间，也需要共同经历的过程；集体的愿景需要集体中的每一个人去制定。突出第二点是为了让学生理解，每个人都要积极地参与到共同商定集体的规则和制度内容的过程中，需要在尊重不同意见的基础上努力达成共识。突出第三点是为了让学生理解，一个集体成长的过程，也是正气和凝聚力形成的过程。良好的人际关系、健康的舆论氛围、积极的精神面貌，离不开每个人的努力。突出第四点是为了引导学生理解，集体荣誉是我们共同的利益和荣誉，需要我们悉心呵护；捍卫自己的尊严与维护集体的荣誉，两者同样重要。

要点2：个人成长

这一要点整合和扩展了本课第二框第一目第一、四段和第二目第一段至第五段的内容，主要是让学生理解在集体中担当责任可以促进个人的成长，从而思考集体生活对个人成长的重要意义。共同愿景可以激励个人在集体中不断追求成长目标，集体规则为个人提供成长保障，良好的氛围使个人感受到关怀与友爱，学会合作，充满活力。总之，在共建集体的过程中，只有学会担当，才能真正收获个人的成长。

这部分内容应该突出四点：激发自治精神，发挥个人所长，承担集体责任，学会与他人相处。

突出第一点是为了引导学生理解一个美好的集体需要我们有自治精神,这种自治表现为每个成员主动参与集体建设,积极参加集体活动,自觉维护集体荣誉。只有一个美好的集体才能够培养我们的自治精神,同时,只有发挥我们的自治精神,才能建设美好集体。突出第二点是为了引导学生理解集体的建设需要每个人的智慧和力量,集体中没有旁观者,人人都要参与其中,从实际情况出发,各尽其能,发挥所长。突出第三点是为了引导学生理解集体建设需要主人翁精神,承担责任既是个人有所成就的基础,也是集体发展的必要前提。为集体承担责任的过程,也是自我磨砺的过程,有助于我们学会正确地做事,提高能力,获得他人的认可与尊重,扩大自我成长的空间。承担责任不是口号,而是体现在实际行动中,落实在具体的事情里;职责不管大小,事情无论巨细,都要主动作为,使集体活动得以有序开展;勇于担责,不是他律,不是为了获得奖赏或避免惩罚,而是出于内心的责任感,出于自律;勇于担责可以为自己赢得信任,也可以让自己被赋予更大的责任,从而拥有更多发展的机会。突出第四点是为了引导学生在集体生活中学会接纳他人,理解和包容他人;学会关爱他人,互相帮助;学会参与,学会担当。只有在集体中学会与他人相处,才能更好地共建集体,也才能更好地在集体中获得成长。

要点3:集体建设与个人成长的辩证关系

这一要点在教材中没有直接体现,是在要点1和要点2的基础上对教材相关内容的拓展和提升。

突出这一要点是为了强调集体建设与个人成长的辩证关系是整个第三单元的落脚点,引导学生在学完了第三单元的内容之后,再次深刻地理解集体利益和个人利益之间的关系、集体建设和个人成长之间的关系。

二、教学实施

在具体的教学实施上,教师必须引导学生知晓建设美好集体的措施;必须引导学生在建设美好集体的过程当中感悟个人的成长,并且理性思考为了建设美好的集体个人需要具备哪些特质;必须引导学生辩证思考集体建设和个人成长之间的关系,从而再次回归本单元的主旨,即集体利益和个人利益的辩证关系。只有经过以上三个完整的认知和学习的逻辑,学生才能够最终认同和内化"共建美好集体"这一核心主题。依据以上思考,可以通过以下教学活动进行这一核心主题的教学。

初中《道德与法治》教学核心主题的建构与实施(七年级)

1. 开展"建设美好集体"的教学活动

(对应要点1:集体建设)

教学活动	设计理由
(1) 教师组织学生共同制定班级的愿景。 学生分组活动,根据共同愿景设计班徽。 学生回答:设计的班徽如何反映了班级的愿景? 教师引导学生理解集体的愿景是集体中的每一个人共同认可的,是这个集体共同奋斗的目标。 全班同学把设计出的能够反映集体愿景的班徽悬挂在班级的显眼位置。	制定班级的愿景并且把班级的愿景反映在班徽上,有利于加深学生对共同愿景的形成过程的理解,有利于学生明确共同愿景对个人成长和集体建设的作用,从而激发学生积极参与的热情。在设计班徽的过程中,需要充分尊重每个个体的意愿,乐于听取他们的意见和建议,从而形成符合集体实际、适应集体以及个人发展的共同愿景。
(2) 教师请学生共同制定选举班长的标准和规则。 学生通过自荐和互荐的方式模拟报名参加竞选。	通过选举班长这一典型性的案例,引导学生参与到共同制定和应用班级的规则和制度的活动中来。集体的规则和制度是一个集体文化软实力的集中体现,需要全体同学的认可,并且要在认可的基础之上共同制定。这样才会让学生更加自觉地去遵守这样的规则和制度,同时,一旦违反规则和制度,也愿意接受惩罚。
(3) 教师组织学生评析:本班在运动会当中输了比赛是丢了尊严还是赢得了尊严。 学生分组进行讨论并交流。 教师总结:我们需要维护集体的荣誉,营造良好的集体氛围。	通过该活动引导学生坚持集体主义,坚定地维护集体的荣誉。

2. 开展"促进自我发展"的教学活动

(对应要点2:个人成长)

教学活动	设计理由
(1) 教师组织学生设计出一份学校文艺汇演的策划方案。 学生开展活动,成立不同部门,根据自己的特长应聘不同的岗位。 教师提问:个人在这个活动中获得了哪些成长? 学生分享:在集体的活动当中,我们能够激发个人的自治精神,能够发挥个人所长。	通过设计学校文艺汇演策划方案这一活动,引导学生理解,在集体活动当中,我们需要一种自治的精神,要自我教育、自我管理、自觉参与集体的活动,把集体的事情当做自己的事情,激发自己的主人翁意识;与此同时,要引导学生理解,每个人身上都有自己的优点,要取长补短,各尽其能,各司其职,通过为集体做出贡献来提高自己的能力,找到自己的优点,改正自己的缺点。

续表

教学活动	设计理由
（2）教师组织学生观看《开讲啦》节目中黄旭华先生的演讲。 学生思考并分享：黄旭华先生是如何处理个人和集体的关系？为了祖国的核潜艇事业，黄旭华先生隐姓埋名、数十年如一日地进行研究的原因是什么？ 教师总结：黄旭华先生的事迹体现了一种集体主义和爱国主义的精神，体现出一种责任感。这种责任感并不是因为外界的奖赏，而是完全来自内心的一种对集体、对国家的忠诚。	通过对黄旭华事迹的分析，引导学生理解，在建设美好集体的过程当中，我们可以培养集体主义、爱国主义的高尚情操，也可以培养强烈的责任感。责任感是集体发展的必要前提，同时也是我们个人取得成就的基础。

3. 开展"与集体共成长"的教学活动

（对应要点3：集体建设与个人成长的辩证关系）

教学活动	设计理由
教师组织学生思辨：大家都在为集体做贡献，缺少我一个也影响不大。 学生进行辩论。 教师总结：集体的建设和个人的成长是辩证统一的。	在第三单元最后一框的末尾开展这一思辨活动，有如下目标：引导学生思考集体和个人的关系、集体利益和个人利益的关系、集体建设和个人成长的关系。引导学生澄清两种错误认识，一是过分强调集体利益，过于强调个人要大公无私，以致忽视甚至无视个人的正当利益；二是以自我为中心，过分强调个性发展和个人权益，缺乏和谐理念，轻视甚至无视集体的存在。引导学生理解，集体生活是自己社会性发展的重要发源地，而社会性发展与个性发展又是相辅相成的，学生的自我意识需要在集体生活中获得健全的发展。

第九课　法律在我们身边

本课第一框"生活需要法律"的核心主题是"生活离不开法律",第二框"法律保障生活"的核心主题是"法律让生活更美好"。

核心主题的依据

一、课程依据

从初中道德与法治课程设计依据来看,本课核心主题的教育教学内容有如下依据:一是依据党的十九大报告中关于深化依法治国实践的要求。二是依据《中央宣传部、司法部关于在公民中开展法治宣传教育的第七个五年规划(2016—2020年)》中的法治教育"坚持从青少年抓起"的要求。三是在《课标》中有关于法律、法治的内容。四是在《大纲》中也有具体说明。综合以上来看,帮助学生体悟"生活离不开法律""法律让生活更美好",是法治教育教学的起点和思想基础。

二、教材依据

从新旧教材内容对比来看,旧教材在七年级下册第七课《感受法律的尊严》第一框"走近法律"中有"我们身边的规则""生活离不开法律"的教学内容,主要介绍了法律的特征、法律的规范作用和保护作用。新教材在本课第一框"生活需要法律"主要介绍了法律与生活息息相关,法律渗透到社会的方方面面,更多的是帮助学生增加感性认识,为学生后面学习法律相关内容积累经验;在第二框"法律保障生活"主要介绍了法律的特征和作用。

从七年级乃至整个初中阶段道德与法治课程内容设计来看,"生活离不开法律""法律让生活更美好"的教学内容是法治教育的基石,为学生认同法治、尊崇法治、践行法治提供支撑,打下重要基础。

三、学情依据

从社会来看,我国发展日新月异,国家正处于重要的转型期,多元的价值观和不同层次的需求,对人们的交往、人际关系、共同生活提出了更高的法治要求。国家持续加强法治建设的力度,全社会的法治宣传如火如荼,人们的法治意识在不断增强。但由于多种原因,人们的法律知识往往还不能满足自己依法办事的需要。

从学生实际来看,学生对法律有所了解,对法治有所感受,但法律意识和法治观念还不强。学生对生活离不开法律有一定的感性认识,但对法律保障生活的作用还有认识误区,对法律的特征和作用还缺乏正确认知或者认识还不够清晰、体会还不够深刻。

核心主题的育德价值

通过第一框核心主题的教学,促进学生树立法律意识,增强在生活中依法办事的观念;促进学生遵循法律规则,尊重他人的权利;促进学生尊法学法守法护法,为建设法治中国、法治社会做贡献。

通过第二框核心主题的教学,促进学生增强对法律的认同感,提高依法办事的自觉性;促进学生依法自律,尊重他人的权利,依法履行义务,成长为社会主义法治的忠实崇尚者、自觉遵守者、坚定捍卫者。

核心主题的建构与实施

核心主题一 生活离不开法律

一、内容建构

1. 教材内容简介

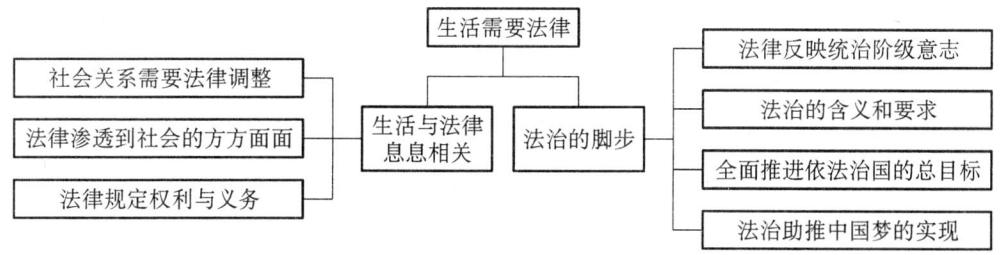

本核心主题相关的内容主要在本课第一框第一目。从教材内容来看,主要分为以下几个部分:法律就在身边,生活中形成的社会关系需要法律调整;法律已深深地嵌入生活之中,渗透到社会的方方面面;法律规定权利与义务,与每个人如影随形,相伴一生。

以上内容构成"生活需要法律"的文本,具体明了,切实走进了生活,体现了生活教育理念。但从深度教学的需要来看,教材呈现的内容还不够简约、全面,给学生留下的印象还不大清晰,或许课堂教学会气氛活跃、热热闹闹,但难以提升学生的理性认识,学生学习后只停留在感性认识层面。为了促进深度学习,提高学习效果,提炼出本核心主题的相关教学要点。

2. 教学要点及其确定理由

要点 1:个人生活离不开法律

这一要点整合和扩展了本课第一框第一目第三段的内容。其目的是帮助学生感受和认识个人的生存和发展离不开法律,让学生明白法律对个人的重要意义,从而促进其认同法律、尊崇法律,激发其学习法律知识的欲望,调动其积极性。这一要点基于宪法和法律赋予的公民的权利、规定的公民的义务,从生活现象着手,让学生体悟到法律规定的权利和义务为我们每个人提供了自由生存和发展的空间,顿悟到个人生活离不开法律。

这部分的教学应突出法律对个人生活的作用。教学时,要特别注意从学生的生活出发,寻找能够触动学生的实例,引导学生将法律的作用与生活进行联结。当然,学习内容要活动化,避免单纯的讲解。

要点 2:社会生活离不开法律

这一要点整合和扩展了本课第一框第一目第一段、第二段的内容。其目的是帮助学生感受和认识社会的存在和发展离不开法律,让学生明白法律对社会的重要意义。我们在社会中生存、生活和发展,都需要法律,应增强规则意识特别是法律意识,从而进一步认同法律、尊崇法律。这一教学要点的逻辑基础是法律规范和调整社会关系,保障社会的健康、和谐与稳定。因此,这里的社会生活包括学校生活及其他集体中的生活。

这部分的教学应突出法律对社会生活的作用。教学时,应充分发掘和利用学生已有的生活经验,让学生通过思考生活认识到法律和道德在调整社会关系、保护人们合法权益、促进社会和谐方面的意义,体悟社会生活离不开法律。

要点 3:国家生活离不开法律

这一要点是对本课第一框第一目内容的拓展,是由个人生活、社会生活走向国家生活的自然逻辑延伸。人类文明有史以来,社会中的人基本上是生活在以国家为单位的集体中,一个人的生存和发展往往与国家的安全、利益与发展密切相关。国家生活在很大程度上影响个人生活和社会生活,对个人追求美好生活可谓至关重要。在当代社会,国家机器的正常运转需要法律来维护和保障。法律维护和保障国家的政治生活、经济生活和文化生活等,也是在间接维护和保障我们的个人生活。由个人生活、社会生活延

第九课　法律在我们身边

伸到国家生活,可以开阔学生视野,增加学生思维的广度和深度。同时,这也能为后面教学"法治的脚步""学会依法办事"等内容揭开序幕,奠定基础。这部分内容属于拓展性质,不宜过多。

这部分的教学应突出价值引领和能力培养。在案例分析过程中,通过恰当地设计问题,融入社会主义核心价值观的培育和教育,同时,培养学生提取信息、活学活用知识的能力。

二、教学实施

在教学实施上,道德与法治课程的教育教学必须贴近学生生活,用具象的生活实例来诠释抽象内容,应突出学生的自主参与合作探究,引导学生开展自省和反思,进行思辨与澄清。依据以上思考,可以通过以下教学活动进行这一核心主题的教学。

1. 开展"探究个人生活离不开法律"的教学活动

（对应要点1:个人生活离不开法律）

教学活动	设计理由
（1）课前准备。 学生课前搜集与人的衣食住行、生老病死及未成年人健康成长密切相关的法律,并简要说明入选的理由。（可与家人或同学合作完成。）	增加学生的感性认识,同时落实课程的实践性,培养学生的能力。
（2）展示交流。 小组内学生交流自己的实践性作业,每组推选一份优秀作业进行展示,相互点评。 衣食住行相关:《中华人民共和国消费者权益保护法》《中华人民共和国食品安全法》《中华人民共和国道路交通安全法》等等。 生老病死相关:《中华人民共和国婚姻法》《中华人民共和国老年人权益保障法》《中华人民共和国反家庭暴力法》等等。 未成年人健康成长相关:《中华人民共和国母婴保健法》《中华人民共和国未成年人保护法》《中华人民共和国预防未成年人犯罪法》《中华人民共和国义务教育法》等等。	引导学生利用已有经验进行学习建构,让学生在与生活对话、与老师和同学对话的过程中体悟到个人生活离不开法律,美好生活需要法律。
（3）自主探究。 完成教材第86页的"探究与分享",交流、点评。 总结提升:法律规定权利与义务,与每个人如影随形,相伴一生。	帮助学生进一步感受个人生活离不开法律,通过总结升华认识。

2. 开展"探讨社会生活离不开法律"的教学活动

(对应要点2：社会生活离不开法律)

教学活动	设计理由
（1）经验发掘。 学生思考：一个人能离开社会生存和发展吗？在社会生活中，你经历过或听说过有关人与人之间、人与单位之间发生矛盾和纠纷的事情吗？问题是怎样解决的？（如果学生叙述的内容有可利用价值，就此引导学生探讨：法律解决社会生活中的矛盾和纠纷，为我们的生活服务。）	利用学生已有经验进行教学是新教材的一大特色，绝大多数教学内容都可以发掘学生的直接或间接生活经验。
（2）案例分析。 教师展示社会生活中的典型案例。 同学之间产生矛盾，进而扭打造成受伤。一方家长提出高额赔偿要求，双方始终不能就民事赔偿达成协议。办案检察官本着教育、感化、挽救的方针，多次联系双方家长，做了大量调解、说理工作，终于使双方握手言和，达成了符合实际的民事赔偿协议。 教师可针对案例设计有层次的问题，引导学生认识法律和道德在调整社会关系、保护人们合法权益、促进社会和谐方面的意义，体悟社会生活离不开法律。	案例教学法是法治教育中常见的，也是比较有效的教学方法。选用的案例来自未成年人自身，更具有真实性、说服力，有助于优化教学效果。
（3）视频欣赏。 教师播放剪辑的视频，介绍法律已嵌入社会生活的方方面面，成为社会生活的保护神，从而拓宽学生的视野。 总结提升：法律渗透到生活的方方面面，服务于当前生活，指导未来生活。	帮助学生进一步感受社会生活离不开法律，通过总结升华认识。

3. 开展"认识国家生活离不开法律"的教学活动

(对应要点3：国家生活离不开法律)

教学活动	设计理由
（1）教师首先呈现社会主义核心价值观在国家层面的价值目标——富强、民主、文明、和谐，再列举若干法律，如农业法、外商投资法、国防法、文物保护法、村民委员会组织法等等，然后设计问题：这些法律对实现国家层面的价值目标分别有什么重要作用？（根据学生具体情况，教师可对相关法律做出适当解释。）	国家生活涉及经济、政治、文化等多方面，学生理解起来稍有困难，再加上这一学习内容属于拓展部分，教师应该简明扼要地引导学生加以认识，通过对相关法律的简单介绍，使学生明白它们对保护和发展国家的经济、政治、文化等的重要作用，从而帮助学生感悟国家生活离不开法律。

续表

教学活动	设计理由
（2）学生讨论回答，教师点拨点评。 示例：农业法促进和保护农业发展，外商投资法有助于外资进入国内促进经济发展，国防法促进和保护国防建设，建设强大国防……这些法律都有助于实现"富强"价值目标，说明法律保障国家经济生活、国家经济生活离不开法律。文物保护法有助于保护文物，弘扬中华文化，有助于实现"文明"价值目标，说明法律保障国家文化生活、国家文化生活离不开法律。村民委员会组织法、城市居民委员会组织法促进和保护基层群众自治，有助于实现"民主"价值目标，说明法律保障国家民主生活、国家民主生活离不开法律。上述法律都有助于经济、文化、政治等协调发展，促进实现"和谐"价值目标。总之，国家的经济、文化、政治生活等都离不开法律。	

核心主题二　法律让生活更美好

一、内容建构

1. 教材内容简介

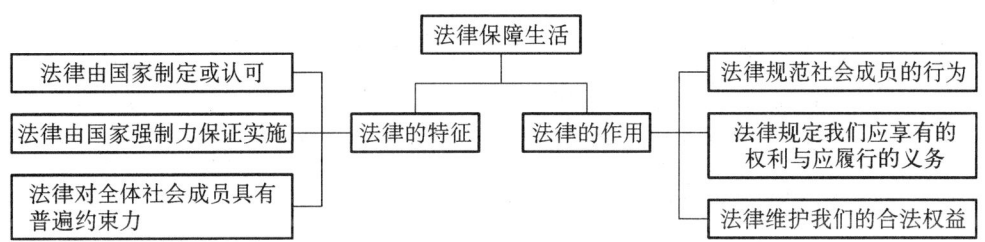

本核心主题相关的内容主要在本课第二框，主要分为以下两个部分：① 法律的特征；② 法律的作用。

以上内容构成"法律保障生活"的文本，板块清晰，层次清楚。从进行"法律保障生活"教育的目的和追求看，应努力促进学生对法律做到认同、内化和自觉遵守，课堂教学应着力让学生认同和内化这一教育价值。

2. 教学要点及其确定理由

要点1：剖析法律如何调整生活，认识法律的重要作用

这一要点整合和扩展了本课第二框第二目的内容，主要是让学生从来自生活的感性材料入手，感受法律通过发挥其规范作用和保护作用来调整生活。之所以调整教材

内容顺序,把法律的作用放在一开始,是因为它自然顺接了前面的核心主题"生活离不开法律"——该主题主要是让学生切实感受到生活离不开法律,彰显的是法律的作用。通过这一要点衔接前面的教学内容,重视学生已有知识经验,有利于教学的顺利开展。这一教学要点的落实,又可以为后面关于法律的特征的教学服务。

这部分的教学应突出法律对我们生活的作用。可通过选用学生搜集的案例,或提供学生感兴趣的生活案例,让学生合作探究,体会法律的的确确在规范人们的行为、保护人们的合法权益。

要点 2:透视法律的保障功能,理解法律的主要特征

这一要点整合和扩展了本课第二框第一目的内容,主要是让学生知晓一些法律知识,在此基础上感受法律让生活更美好。知识是提升能力、培养正确情感态度价值观的重要基础,有助于学生运用法律去分析问题、认识问题。正确理解法律的主要特征,能促进学生进一步感悟法律对创造美好生活的积极作用。法律的保障功能体现在对生活的规范和保护作用,结合法律的作用帮助学生学习法律的特征,可以收到一举多得的效果——既有助于学生深入理解法律的作用和特征,又有助于学生对知识实现融会贯通,建构知识之间的联系。

这部分的教学应突出法律的三个特征。在教学时,应将前后内容融会贯通,要结合法律的保障功能分析法律的特征;还要通过具体情境,引导学生比较法律与其他社会规则,在对比思维中获得认知,促进认同。

要点 3:正确认识法律,体悟法律让生活更美好

这一要点是在学习了法律的作用和特征的基础上的提升,主要是让学生进一步体会和感悟法律让生活更美好,升华情感,尊崇法律、遵守法律。法律的规范作用和保护作用,体现了法律的保障功能,它们好比鸟儿的两翅,缺一不可。法律的规范作用和保护作用共同保障生活的美好,不能片面强调某一点。这里蕴含辩证思维,需要发掘其中的价值。法律的三个特征构成了一个整体,不可割裂,要全面认识它们。本要点要求教师帮助学生在更高层次上理解法律的作用和特征,形成理性认识,从而为体悟法律让生活更美好提供智力支持。

这部分的教学应突出能力培养。一是培养辩证思维能力,通过小辩论引导学生准确认识法律的作用,避免片面性;二是培养运用法律知识分析案例的能力,引导学生透过案例看问题的本质,学会具体问题具体分析,不盲目引用法律知识。

二、教学实施

在教学实施上,应准确把握思想品德课程的德育性,避免概念化、孤立化地传授和记诵知识,努力使知识的学习服务于学生思想道德发展的需要。教师要深入了解学生的学习需求,面向丰富多彩的社会生活,善于开发和利用初中学生已有的生活经验,选取学生

第九课　法律在我们身边

关注的话题组织教学。在合理使用教材的基础上,教师应创造性地组织教学内容,设计合理的教学结构,灵活采用多种教学方法和手段,优化教学过程,提高课堂教学水平。依据以上思考,可以通过以下教学活动进行这一核心主题的教学。

1. 开展"感悟法律的作用"的教学活动

（对应要点1:剖析法律如何调整生活,认识法律的重要作用）

教学活动	设计理由
（1）课前准备。 学生搜集身边发生的或社会关注度高的法治案例,教师从中选择多数学生感兴趣的案例,用于课堂分析。（教师课前也要准备适当案例,以备不时之需。）	增加学生的感性认识,同时落实课程的实践性,培养学生的能力。
（2）展示交流。 学生分组讨论案例,简要说明案例反映了法律的什么作用。教师针对学生选择的案例迅速查阅相关法律,找准用于分析案例的法律条文,供点评时应用。 各小组汇报讨论结果,相互点评。教师适时点拨、总结,让学生体会法律的规范作用和保护作用。	将学生的劳动成果展示于课堂、利用于教学,激发学生的学习兴趣。运用法律条文,有利于增加可信度和说服力。

2. 开展"探究法律的特征"的教学活动

（对应要点2:透视法律的保障功能,理解法律的主要特征）

教学活动	设计理由
（1）合作探究。 顺接上一教学活动,设问:法律调整社会关系,通过规范作用和保护作用来保障生活的秩序。如何才能让法律更好地发挥对生活的保障功能,即如何才能使法律得到施行和遵守?请结合前面的案例来说明。 学生分小组讨论、交流和展示,教师点拨、引导和总结提升:首先,要由专门的国家立法机关来制定或认可法律;其次,要由国家执法和司法机关等国家强制力来保证法律的实施;第三,为了树立法律的权威性,必须做到法律面前人人平等,让每个社会成员都受到法律的约束和保护。结合案例来说明、归纳法律的三个主要特征。	结合前面的教学内容和案例展开新的教学,体现了简约教学的要求,有利于提高教学效率,同时促进知识的融会贯通和巩固。
（2）情境分析。 创设情境,比较法律与道德、纪律等规则的区别。 示例:七年级学生芸芸早上起得迟了一点,她急急忙忙骑自行车去上学。为了赶时间,芸芸骑车在小区内抄近路穿越小广场,吓到了几位聚精会神晨练的老人,被指责。为了不迟到,芸芸还闯了一个红灯,但被交警"活捉"。因芸芸是未成年人,交警让芸芸朗读道路交通安全法第三十八条,并对其进行批评教育后放行。赶到校门口时,芸芸又不顾学生在校园内不准骑车的规定……被值班老师叫住并登记扣分。	法律的特征是教学难点,需要结合生活情境进一步强化,促进突破。结合情境运用比较教学法,有利于学生更清楚地认识这些规则的异同。

续表

教学活动	设计理由
在上述情境中：① 芸芸有哪些不符合规则的行为？② 分别不符合哪些规则？③ 这些规则是怎样产生的？④ 谁负责执行这些规则？⑤ 这些规则分别对哪些人有约束力？ 　　(3) 交流后完成教材第90页"探究与分享"的表格。	

3. 开展"感悟教学主题"的教学活动

（对应要点3：正确认识法律，体悟法律让生活更美好）

教学活动	设计理由
（1）辩论交锋。 正方：法律的规范作用比保护作用重要。 反方：法律的保护作用比规范作用重要。	让学生在思维碰撞中进一步认识法律的作用，感悟法律让生活更美好，同时发挥学生的主体作用，培养其辩证思维能力。
（2）自主探析。 　　选择典型案例，让学生根据要求自主探析。 　　备受关注的"河南女孩应聘遭拒案"尘埃落定。2020年5月15日，浙江省杭州市中级人民法院二审驳回小闫及浙江喜来登度假村有限公司上诉，维持杭州互联网法院一审做出的"浙江喜来登度假村有限公司赔偿小闫10 000元，并公开登报向小闫赔礼道歉"的判决。据媒体此前报道，24岁的小闫是河南人，大学专业是法学。2019年7月3日，小闫在一家求职网站上看到浙江喜来登度假村有限公司在招人，遂投递了简历。7月4日，小闫收到该公司回复，"不适合原因"一栏只写了"河南人"三个字。小闫认为，浙江喜来登度假村有限公司招聘员工存在地域歧视行为，将对方起诉到了法院。 　　运用本节课所学法律知识，简析上述案例是如何体现法律的特征和作用的。 　　交流、点拨、总结：① 法律由国家强制力保证实施，法院的判决体现了该特征；② 不仅个人，社会组织也要遵守法律，法院对浙江喜来登度假村有限公司的处罚体现了法律对全体社会成员具有普遍约束力的特征；③ 法院对被告的处罚体现了法律对全体社会成员的规范作用；④ 法院判决原告胜诉体现了法律对公民权益的保护作用。	让学生在思辨中进一步理解法律的特征，感悟法律让生活更美好，同时发挥学生的主体作用，培养其分析案例的能力。

第十课　法律伴我们成长

本课第一框"法律为我们护航"的核心主题是"特殊的关爱和保护",第二框"我们与法律同行"的核心主题是"坚定法律信仰"。

核心主题的依据

一、课程依据

从初中道德与法治课程设计依据来看,本课核心主题的教育教学内容有如下依据:一是依据党的十九大报告中关于深化依法治国实践的要求。二是依据《中央宣传部、司法部关于在公民中开展法治宣传教育的第七个五年规划(2016—2020年)》中的法治教育"坚持从青少年抓起"的要求。三是在《课标》中有关于法律、法治的内容。四是在《大纲》中也有具体说明。综合以上来看,"特殊的关爱和保护"作为法治教育教学的核心主题,直接触及初中生的生活实际,是法治教育教学的良好切入点,有利于增强初中生对法律的认同感、对法治的尊崇感;"坚定法律信仰"作为法治教育教学的核心主题,是法治教育教学前后衔接(七年级与八年级衔接)的重要环节。

二、教材依据

从新旧教材内容对比来看,旧教材在七年级下册第八课《法律护我成长》的第一框"特殊的保护　特殊的爱"主要介绍了未成年人保护法规定的家庭保护、学校保护、社会保护和司法保护。新教材在本课第一框"法律为我们护航"主要介绍了未成年人需要特殊保护以及宪法和其他法律对未成年人的关爱。旧教材没有关于法律信仰的教学内容。新教材在本课第二框"我们与法律同行"主要介绍了学会依法办事、树立法治意识、提高道德水平有利于尊法、守法等。

从七年级乃至整个初中阶段道德与法治课程内容设计来看,"法律为我们护航"的教学内容是法治教育的重要部分,"我们与法律同行"的教学内容是对法律的认识的情感升华,可以为学生逐步成长为社会主义法治的忠实崇尚者、自觉遵守者、坚定捍卫者打下重要基础。

三、学情依据

从社会来看,我国发展日新月异,国家处于重要的转型期,尽管保护未成年人的法律和制度不断完善,国家和社会对未成年人的保护不断加强,但侵犯未成年人合法权益的现象依然在一定程度上存在,有的事件还十分恶劣。我国已经从法制建设转移到法治建设,强调全面依法治国、厉行法治,但由于历史、文化等多种原因,人们的法治意识总的来说还不强,法律信仰还不够。

从学生实际来看,学生对法律保护未成年人有所了解,但缺乏理性认识。学生配合特殊保护、加强自我保护的意识不强,遇到问题时不能积极寻求家庭、学校和社会的保护,导致自身的一些合法权益受到损害。初中生对生活离不开法律有所感受,初步具有法律意识和法治观念,但对法律的认同还不深刻,尊法、守法、用法的自觉性还不强,更谈不上树立法律信仰,需要进一步的引导和教育。

核心主题的育德价值

通过第一框核心主题的教学,促进学生树立维权观念,增强自我保护和积极配合特殊保护的意识;正确认识来自外界的特殊保护,注意配合,培养感恩之心;尊法、学法、守法、护法,感受国家和社会的保护,积极为建设法治中国、法治社会做贡献。

通过第二框核心主题的教学,促进学生进一步增强法治意识,自觉地依法办事,用法治方式维权,初步树立法律信仰;遵循法律法规,在维护自身合法权益的同时,不损害他人的正当权利;依法办事,为建设法治中国、法治社会做贡献。

核心主题的建构与实施

核心主题一　特殊的关爱和保护

一、内容建构

1. 教材内容简介

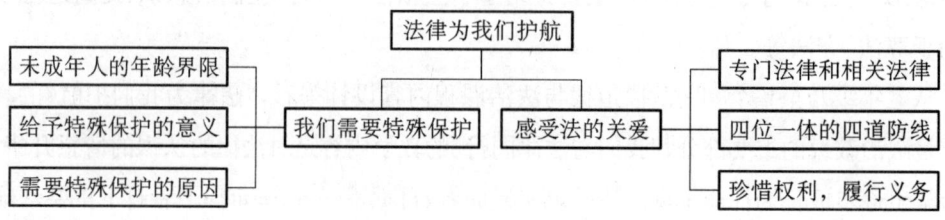

本核心主题相关的内容主要在本课第一框。从教材内容来看,主要分为以下几个部分:① 未成年人需要特殊保护的必要性和重要性;② 我国法律对未成年人实行特殊保护的内容;③ 未成年人应如何正确对待法律的特殊保护。

以上内容构成"法律为我们护航"的文本,逻辑清晰,内容明确,特别是淡化了不易辨别的社会保护、司法保护等具体内容,避免概念化教学。但从学情出发,从解决学生的真实问题出发,教材未将未成年人应如何正确对待法律的**特殊保护**作为重点和难点来安排,相关内容篇幅较少,这是有瑕疵的。为了促进深度学习,提升教育效果,根据文本整合提炼出本核心主题的相关教学要点。

2. 教学要点及其确定理由

要点1:未成年人需要特殊关爱和保护的原因

这一要点直接来自本课第一框第一目的内容。其目的是帮助学生了解未成年人的特点、未成年人对国家和人类的意义,从而明白未成年人需要**特殊保护**。这一要点包含了"是什么""为什么"两方面知识,是教学逻辑的要求,虽然内容简单,但也蕴含一定的教育价值,这在后面的教学实施中将予以介绍。

这部分的教学应突出培养从不同角度认识问题的能力。**教学时**,要采取不同形式的教学方法,借助知识载体,引导学生从自身、国家乃至人类等方面认识对未成年人特殊保护的必要性和重要性,渗透全面认识问题的能力的培养。

要点2:法律对未成年人实行特殊关爱和保护

这一要点整合和扩展了本课第一框第二目的内容。其目的是帮助学生了解法律对未成年人实行特殊保护的表现(内容),感受和认识法律、法治对未成年人的特殊关爱,明白法律对未成年人健康成长的意义。这是对前面第九课两个核心主题的承接和延伸,有利于学生进一步认同法律、尊崇法律,增强依法维权意识。这一要点是本核心主题的教学重点。

这部分的教学应突出法律对未成年人实行特殊保护的主要表现。教学时,要引用具体法律条文,针对案例进行分析,既增强教学的准确性,又体现法律对未成年人保护的真实性,促进学生增强法律意识。

要点3:未成年人要积极配合特殊关爱和保护

这一要点是对本课第一框第二目正文最后一段的拓展,是知识逻辑"怎么办"中对未成年人的要求。其目的是引导和帮助学生努力做到珍惜自己的权利,依法行使自己的权利,学会维护自己的权利,积极配合外界保护,加强自我保护,同时能够注意尊重和维护他人的权利,自觉履行公民应尽的义务。本要点内容针对学生在面对来自家庭、学校和社会的特殊保护的过程中出现的不理解、不主动和不配合等问题,促使他们廓清思想认识,具有很强的针对性、实用性,体现了法治教育切实为学生的健康成长服务的作用。

这部分的教学应突出引导未成年人自觉接受和配合特殊保护。教学时,要结合反面案例,帮助学生感受自我保护与特殊保护同等重要、缺一不可。要通过思辨活动,让学生在头脑风暴中体悟自我保护的意义,澄清错误认识。

二、教学实施

在教学实施上,要以贴近青少年实际、提升教育效果为目的。法治教育要遵循青少年身心发展规律,贴近青少年生活实际,科学安排教学内容,合理确定教学重点和方法,注重知行统一,坚持落细、落小、落实;要更多采取实践式、体验式、参与式等教学方式,与法治事件、现实案例、常见法律问题紧密结合,注重内容的鲜活,注重学生的参与、互动、思辨,创新形式,切实提高法治教育的质量和实效。依据以上思考,可以通过以下教学活动进行这一核心主题的教学。

1. 开展"初识'关爱'"的教学活动

(对应要点1:未成年人需要特殊关爱和保护的原因)

教学活动	设计理由
(1)走进生活。 教师展示图片:警察、城管在学校门口执勤。 问题:为什么警察、城管要在学校门口执勤? 学生回答后,教师追问:为什么许多企业门口没有警察、城管执勤护卫? 学生回答后,教师总结提升:未成年人身心发育尚不成熟,自我保护能力较弱,辨别是非能力和自我控制能力不强,容易受到不良因素的影响和不法侵害,需要给予特殊的保护、特殊的关爱。	结合学生常见的警察、城管在校门口执勤、维护秩序以保护未成年人的情景,引导学生在初步认识特殊关爱的同时,了解其原因,这有利于学生体会得更深刻,有利于积极情感的培育。
(2)自主学习。 学生阅读教材第97页的"相关链接"和下面的正文,了解未成年人的划定标准及保护未成年人对人类的重要性。 教师归纳未成年人需要特殊保护、特殊关爱的原因:从未成年人自身特点看有其必要性,从保护未成年人的意义看有其重要性。	保护未成年人对人类的重要性这一知识点比较简单,让学生自主阅读感悟,是简约教学的表现,不把简单问题复杂化。

2. 开展"感受'关爱'"的教学活动

(对应要点2:法律对未成年人实行特殊关爱和保护)

教学活动	设计理由
(1)案例分析。 教师出示案例:一名负气离家出走的八年级学生,到一家超市应聘当营业员。超市负责人看了他的身份证后,拒绝了。	

续表

教学活动	设计理由
问题:超市负责人的做法有法律依据吗?请简要说明。 学生回答后,教师可出示未成年人保护法第三十八条,并说明法律的这一规定是为了保护未成年人的身体健康和生命安全。 教师用PPT简要介绍保护未成年人的专门法律《中华人民共和国未成年人保护法》。	结合法律条文进行案例分析,不再空洞抽象,是一种比较有效的道德与法治教学方式,能增加真实性、说服力。在案例分析中介绍保护未成年人的专门法律,有助于学生对法律有更具体的了解。
(2)法规研习。 教师出示《北京市未成年人保护条例》,其中有关于制止未成年人夜不归宿的规定。 问题:为什么《北京市未成年人保护条例》要做出这样的规定? 在学生讨论的过程中教师再出示案例:未成年人夜不归宿被伤害,未成年人离家远游被坏人诱骗从事不法行为。 教师让学生再结合案例思考前面的问题。 学生回答、交流,教师点评、点拨和总结:这是对未成年人的特殊保护,也是落实预防未成年人犯罪法的要求。 教师用PPT简要介绍保护未成年人的专门法律《中华人民共和国预防未成年人犯罪法》。	结合案例研习法规,增加教学的"法律味",促进学生树立和增强法律意识,培养学生研读法律条文的能力。
(3)经验发掘。 请学生说一说自己所知道的家庭保护、学校保护、社会保护和司法保护的事例,并说明其作用。(教师可结合事例,简要说明如何辨识这四种特殊保护,但不必要求过高,不能介绍得太细。)	让学生回顾生活和举例说明,结合学生的经验进行四种特殊保护的教学,有利于知识建构。

3. 开展"珍惜'关爱'"的教学活动

(对应要点3:未成年人要积极配合特殊关爱和保护)

教学活动	设计理由
(1)案例分析。 教师出示初中生不能正确对待父母教育和学校保护导致不良后果的案例。 问题:案例中的未成年人受到伤害或酿成悲剧的主要原因有哪些?怎样避免? 学生讨论回答,教师点拨点评、总结提升:我们要珍惜自己受特殊关爱和保护的权利,依法行使自己的权利,积极配合家庭、学校、社会和法律的保护,有安全防范意识,注意自我保护。	引导学生从案例中获得深刻警示,体会父母和学校的关爱,提高配合外界特殊保护的自觉性。

教学活动	设计理由
（2）小组讨论。 问题：有了法律对未成年人的特殊保护，我们就能安全地成长吗？ 学生讨论回答，教师点拨点评、总结提升：除了要积极配合家庭、学校、社会和法律的保护，未成年人自身还要增强自我保护意识，加强自我保护；同时，要注意尊重和维护他人的权利，自觉履行公民应尽的义务，不做损害他人的事，避免带来不必要的麻烦和不良后果。	帮助学生全面认识问题，积极承担责任，自己对自己负责，形成自我保护的意识和习惯，自我保护与其他保护相配合。

核心主题二 坚定法律信仰

一、内容建构

1. 教材内容简介

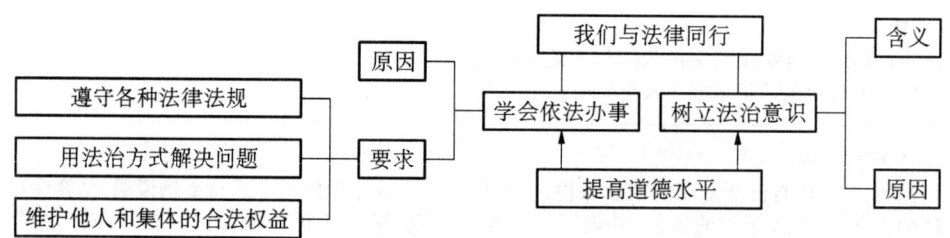

本核心主题相关的内容主要在本课第二框。从教材内容来看，主要分为以下几个部分：① 法律保障功能的实现，靠我们每个人对法律的尊崇和遵守；② 我们应尊法、学法、守法、用法，依法办事，能通过法治方式解决问题；③ 我们应树立法治意识，发自内心地认可、崇尚、遵守和服从法律；④ 人们道德水平的提高有利于增强尊法守法的意识和自觉性。

以上内容构成"我们与法律同行"的文本，首先，承接第九课、第十课前面三框的教学内容；其次，提出依法办事的具体要求；最后，强调树立法治意识。但本框知识呈碎片化，从学生的角度来看，在学习本框之后，难以形成一个清晰、完整的印象，在复习时往往靠死记硬背。为了促进深度学习，提升教学效果，根据文本整合提炼出本核心主题的相关教学要点。

2. 教学要点及其确定理由

要点1：法治时代需要树立法治意识

这一要点整合了本课第二框第一目的相关内容。其目的是帮助学生回顾前面所学核心主题中的法律对生活的作用,在感受和认同法律保障功能的基础上,结合具体案例,体悟树立法治意识在法治时代的重要性和必要性。明理才能践行。这一要点旨在帮助学生解决对树立法治意识存在的思想认识问题,是教学难点。

这部分的教学应突出对法律信仰的培育。教学时,要结合前面的教学内容,利用学生已有的知识经验,让学生再次体悟法律对我们的意义,促进他们初步树立法律信仰,学会从法律角度看问题。

要点2:树立法治意识需要依法办事

这一要点整合了本课第二框第二目的相关内容。其目的是基于对树立法治意识的认同,帮助学生从尊法、学法、守法、用法等角度学会依法办事。这一要点结合典型案例,让学生认识到要通过学习法律知识来知法懂法,做到时刻心中有法,强化法律意识,增强权利观念和义务观念,用法治方式解决自己遇到的问题。这一要点旨在帮助学生从小事做起,切实依法办事,为逐步树立和坚定法律信仰打下扎实的基础。

这部分的教学应突出让学生学会用法治方式解决自己遇到的问题。教学时,可结合正反两方面实例,引导学生针对生活中的问题寻找解决方式,并说明理由,还可进一步探讨各种方式的利弊。

要点3:提高道德水平,增强法治意识

这一要点整合和拓展了本课第二框第二目的相关内容。其目的主要是帮助学生了解法律与道德的联系,重视道德修养,从小事做起,防微杜渐,提高遵守规则的自觉性。社会主义法律和社会主义道德相辅相成,相互促进,密切联系。凡是社会主义法律所禁止的,也是社会主义道德所谴责的。道德水平的提高,有利于增强尊法、守法的意识和自觉性,有利于促进法治生活方式的形成,对人们树立法治意识具有重要作用。

这部分的教学应突出讲道德对法治的意义。教学时,应结合案例,或开展辨析活动,让学生理解道德与法律的关系,懂得注意道德修养对自觉守法、预防犯罪的作用。

二、教学实施

在教学实施上,道德与法治课程教育教学必须贴近学生生活,不仅要源于生活,更需要能回归生活,指导生活。情感体验和道德实践是最重要的道德学习方式。教师要善于利用并创设丰富的教育情境,引导和帮助学生通过亲身经历与感悟,在获得情感体验的同时,深化思想认识。依据以上思考,可以通过以下教学活动进行这一核心主题的教学。

1. 开展"小组合作"的教学活动

（对应要点1：法治时代需要树立法治意识）

教学活动	设计理由
（1）案例分析。 承接前面"法律保障生活"的教学内容，展示相关案例，进行案例教学。 某校附近有十字路口，过去经常因为有人闯红灯导致交通混乱，有时甚至引发事故，带来严重危害。后来，在学校的建议下，交警加强交通法规的宣传，整治闯红灯行为，在引导的同时，对闯红灯行为依法给予处罚，效果明显。现在，驾驶员和行人自觉遵守交通规则，该路段秩序井然，给人们带来很大便利。 问题：结合案例，简析法律的保障功能是如何实现的。（提示：结合法律的作用来回答。） 学生回答，教师总结：交通法规要求"红灯停、绿灯行"，说明法律规范人们的行为，具有规范作用；依法处罚闯红灯行为，保护了其他驾驶员和行人的合法权益不受损害，说明法律具有保护作用。法律的保障功能通过法律的规范作用和保护作用得以实现。	利用学生已有知识经验，帮助他们体悟生活离不开法律，美好生活需要法律，为树立法律信仰奠定基础。
（2）思维碰撞。 古希腊雅典的当权者以对神不敬等罪名逮捕了苏格拉底并判处他极刑。临刑前，他的弟子们决定帮他越狱，而且一切都准备妥当。但苏格拉底却说："我的信仰中有一条就是法律的权威，既然法律判处我极刑，作为一个好公民，我必须去遵守。"苏格拉底最终带着对法纪的忠诚离开了人世。 问题：① 不完善的法律，人们应该遵守吗？ 学生回答，教师总结：对苏格拉底的做法，各人从不同的角度看会有不同的观点，但不管怎样，苏格拉底强烈的守法意识、对法律的信仰与坚守，仍然值得我们学习和借鉴。没有十全十美的法律，即使是不完善的法律，一旦实施了，就必须遵守，以维护法律的权威性。对不完善的法律，可依照法定程序进行修改和完善，使其成为善法。 问题：② 法律必须被信仰，否则它将_____。请借助经验和想象，补充横线上的内容。 学生回答，教师总结：可填"形同虚设""成为一张废纸""丧失对生活的保障功能"等。	结合经典故事，引导学生正确对待不完善的法律，教育学生应尊法守法，树立法治意识，坚持法治信仰，同时提升思维能力。

2. 开展"自主思考"的教学活动

（对应要点2：树立法治意识需要依法办事）

教学活动	设计理由
（1）教师出示基本观点：树立法治意识需要依法办事。 （2）教师提出问题：如何才能做到依法办事？ （3）学生思考。为了帮助学生突破思维局限，教师可呈现有关案例，如因不知法而导致违法犯罪的案例，因不把法律当回事、法治观念不强而导致违法犯罪的案例，因错误维权而导致自己触犯法律的案例等。 （4）学生回答、交流、互评，教师总结提升：依法办事，就要养成尊法、学法、守法、用法的习惯，通过法治方式，表达自身合法的诉求和愿望，逐步成长为社会主义法治的忠实崇尚者、自觉遵守者、坚定捍卫者。	本教学活动的目的是引导学生践行。为了避免空洞的说教，应结合案例让学生思考、探寻，助其自主学习建构。

3. 开展"师生对话"的教学活动

（对应要点3：提高道德水平，增强法治意识）

教学活动	设计理由
（1）谚语释义。 "从小偷针，长大偷金。"从遵守规则角度，说一说这一谚语揭示了什么道理。 学生思考回答，教师点拨点评：偷针的危害性不大，属于违反道德规则的行为；偷金则危害性大，是违反法律的行为。从小不重视道德修养，将来长大就可能走上违法犯罪道路，说明是否讲道德对是否守法有着重要影响。	结合通俗易懂的谚语，从反面说明遵守法律需要重视道德修养，提高道德水平有利于树立法治意识，依法办事。
（2）析案明理。 选取诚实守信先进人物自觉履行法定义务的事例，引导学生从正面认识提高道德水平有利于增强守法的自觉性，促进学生依法自律、信任法律，树立法治意识。	结合正面事例，传递情感正能量。与前面的环节相配合，引导学生学会从正反两方面认识和分析问题。